EL CÓDIGO DE LA MEMORIA

La información contenida en este libro se basa en las investigaciones y experiencias personales y profesionales del autor y no debe utilizarse como sustituto de una consulta médica. Cualquier intento de diagnóstico o tratamiento deberá realizarse bajo la dirección de un profesional de la salud.
La editorial no aboga por el uso de ningún protocolo de salud en particular, pero cree que la información contenida en este libro debe estar a disposición del público. La editorial y el autor no se hacen responsables de cualquier reacción adversa o consecuencia producidas como resultado de la puesta en práctica de las sugerencias, fórmulas o procedimientos expuestos en este libro. En caso de que el lector tenga alguna pregunta relacionada con la idoneidad de alguno de los procedimientos o tratamientos mencionados, tanto el autor como la editorial recomiendan encarecidamente consultar con un profesional de la salud.

Título original: THE MEMORY CODE
Traducido del inglés por Antonio Luis Gómez Molero
Diseño de portada: Editorial Sirio, S.A.
Maquetación de interior: Toñi F. Castellón

www.editorialsirio.com
sirio@editorialsirio.com

I.S.B.N.: 978-84-18531-45-3
Depósito Legal: MA-1099-2021

Impreso en Imagraf Impresores, S. A.
c/ Nabucco, 14 D - Pol. Alameda
29006 - Málaga

Impreso en España

Puedes seguirnos en Facebook, Twitter, YouTube e Instagram.

Dr. Alexander Loyd

autor del *bestseller* *El código de curación*

EL CÓDIGO DE LA MEMORIA

La solución de los 10 minutos para sanar tu vida mediante la

Ingeniería de la Memoria

EDITORIAL SIRIO

Para mamá.
Mi primer recuerdo es que diste tu vida por la mía.
¡Te quiero!

Índice

Unas palabras para el lector 11
Introducción: recordar tu verdadero yo 17

Primera parte. El gran fallo de la memoria 35
Capítulo 1. Los seres humanos estamos programados para funcionar así (aunque ya no lo hagamos) 37
Capítulo 2. Cómo se crean los recuerdos 67
Capítulo 3. La involución de la memoria 87
Capítulo 4. Las dos leyes 115
Capítulo 5. Por qué eres incapaz de hacer lo que te conviene 145
Capítulo 6. Un resumen del gran fallo de la memoria 165

Segunda parte. La técnica de la ingeniería de la memoria 177
Capítulo 7. Medicina energética básica 179
Capítulo 8. La ingeniería de la memoria: tienes que verlo para creerlo 193
Capítulo 9. La técnica de la ingeniería de la memoria: viajar al pasado para cambiar tu presente y tu futuro 217
Capítulo 10. Los códigos de curación II: herramientas energéticas para abrir la puerta 245
Capítulo 11. La ingeniería de la memoria en acción 259

Epílogo. Programados para los milagros 271
Agradecimientos 287
Notas 289
Sobre el autor 295

Unas palabras para el lector

En este libro, voy a explicarte un nuevo enfoque para la curación y el crecimiento personal llamado ingeniería de la memoria. Va directamente a la fuente de los problemas que te han estado frenando en la vida, ya sean físicos, emocionales o prácticos, y te permite superarlos, especialmente cuando parece que no hay nada que funcione. Llevo treinta años convencido de que nuestros recuerdos son la causa de la mayor parte de nuestros pensamientos, sentimientos y acciones, así como de la composición química de nuestro cuerpo. Por eso, durante esas tres décadas, he tratado de encontrar una manera de reparar, sanar y transformar los recuerdos problemáticos. No he sido, ni mucho menos, el único. Tras todo este tiempo de búsqueda, pruebas, fracasos, avances, más pruebas y ajustes, creo que finalmente descubrí lo que buscaba. En *El código de la memoria*, ofrezco lo que a mi juicio es una teoría fiable sobre cómo funcionan los recuerdos y por qué son la verdadera causa de los problemas, además de un sencillo proceso que permite rediseñar los recuerdos y resolver nuestros mayores problemas en su origen.

Pero antes de sumergirnos en esta teoría y utilizarla para resolver nuestro mayor problema, quiero hacer una salvedad. La investigación de la memoria es un campo de estudio muy nuevo. No hay ninguna máquina que pueda mostrarnos nuestros recuerdos, así que cualquier evidencia científica acerca de cómo funcionan los recuerdos es, en el mejor de los casos, parcial. A lo largo del libro citaré algunos estudios científicos para apoyar mi teoría, pero de ninguna manera pretendo dar por hecho que dichos estudios la «prueben». Tan solo proporcionan un apoyo parcial a lo que he visto y he conocido durante los últimos treinta años de práctica.

De hecho, no creo que en general los experimentos doble ciego sean siempre el test de referencia de la verdad, y te diré por qué.

Uno de los genios con los que he tenido el privilegio de estudiar fue el doctor Roger Callahan. Callahan era un psicólogo clínico que durante años dirigió una próspera consulta en Beverly Hills, pero, como yo, estaba frustrado por no poder ayudar como quería a muchos de sus clientes. Fue el fundador de la psicología energética en todo el mundo, y estudié durante un año y medio bajo su tutela. La frase que viene a continuación, y que me encanta, es suya:

> Los experimentos doble ciego están diseñados para probar si algo funciona cuando nadie puede decir si funciona o no.

En otras palabras, cuando es obvio que algo funciona para los demás y no hace daño, no siempre se necesita un estudio doble ciego para confirmarlo. Por supuesto, este no es el caso cuando se habla de un fármaco, ya que los medicamentos pueden tener tantos efectos secundarios que no está claro que lo positivo supere lo negativo. A veces, cuando se anuncia un fármaco, gran parte de la publicidad se emplea en informarte de que puede inducirte a tener pensamientos suicidas, destrozarte el hígado y los riñones o causarte cáncer. Cuando tenemos algo así, ¡claro que hay que hacer un estudio doble ciego!

En realidad, la mayoría de los medicamentos son venenos biológicos que se utilizan para eliminar una afección, aunque eso signifique dañar otras áreas. El cuerpo no reconoce el fármaco al ingerirlo y lo identifica como nocivo, pero básicamente lo que hace el medicamento es controlar el organismo para crear el efecto deseado, en lugar de trabajar en armonía con los sistemas de curación corporales.

La actual epidemia de opiáceos en Estados Unidos, que muchos creen que fue potenciada por la prescripción generalizada de narcóticos como el OxyContin (oxicodona) sin conocimiento de los efectos negativos (o tal vez sin prestarles consideración), es solo un claro ejemplo de esto. Lo que parecía seguro o probado no lo era realmente, ni siquiera con las pruebas doble ciego.

Hace algún tiempo, vi una entrevista en el programa de televisión *Larry King Live!* con un médico al que le preguntaban acerca de las vitaminas. Contó que veinte años antes la medicina convencional aseguraba que las vitaminas no aportaban más beneficio que el de producir una «orina cara», mientras que hoy en día los médicos las recomiendan a casi todo el mundo. ¿Por qué? «Porque ahora sabemos que funcionan», dijo el médico.

Pero ¡siempre funcionaron! Y muchos lo sabían antes de que cualquier estudio lo «probara» y tomaban vitaminas que probablemente los beneficiaban, mientras que el estamento médico se burlaba de ellos. Hasta que un estudio doble ciego «probó» que funcionaban.

El simple hecho de que una prueba doble ciego no pueda demostrar que algo es cierto no significa que no lo sea. ¿No existía la gravedad antes de que la descubriera *sir* Isaac Newton? ¿No existía la electricidad antes de que Thomas Edison inventara la bombilla? ¿No existían los gérmenes antes de que los descubriera Louis Pasteur? ¡Por supuesto que sí! Nos afectaban exactamente lo mismo antes de que la ciencia probara su existencia.

Aquí hay algo más que debe tenerse en cuenta. He sabido por algunas autoridades académicas que a lo largo de la historia nunca se ha llevado a cabo un estudio doble ciego sobre asesoramiento. ¿Por qué? Porque no es ético. El asesor tendría que dar consejos apropiados a un grupo e inapropiados al otro, lo cual sería inadmisible en un profesional.

¿Cuánta gente dice: «El asesoramiento no tiene validez en ninguna situación porque no hay estudios doble ciego sobre el tema»? Estoy de acuerdo con quienes afirman que muy a menudo no da los resultados que querías, por eso lo dejé. Pero te aseguro que hay miles de casos de personas a las que la vida les ha cambiado por completo gracias a un buen asesoramiento y terapia.

Mi amigo Jimmy Netterville, neurocirujano del Vanderbilt Medical Center, lo expresó mejor. Hace varios años, nos encontramos sentados el uno al lado del otro en una cena para recaudar fondos. Me preguntó sobre mi trabajo y le respondí que tenía relación con la medicina energética, y le expliqué un poco al respecto. Por aquel entonces ya sabía qué tipo de reacción esperar, y le dije que probablemente pensaría que era una locura.

«¡En absoluto!», protestó, para mi sorpresa. A continuación, tomó una servilleta, dibujó una línea de unos quince centímetros de largo y me dijo: «Alex, si esta línea es todo el conocimiento que existe en el mundo sobre la salud, creo que probablemente conocemos unos dos centímetros de ella. Sería muy arrogante y estúpido de mi parte decir que lo que estás haciendo no podría estar en esos trece centímetros restantes, especialmente porque no es la primera vez que la ciencia médica afirma que algo es ridículo y luego se demuestra que está equivocada».

Después añadió algo que nunca olvidaré. «Si ayuda a la gente y no hace daño, les diré a mis pacientes que lo prueben y vengan a decirme si los ayuda, para que pueda probarlo y ver si puede ayudar a más pacientes».

Esto resume bastante bien lo que creo sobre la ingeniería de la memoria. Consiste en ayudar a la gente y no hacer daño, así que ¿por qué no intentarlo? En mi opinión, es *imposible* que llegue a ser algo importante en el futuro, porque los temas que aborda son vitales para todos los habitantes del planeta. Pero ahora mismo, algo de esto se encuentra más allá de los dos centímetros que la ciencia puede probar con la herramienta de los estudios doble ciego.

Y debes entender que no estoy en contra del método científico, de los estudios doble ciego o de la medicina estándar. Si me atropella un camión y estoy tirado en el suelo sangrando, no quiero que me hagan medicina energética, ¡sino que me lleven a la sala de urgencias! Sin embargo, en muchos aspectos del campo de la salud natural y energética no hay pruebas médicas para testar lo que estamos tratando. La técnica de ingeniería de la memoria que voy a enseñarte funciona sobre uno de esos aspectos: tus recuerdos, y principalmente los inconscientes.

Es probable que tardemos dos décadas en pasar de «esto es pseudociencia» a «todo el mundo debería hacer esto». En cuanto a ti, perder unos minutos al día te puede servir para ganar veinte años.

Introducción: recordar tu verdadero yo

No vemos las cosas como son, sino como somos.
Anaïs Nin

El día 7 de julio de 1959 fue la fecha de mi nacimiento y la de la muerte de mi madre.

Mis padres llevaban nueve meses esperando, sabiendo todo el tiempo lo que se les venía encima. Ni siquiera tenían la intención de volver a tener un hijo, y cuando mi madre quedó embarazada, los médicos le dijeron: «Aborta. Sálvate».

¿Qué clase de mujer era mi madre? Una alemana de pura cepa que criaba a sus hijos con música de polka y los mimaba con sus guisos. Una mujer amada, en reciprocidad, por todos en el pueblo. Una mujer con una empatía tan implacable y enérgica que día a día superaba a los grandes empresarios de Chicago vendiendo vajillas de plata de puerta en puerta, que adornó nuestra casa con trofeos de su empleador y a cuyo funeral asistieron docenas de antiguos clientes que se habían hecho amigos suyos.

Los médicos le informaron que su única opción era sacrificar mi vida por la suya, y con un miedo tremendo, pero sin dudarlo, se negó.

Mi nacimiento debería haber sido el 4 de julio, el Día de la Independencia. Pero mi padre se dedicaba al negocio de los fuegos artificiales y ese día tenía que trabajar. Retrasaron el nacimiento para que pudiera asistir y, con toda probabilidad, despedirse de su esposa. Siempre me he sentido un poco disgustado con él por eso. Crecí en el negocio familiar. ¿No habría sido perfecto para un vendedor de fuegos artificiales celebrar su cumpleaños el 4 de julio? Pero mirando hacia atrás, me pregunto lo que habría significado para mi madre. *Tres días más de vida.*

Durante nueve meses me llevó en sus entrañas. Yo era un niño paradójico, inspiraba un amor completo e incondicional y al mismo tiempo un terror absoluto. En esos tres últimos días, mi madre yacía con un intenso dolor, esperando entregarme su último y más grande regalo. Pero al final no murió. Los médicos le habían asegurado que sí, y estaba preparada para hacerlo por mí, vivió casi un año entero pensando: «¡Me voy a morir, me voy a morir, me voy a morir!». No obstante, cuando llegó el momento no pasó nada. Entonces, ¿por qué he dicho antes que el 7 de julio de 1959 fue la fecha de su muerte?

Porque, aunque no murió, para mí fue como si lo hubiera hecho. Nací bajo el espectro del miedo. La imagen de ese suceso ficticio se había repetido una y otra vez en su mente durante los nueve meses que estuve en su vientre. *Me voy a morir, me voy a morir, me voy a morir*. Me transmitió esa imagen y esa creencia, de manera que yo también creí que iba a morir.

Para mí el peligro no terminó ni siquiera después de que mi madre y yo sobreviviéramos al nacimiento. Me negaba a tragar la comida que me daban y perdí varios kilos en los primeros días. Los médicos me pusieron en cuidados intensivos, pero no lograban hacerme comer, y seguí empeorando. Creencias como esta nos afectan a todos, pero creo que los niños son especialmente vulnerables, porque todavía no son conscientes de ellas para resistirlas. Creí que me iba a morir, ¿y quién podría decirme lo contrario?

De manera que habría terminado por ejecutar esa programación que llevaba de nacimiento de no haber sido, una vez más, por mi madre.

En contra del consejo de los médicos me sacó de la incubadora y me llevó a casa. Los médicos le dijeron: «Morirá si sale del hospital». Ella respondió: «Morirá si se queda». Así que nos fuimos.

Durante los siguientes días, estuvo sentada a mi lado las veinticuatro horas del día, abrazándome, cantándome, diciéndome lo mucho que me quería, mientras intentaba que comiera. Aunque quizá no fuera completamente consciente de lo que estaba haciendo, se había empeñado en luchar contra ese recuerdo temeroso que me decía que iba a morir. Me inundó de experiencias e imágenes totalmente opuestas: *te quiero, te quiero, te quiero.*

Finalmente, venció el amor, que es más fuerte. Empecé a tragar la comida, y en poco tiempo sané. Pero durante toda mi vida seguí sintiendo las repercusiones de este episodio, tanto para bien como para mal. Por un lado, siento un afecto, una empatía o un amor muy fuertes por la gente, que me lleva a ayudarla, a escucharla o simplemente a actuar como un amigo. Creo que esto viene de mi experiencia de nacimiento y se ha convertido en una de mis mayores fortalezas.

Por otro lado, a menudo experimentaba ansiedad y no tenía ni idea de dónde venía, así que la atribuía a cualquier cosa que estuviera sucediendo y no me gustara. Pero no eran mis circunstancias lo que la causaban. Eran mis recuerdos de nacimiento. ¿Cómo puedo saberlo? Porque mi ansiedad solo desapareció cuando sané los recuerdos relacionados con el estado de salud de mi madre y mi nacimiento.

Los recuerdos negativos impactantes no desaparecen al desaparecer las circunstancias. Estudios recientes han demostrado que incluso cuando no estás pensando conscientemente en ellos, pueden afectarte las veinticuatro horas del día.

Por consiguiente, casi todo el mundo, por razones que probablemente no entienda, cree y siente algo que su cerebro interpreta como peligro de muerte. Quizá no emplee ese lenguaje y diga: «¡Esto me va a volver loco!», «¡Esto me está matando!» o «¡Va a acabar conmigo!». O simplemente experimente una sensación de pánico o ansiedad. Pero en lo que respecta al cerebro, todo se reduce a lo mismo: un trasfondo constante de estrés en la vida cotidiana que no podemos eliminar.

La mayoría estamos en un estado de estrés la mayor parte del tiempo. Fisiológicamente, la respuesta al estrés significa que algo está amenazando nuestra vida, y por lo tanto entramos en modo de lucha, huida o parálisis para salvarla. El problema es que experimentamos la respuesta del estrés cuando vemos una factura médica en el buzón, o cuando en la tienda de comestibles no encontramos nuestro postre favorito, o si alguien nos mira de una forma extraña. Si estuvieras estresado por una factura médica alta, por ejemplo, y te preguntara si piensas que esa factura del hospital te va a matar literalmente, tu mente consciente diría: «¡Eso es una locura, por supuesto que no! Solo estoy un poco estresado. No hay problema». Pero tu mente inconsciente –o lo que llamaré el corazón– dice lo contrario.

De esto es de lo que hablo cuando digo que efectivamente hoy en día todo el mundo está viviendo un espejismo: nuestros cuerpos y nuestras mentes viven en un estado perpetuo de miedo incluso aunque no haya nada a lo que temer en nuestro entorno. En este libro, vamos a sumergirnos más profundamente en la finalidad real que tenía la reacción al estrés, cómo esta reacción empezó a funcionar mal y cómo eso inició un efecto en cadena de mal funcionamiento en la mayoría de las áreas de nuestras vidas, de modo que en la actualidad casi todos somos presa de un espejismo. Sin embargo, a pesar de que este espejismo tiene un impacto enorme y a menudo negativo en nuestras vidas, casi nadie parece ser consciente de que existe.

La historia de mi nacimiento puede sonar extrema. Aquí hay otro ejemplo de cómo este espejismo afecta de una manera práctica a cómo nos sentimos en nuestra vida cotidiana.

Mary, una mujer atractiva de cuarenta y tres años, vino a mi consulta a hacer terapia. Todo en ella, la ropa, el pelo, el maquillaje, transmitía una sensación de éxito; era la clase de persona que te haría pensar inmediatamente: «Sí, tiene la cabeza bien amueblada».

Sin embargo, vivía angustiada. En realidad, nada le iba mal. Según sus propias palabras, estaba casada con un buen hombre, y aunque no eran ricos, tenían todo lo que necesitaban: una bonita casa de tres dormitorios y dos baños, buenos colegios para sus hijos, actividades extraescolares y amigos con los que disfrutar... Pero, de alguna manera, la vida con la que Mary soñaba de niña se había convertido en una vida en la que primaba la sensación de «obligación».

Había probado varios estimulantes para el ánimo, tanto remedios naturales como fármacos recetados. Algunos la ayudaron y otros no, pero nada llegó a cambiar realmente su visión de la vida.

Le pregunté sobre su infancia y me contó que no había sufrido ningún tipo de abusos, aunque opinaba que su madre era dura con ella la mayor parte del tiempo y que su padre había estado algo ausente. Era una persona más o menos como todas las que conocía.

Cuando le pregunté si esperaba algo de la vida, su respuesta fue que lo único que quería era meterse en la cama o ver unas horas la televisión a solas y sin prestar mucha atención.

Finalmente, quise saber qué era lo que más le habría gustado hacer, en ese momento, si no hubiera tenido repercusiones. Me respondió con lágrimas en los ojos: «Irme a California y empezar de cero». Pero Mary ya sabía que no iba a hacerlo. De hecho, por eso estaba en mi consulta: quería a su familia, y se había resignado a una vida mediocre, en la que usaba la mayor parte de su energía solo para pasar el día. Únicamente quería ver si yo podía ayudarla a sobrellevar mejor la situación.

No mucho después, una mujer diferente vino a mi consulta. También tenía cuarenta y tres años, dos hijos, un marido al que le iba bien en su carrera y el típico estilo de vida de clase media estadounidense. Había tenido una madre bastante dominante y un padre algo ausente.

Pero esta mujer no estaba en mi consulta porque quisiera viajar hasta California y empezar de cero. Al contrario, ¡le encantaba su vida!

La vida de esta mujer había sobrepasado sus expectativas de la infancia, aunque no necesariamente de la forma que ella hubiera imaginado. No era que tuviera más dinero, o más tiempo libre, o más nada, en realidad, excepto quizá más amor, gratitud y satisfacción.

No se limitaba a sobrellevar su día a día, sino que vivía y disfrutaba plenamente cada momento. Su momento favorito del día no era cuando se iba a la cama o se ponía a ver la televisión, sino cuando se levantaba por la mañana para estar con su familia.

De hecho, debo decir que era una de las personas más felices y contentas que he tenido, ¡sentada en mi consulta de asesoramiento personal!

Esta mujer no estaba allí para que la asesorara, sino para dar las gracias. Era Mary, seis meses más tarde.

Nada en sus circunstancias había cambiado. Seguía teniendo la misma historia familiar, el mismo marido, los mismos hijos, la misma casa, básicamente la misma vida. Lo único que había cambiado era lo que sentía hacia esas circunstancias. Se sentía bien consigo misma y con su vida. Era feliz; seis meses antes no lo había sido.

Al pensar en tu propia vida, ¿con qué versión de la vida de Mary te identificas más?

Quizá te preguntes: «Si sus circunstancias no cambiaron, ¿qué pudo haber alterado sus sentimientos tan radicalmente?».

No fue su fisiología, su química cerebral, sus pensamientos o sus emociones, ni siquiera sus creencias. Fue algo más profundo, lo mismo que formó mi vida desde el momento en que nací.

Fueron sus recuerdos.

TRATAR LOS SÍNTOMAS, NO LA CAUSA

Bien, empecemos con una pequeña encuesta.

¿Te gustaría cambiar tu vida de alguna de las siguientes formas:

- Tener más energía.
- Ganar más dinero.
- Experimentar menos ansiedad y más sosiego.
- Sentirte más alegre.
- Sentir más pasión y entusiasmo por la vida.
- Tener un mejor equilibrio entre el trabajo y la vida privada.
- Eliminar una adicción.
- Sentirte menos atrapado y más libre.
- Alcanzar más éxito en el trabajo, o cambiar de carrera.
- Dormir mejor.
- Tener más tiempo para «ti».
- Tener más confianza en ti mismo o mayor autoestima.
- Perder peso.
- Hacer más ejercicio.
- Mejorar tu dieta.
- Resolver un problema de salud.
- Disfrutar de una relación más íntima con tu cónyuge o pareja.
- Pasar más tiempo con tus amigos o hacer nuevas amistades.
- Llevarte mejor con tu familia.
- Tener claro el propósito de tu vida.
- Dejar un buen legado.
- Ayudar a un ser querido con una necesidad importante.

Durante años he trabajado con cientos de personas que tenían un problema, pero desconocían por completo la causa. Al final terminaban echándole la culpa a algún aspecto de sus circunstancias actuales, que casi nunca era la verdadera causa, y esto llevaba a un círculo vicioso o a alguna adicción.

Por ejemplo, Pete tenía un problema de ira. Normalmente se enojaba unas tres o cuatro veces al día, sin ningún motivo. Estaba a punto de destrozar su matrimonio y de perder el juicio. Había recibido un poco de asesoramiento, había probado algunos medicamentos para la ansiedad y, en sus palabras, «se esforzaba mucho» en controlarla, pero no podía. Se enojaba en el trabajo, en casa, al volver del trabajo en medio del tráfico, donde fuera. Cuando algo no le salía bien, se irritaba o perdía los nervios. Creía que el problema estaba en sus circunstancias, y que la solución consistía en controlar, de alguna manera, su reacción a las circunstancias.

Pero a medida que trabajábamos en el proceso que aprenderás en este libro, Pete descubrió que la verdadera causa de su ira era no ser capaz de cumplir las expectativas de su padre y sentirse rechazado por él. Se había hecho médico para tratar de conseguir que su padre lo apreciara, pero nada parecía funcionar. Al cabo de unas seis semanas, sanó su recuerdo del rechazo paterno, su problema de ira pasó inmediatamente a ser un problema sin importancia y además logró sanar su relación con su esposa. Se había roto el círculo.

Si te cuesta conseguir un cambio permanente y positivo en cualquier área de tu vida, puede ser porque estás tratando los síntomas, no la causa. Este libro te ayudará a diagnosticar la *verdadera* causa de tu problema y probablemente a solucionarlo para siempre.

Ahora déjame hacerte una pregunta rápida, como las que te haría si vinieras a mi consulta.

Vamos a suponer que estás en tu casa y ves como el suelo de la cocina comienza a inundarse de agua. No vives cerca del agua, y tampoco está lloviendo. ¿Qué harías primero: empezar a limpiar el agua del suelo o cortar el agua de la casa?

Esta es una pregunta mucho más importante de lo que crees. La mayoría de la gente, tal vez después de un minuto, cortaría el agua de la casa y empezaría a limpiar el suelo. Limpiar el suelo sin detener el agua sería una locura, ¿verdad?

Durante aproximadamente los últimos ochenta años, el mundo de la psicología, así como el de la autoayuda, la espiritualidad y la medicina, han ofrecido diversas teorías sobre cómo arreglar la causa de nuestros problemas. Unas han sido más populares que otras, en determinados momentos, pero aún hoy en día se pueden encontrar libros y expertos que afirman que cualquiera de las siguientes es la verdadera causa de nuestros problemas:

- **Las circunstancias.** Piensa en objetivos SMART* (específicos, medibles, alcanzables, relevantes y basados en el tiempo), en los tableros de visión y en el consejo de «simplemente hazlo». Cambia tus circunstancias, cambia tu vida.
- **El comportamiento.** Actúa «como si». Haz lo apropiado, y se producirá un cambio en tus sentimientos. Cambia tu comportamiento, cambia tu vida.
- **La fisiología y la química cerebral.** Si puedes encontrar el fármaco o el suplemento correcto, seguir la dieta óptima, o meditar mucho o con bastante frecuencia, empezarás a sentirte bien contigo mismo. Cambia tu química, cambia tu vida.
- **Ser consciente de los pensamientos.** Conoce la verdad y piensa correctamente. Si te das cuenta de lo afortunado que eres comparado con tu vecino, comenzarás a sentirte mejor. Sustituye los pensamientos negativos por positivos. Cambia tus pensamientos, cambia tu vida.
- **Ser consciente de las creencias.** Tus creencias son una combinación aún más fuerte y profunda de pensamientos y sentimientos que definen lo más importante de ti. Cambia tus creencias, cambia tu vida.

* N. del T.: *Smart* significa 'inteligente' y en este caso funciona como acrónimo de *specific, measurable, attainable, relevant, time-bound.*

- **Las emociones.** El dominio de las emociones es un tema controvertido hoy en día con diversidad de técnicas. Cambia tus emociones, cambia tu vida.

Todas estas soluciones nos proporcionan una maravillosa visión sobre nuestro funcionamiento como seres humanos y a menudo nos hacen sentir mejor... durante un tiempo. El problema es que tras ochenta años de soluciones de desarrollo personal, la gente está más hambrienta de soluciones que nunca. ¿Cómo puede ser eso?

Porque todas estas soluciones son solo maneras diferentes de limpiar el agua del suelo. Si te esfuerzas lo suficiente y eres constante, podrás controlar la fuga. De vez en cuando, podrías mirar a tu alrededor, disfrutar de un suelo seco y pensar que la solución funcionó.

Pero sigues sin arreglar la fuga en tu cocina. ¡Por eso estás siempre tan cansado! ¡Usas toda tu energía para limpiar sin detener la inundación en su origen! Por supuesto, cualquiera de estas soluciones puede ser mejor que nada, pero incluso aunque pudieras ponerlas todas en práctica y hacerlo perfectamente, *no lograrías impedir que siguiera entrando el agua*.

Eso es justo lo que aprenderás con este libro. Recientemente hemos descubierto que nuestros sentimientos tienen una causa más profunda, que va más allá de las circunstancias, el comportamiento, la química cerebral, los pensamientos, las emociones e incluso las creencias.

Se trata de nuestros recuerdos.

SON TUS RECUERDOS LOS QUE TE HACEN SER QUIEN ERES

Puede que seas escéptico. Lo comprendo. Déjame explicarte lo que quiero decir.

En primer lugar, no estoy hablando de tu capacidad de *recordar*, de recordar conscientemente datos que has aprendido o hechos que te han ocurrido. Tampoco me refiero a los «recuerdos de procesos», como aprender a montar en bicicleta, caminar o jugar al *ping-pong*. Cuando la gente dice: «Es como montar en bicicleta», se refieren a algo que nunca se olvida. Los recuerdos de procesos raramente se degradan o desarrollan errores con el tiempo.

Me estoy refiriendo a lo que llamo tus *recuerdos originales*, creados a partir de tus vivencias, tu imaginación e incluso las experiencias e impresiones subconscientes heredadas de muchas generaciones de antepasados y transmitidas a ti.

Los recuerdos originales son harina de otro costal. Son la lente a través de la cual te ves a ti mismo y a todo lo que hay en el mundo. Todo lo que te ocurre pasa a través de los recuerdos originales de tu vida y la de tus ancestros para determinar tus pensamientos, sentimientos, creencias y acciones, e incluso las hormonas y la fisiología de tu cuerpo. Desafortunadamente, estos recuerdos también son propensos a los errores, como descubrirás en la primera parte.

Sin embargo, los recuerdos de procesos y los recuerdos originales tienen algo en común: cada nuevo recuerdo relacionado entre sí se construye sobre el anterior. Cuando un bebé aprende a caminar, ¿se levanta y empieza a caminar? No, lo intenta y se cae unas cinco mil veces primero. Cada una de esas caídas crea un recuerdo que al final lleva a la habilidad de caminar, a tener sentido del equilibrio, a usar los músculos de sus piernas, etc. Cada nuevo recuerdo se construye sobre el anterior hasta que el bebé tiene todos los recuerdos necesarios para levantarse con éxito y caminar. Caminar requiere toda la secuencia de recuerdos relacionados con estar de pie y andar, que pueden ser cientos o incluso miles. Si se borra, se salta o se altera incorrectamente alguno de los recuerdos de la cadena, es posible que el bebé no aprenda nunca.

El neurocientífico y profesor Antonio Damasio ha demostrado que en el origen de cada pensamiento, creencia, sentimiento y acción hay una *imagen*. A estas imágenes me refiero cuando utilizo la expresión *recuerdos originales* que, a partir de ahora, llamaré simplemente recuerdos. Estas imágenes, o recuerdos, provienen de:

- **Acontecimientos de nuestras vidas,** entre ellos tanto los que recordamos conscientemente (como la ceremonia de graduación de la universidad, nuestro primer día de trabajo o lo que comimos ayer para almorzar) como los que *no* recordamos conscientemente (como nuestro nacimiento o cómo nos hablaban nuestros padres cuando éramos bebés y niños pequeños).
- **Nuestra imaginación,** como cuando nos imaginamos nuestras próximas vacaciones o cuando nos preocupa que nuestro ser querido sufra un accidente de tráfico.
- **Las generaciones anteriores,** como, por ejemplo, el trauma experimentado por uno de los padres o abuelos, o por ambos; como lo sufrí yo cuando estaba en el útero.

La verdad es que nuestros recuerdos nos hacen ser quienes somos en casi todos los sentidos, y las revelaciones procedentes de nuevos estudios confirman cada día más este hecho. Venimos a este mundo con un conjunto de recuerdos heredados, y desde el momento en que nacemos, estamos interpretándolo todo a través de la lente de esos recuerdos y creando otros nuevos que se superponen a los anteriores, con objeto de aprender y desarrollar estrategias que nos protejan.

Al crear nuestros recuerdos, estamos creando nuestra vida, o en algunos casos, nuestra muerte.

EL FALLO DE LA MEMORIA

Este es el problema. Por encima de todos los recuerdos o creencias, sean estos frutos de nuestra experiencia personal, nuestra imaginación o recuerdos heredados, se les da prioridad a aquellos que desencadenan nuestra interpretación y reacción de «esto me va a matar» (también conocida como reacción al estrés o reacción al miedo). Cuando ocurre algo, aunque sea remotamente relacionado con este recuerdo, reaccionamos como si eso nos fuera a matar, ya se trate de un hecho que ataña a nuestra integridad física, identidad, seguridad o relaciones.

¿Por qué iba a ser eso un problema? ¿No queremos que nuestros recuerdos nos mantengan a salvo? Bueno, no sería un problema, si nuestros recuerdos nos dijeran siempre la verdad sobre lo que realmente podría matarnos. ¿Pero qué sucede si no lo hacen?

Tendemos a pensar que nuestros recuerdos son como una especie de grabaciones audiovisuales objetivas de lo que nos sucede; sin embargo, no es así. Como veremos también en la primera parte, nuestras experiencias reales de la vida se filtran primero a través de la lente de nuestros recuerdos de situaciones de peligro, y hemos visto lo que puede suceder cuando esos recuerdos son erróneos. A muchos de mis clientes, un solo recuerdo negativo «les ha fastidiado la vida»; son sus palabras, no las mías, pero los entiendo bien.

Por ejemplo, un chico con el que trabajé estaba convencido de que nunca podría estar a la altura de su padre. Cuando tenía catorce años, se presentó a líder de la clase, y como su padre tenía experiencia en presentarse a elecciones y ganarlas, le hizo algunas preguntas a su hijo para ayudarlo a prepararse. En algún momento, después de una de sus respuestas, su padre se rio y dijo: «Debes de pensar que eres como yo. Déjame decirte algo: no lo eres, y eso no va a funcionar».

Esas palabras cambiaron el curso de su vida. Durante veinte años le persiguió la sensación de que jamás sería tan bueno como su padre. Cualquier cosa que estuviera mínimamente relacionada con esa situación la veía a través de la lente de ese recuerdo, creando así un nuevo recuerdo negativo, que a su vez crearía otro, y así sucesivamente. Y por supuesto, todos esos recuerdos relacionados enviaban señales inconscientes de estrés las veinticuatro horas del día.

Más tarde, cuando mi cliente le preguntó a su padre sobre aquello, descubrió que lo que su padre había querido decir era que su hijo era mejor que él. Ese recuerdo tenía errores cruciales; el comentario era un cumplido, pero lo recibió como una crítica que le decía: «No soy lo suficientemente bueno para hacer nada». Fue un recuerdo que prácticamente configuró por completo su vida, y todo se había basado en un malentendido.

Otras veces, no hay ningún malentendido. De niño, mi padre y yo nos llevábamos muy bien. Pero cuando yo tenía unos doce años, le diagnosticaron una enfermedad cardíaca, que por aquellos tiempos era casi una sentencia de muerte. De repente, un día mi padre empezó a golpearme una y otra vez, gritando: «¡Nunca vas a llegar a nada!».

Aquello sucedió de verdad, mi padre me pegó ese día, y realmente me dijo que nunca llegaría a nada. Mi recuerdo de esa situación, y todos los recuerdos posteriores vistos a través de esa lente, me influyeron negativamente durante los siguientes quince años.

A partir de ese día mi humor e incluso mi personalidad cambiaron. Hablaba menos, me sentía peor conmigo mismo como hijo, me iba peor en la escuela y empecé a meterme en problemas, cosa que nunca había hecho. El mayor cambio que experimenté fue la rabia. Jamás había tenido ese problema, pero de repente mi temperamento se volvió explosivo. Siempre había cantado mucho en voz alta en casa, y dejé de cantar del todo. Era como si mi corazón hubiera absorbido la alegría y la hubiera reemplazado por rabia.

A nivel consciente no llegué a conectar el incidente con mi padre con los cambios en cómo me sentía conmigo mismo. No sabía por qué sentía aquello ni por qué me veía obligado a actuar de forma diferente y violenta. Ahora me doy cuenta de que había suprimido en gran medida ese recuerdo por el dolor que me causaba, así que no sabía por qué era incapaz de hacer y sentir lo que quería hacer y sentir. Me sentía confuso, dolido e incapaz de enfrentarme a la raíz de lo que me había empujado a tomar ese camino. Este patrón básicamente continuó hasta que, a los veintisiete años, mi esposa me obligó a abandonar nuestro hogar, lo cual me llevó a la mayor transformación espiritual de mi vida (más adelante te hablaré sobre esto).

¿Qué hay de Mary, la cliente que mencioné antes? Para ella, el problema no eran las circunstancias actuales de su vida (su matrimonio, sus hijos, su casa, incluso su relación actual con su madre), sino los *recuerdos* de una madre dominante creados durante su infancia.

Uno de esos recuerdos era el de lavar los platos y que su madre la regañara por no hacerlo como le había enseñado. Mary seguía pensando que los había lavado exactamente como el día anterior, y ese día su madre le había dicho: «Bien hecho, cariño». Esta era una experiencia frecuente, ya fuera por cómo limpiaba su cuarto, o cómo se maquillaba, o los chicos con los que salía. Un día algo estaba bien, y al día siguiente ya no. Las reacciones de su madre eran inconsistentes y degradantes para Mary, que nunca sabía a qué atenerse.

No era consciente de ello, pero esos recuerdos decisivos configuraron sus sentimientos hacia sí misma y hacia su vida hasta el día de hoy. Creía que tenía que fingir constantemente ser quien no era, que lo que los demás pensaban de ella era importantísimo y que necesitaba que la protegieran a toda costa. Después de una reprimenda, su madre siempre decía: «Ya sabes que esto es por tu bien, cariño, y que lo único que quiero es que tengas una vida mejor que la mía». Pero Mary no lo veía así.

Esos recuerdos le hacían contemplar sus vivencias a través de una lente que lo distorsionaba todo. Por eso se limitaba a sobrevivir, tratando de aturdirse para escapar del estrés constante a base de dormir o ver telebasura y de fantasear con irse a California para no volver. Y eso que, desde fuera, parecía tener una vida segura e incluso ideal para la mayoría de quienes la conocían.

En las cuatro situaciones, los problemas comenzaron cuando conectamos un acontecimiento con nuestra *identidad* y decidimos que, porque ocurrió X, somos malos y no buenos. O que, porque ocurrió Y, nadie nos querrá. O que, porque nos pasó aquello, jamás tendremos éxito.

Esta clase de conclusiones nunca son verdaderas. Ni siquiera el peor abuso de tu pasado tiene nada que ver *nunca* con tu capacidad actual de estar a salvo, seguro o tener relaciones (suponiendo que *no* estés en este momento en una situación de vida o muerte o de abuso), ni con tu valor. Pero estos recuerdos crean espejismos que nos limitan o incluso nos impiden superarnos.

Cuando aceptamos estas conclusiones erróneas como si fueran ciertas y vivimos pensando, sintiendo y actuando de acuerdo con ellas, ¡estamos viviendo una mentira! Y seguiremos viviéndola mientras aceptemos como verdad lo que no lo es.

Este es el extraordinario poder de la mente. En el idioma alemán, la palabra *imaginación* tiene dos significados. Uno es soñar despierto, mientras que el otro es crear.

Todos hemos soñado alguna vez despiertos. De niño, solía imaginarme que ganaba los torneos de Wimbledon y del Abierto de Estados Unidos cada año. Aunque esos sueños nunca se hicieron realidad, más tarde descubrí que mi imaginación tenía el poder de liberarme de los grilletes del dolor y el miedo. Todos disponemos de lo necesario para cambiar nuestras vidas para siempre, para crear la mejor vida con la que podamos soñar, si utilizamos la herramienta de nuestro creador de imágenes. Usarlo para crear recuerdos de éxito, salud, grandes relaciones y amor puede transformar tu vida interior hasta unos niveles que ahora ni siquiera eres capaz de imaginar.

RECORDAR EL MUNDO REAL

Espero que a estas alturas te preguntes si los errores de *tu* memoria –de tu propia vida, de tu imaginación o de las generaciones pasadas– te están frenando. Si es así, aquí tienes dos sencillos modos de establecer un diagnóstico:

1. ¿Sueles despertar cada mañana pensando que te conformas con sobrellevar como sea el día que comienza? ¿Te pasas la mayoría de los días peleando contra el estrés, la ansiedad y las «obligaciones», y sintiendo que le falta algo a tu vida?
2. ¿En ocasiones te enfadas (o experimentas alguna emoción o sentimiento relacionados con la ira, como irritación, frustración, etc.)? Al mirar atrás, ¿alguna vez te avergüenzas o no estás seguro de por qué tuviste la reacción que tuviste?

Si te identificas con alguna de estas situaciones, no creas que te pasa solo a ti. Hoy en día casi todo el mundo entra en estas categorías. Estos problemas cotidianos son –a menos que en este momento estés en un profundo peligro físico o emocional– una señal de que tienes recuerdos que influyen de forma negativa en tu vida y que están *equivocadamente* haciéndote sentir mal. No tienes por qué seguir sintiéndote así, y para empezar, probablemente nunca deberías haber sentido ese malestar.

Durante el resto de este libro te explicaré cómo ha evolucionado nuestra memoria, o en este caso involucionado, y cómo puedes viajar atrás en el tiempo para cambiar tu pasado, si no en minutos, normalmente en cuestión de días o de unas cuantas semanas.

En mi primer libro, *El código de curación*, te enseño a sanar la fuente de tus problemas de salud, y en *El principio* a tratar las causas subyacentes que impiden tu éxito. Con *El código de la memoria* aprenderás a sanar de raíz *cualquier* problema, basándote en una investigación de vanguardia y utilizando un novedoso proceso de seis pasos que puedes implementar en tan solo diez minutos. Aprenderás a cortar el agua en lugar de convertirte en un experto en limpiarla; así podrás usar toda esa energía extra para disfrutar y crear la mejor vida que puedas soñar, para ti, tus seres queridos y el mundo entero.

Pero, primero, tienes que tomar una decisión.

Según mi experiencia (ahora respaldada por la investigación que examinaremos más adelante en el libro), más del noventa por ciento de la población tiene una creencia que está afectando negativamente a su experiencia vital. Más específicamente, llegaron a conclusiones erróneas sobre aspectos críticos de su vida y sus circunstancias que han dado lugar a estas creencias devastadoras. Creo que la ingeniería de la memoria forma parte de una nueva frontera de la medicina y la psicología. Así que, si quieres vivir la vida al máximo, y disfrutar plenamente de tu energía, potencial y talento, es hora de que decidas: ¿vas a seguir haciendo lo que siempre has hecho y pasar sin pena ni gloria el resto de tu vida? ¿O te atreves a dar el paso a algo mejor?

Trabajo con gente que está dispuesta a dar ese paso; ¡de lo contrario, no la acepto como cliente! Ayudo a quienes, cuando llegan a ese momento de crisis, no se resignan a seguir meramente sobreviviendo. Su deseo de contemplar un panorama más amplio es tan fuerte que no les importa renunciar a todo lo que creían que sabían. Porque quieren *toda* la verdad y la mejor vida posible, no solo lo que es fácil. Y están dispuestos a luchar por ello.

¿Te atreves? Si es así, pasa al próximo capítulo, y comenzaremos este viaje juntos.

PRIMERA PARTE

EL GRAN FALLO DE LA MEMORIA

Capítulo 1

Los seres humanos estamos programados para funcionar así (aunque ya no lo hagamos)

Tus recuerdos impulsan cada pensamiento, sentimiento, creencia, acción y reacción química de tu cuerpo, por eso quiero que entiendas esto a la perfección.

Dedica unos momentos a recordar el mejor día que hayas tenido últimamente. ¿Cuándo fue? ¿Qué sucedió? Cierra los ojos y trata de volver a experimentarlo otra vez –pruébalo, huélelo, tócalo, siéntelo– solo durante uno o dos minutos.

Ahora, piensa en el último mal día que has tenido. ¿Cuándo fue? ¿Qué ocurrió? Pruébalo, huélelo, tócalo, siéntelo... Vuelve allí un momento.

¿Qué hizo que esos días fueran buenos o malos? ¿Qué sentiste y pensaste sobre tus experiencias?

Para la gran mayoría de la gente, lo que hizo que el día fuera bueno o malo fue lo que sentían acerca de las *circunstancias externas* en ese momento. Te sucedió algo estupendo, o algo que te preocupaba salió bien, y por eso lo recuerdas –lo «sientes»– como un gran día. Por otro lado, cuando te pasó algo malo, o no sucedió algo que deseabas con todo tu corazón, recuerdas que lo «sientes» como un mal día.

La creencia de que tu calidad de vida depende de tus circunstancias externas es errónea, aunque es natural verlo así. Para decirlo sin rodeos, estás viviendo una mentira. Y esa mentira es la raíz y la fuente de la gran mayoría del sufrimiento humano en este mundo.

¿Y si te dijera que la inmensa mayoría de los días de tu vida pueden ser estupendos, sin importar lo que haya pasado? No es que puedas ser la excepción a la regla, sino que todos *los seres humanos estamos hechos para disfrutar prácticamente de cada día de nuestras vidas.*

¿Y que incluso ante una de esas verdaderas catástrofes que nos suceden en raras ocasiones, cuentas con la capacidad de recuperarte rápidamente y volver a esos días maravillosos de antes?

El hecho de que la mayoría no viva así es el resultado de un fallo en el funcionamiento del cerebro que se ha ido generando durante miles de años, fallo que mencioné en la introducción y que explicaré en los próximos capítulos. Pero cuando parece que todos los que te rodean tienen días malos o días «así así» casi todo el tiempo, es difícil creer que tener un mal día sea un trastorno funcional. Si es así, ¿cómo puede sufrirlo todo el mundo? Sin embargo, la verdad es que casi nadie se libra. Estamos convencidos de que tener un día bueno, malo o regular depende de nuestras circunstancias, y por lo tanto no hay otra opción; pero esa es una equivocación. Se trata de un fallo, una especie de virus interno que nos hace funcionar mal y ver el mundo a través de un filtro que lo distorsiona todo. Así que, en este capítulo, quiero empezar a mostrarte muy brevemente cómo se supone que debíamos funcionar los seres humanos.

HEMOS NACIDO PARA AMAR, A MENOS QUE ESTEMOS EN PELIGRO

Según la doctora Caroline Leaf, neurocientífica cognitiva, no hay ningún mecanismo dentro de nosotros –cuerpo, mente o espíritu– cuya función sea la de crear una vivencia o fisiología negativa.[1] «Por ejemplo, tenemos una zona del cerebro llamada *cuerpo estriado* que al parecer participa en el reforzamiento positivo. Este sistema, programado para el amor, está diseñado para activarse cuando sentimos calma, serenidad y bienestar, [cuando estamos] llenos de confianza en nosotros mismos y autoestima. Cuando no nos sentimos seguros, se inhibe».[2]

Del mismo modo, la doctora Rebecca Turner, de la Universidad de California, en San Francisco, y la doctora Margaret Altemus, de la Universidad Cornell, informaron de una investigación que demostraba que la hormona oxitocina, que nos hace sentir bien, se libera cuando una persona experimenta recuerdos y relaciones basadas en el amor, siempre que no haya un exceso de recuerdos basados en el miedo.[3]

Si no nos sentimos seguros, un mecanismo del cerebro situado en el hipotálamo libera un torrente de sustancias químicas para liberarnos rápidamente del peligro, de modo que podamos regresar al estado «programado para amar». Volveremos a hablar de este mecanismo más adelante en este mismo capítulo.

Además de nacer con una configuración química positiva, hay otras dos características de la experiencia vital que contribuyen a nuestra tendencia positiva general: cómo funciona nuestro corazón y cómo estamos programados para las relaciones humanas.

EL CORAZÓN DIRIGE NUESTRA VIDA

Hace más de tres mil años, el rey Salomón escribió en sus Proverbios: «Guarda tu corazón por encima de todo, porque de este dependen todas las situaciones de la vida». Aquí Salomón no se refiere a nuestro corazón físico, sino a nuestro corazón espiritual, al que de ahora en adelante llamaré simplemente *corazón*.

Uno de mis amigos de la infancia, Jimmy Netterville, es ahora un renombrado neurocirujano del Vanderbilt Medical Center. Esto es lo que me dijo acerca de la profesión de neurocirujano: «A la gente le impresiona, pero en realidad lo que hago es como cortar un trozo malo de manzana, ¡y la mayoría de las veces vuelve a reproducirse! Llevo algún tiempo pensando que debe de haber una solución mejor».

Creo que eso mismo puede aplicarse a cómo tratamos e intentamos curar nuestras disfunciones emocionales. No es posible resolver el problema sin tratar la causa. Y creo que, como dijo Salomón, todos los asuntos vitales dependen del corazón.

Para los propósitos de este libro, me gustaría definir algunos términos básicos:

- Nuestra mente consciente incluye los recuerdos que podemos rememorar a voluntad.
- Nuestra mente subconsciente incluye los recuerdos que no podemos rememorar a voluntad pero que pueden impactar y a veces aflorar en nuestra mente consciente.
- Nuestra mente inconsciente incluye los recuerdos que no sabemos que tenemos y a los que quizá ni siquiera podamos acceder conscientemente.
- Nuestro espíritu es nuestra esencia, nuestra parte eterna.
- Nuestro corazón incluye el inconsciente, el subconsciente, la conciencia, el espíritu y el hemisferio derecho del cerebro.

El estado de ondas cerebrales delta-*theta*

Los estudios muestran que se necesitan diez experiencias positivas para compensar una experiencia negativa infantil, pero asimismo muestran que los niños sufren diez experiencias negativas por cada una positiva. Eso ciertamente va a causar disfunciones, como veremos más adelante; pero incluso aquí venimos equipados con un mecanismo que nos protege de los efectos del estrés durante la infancia.

Según las lecturas del electroencefalograma (EEG) de las ondas cerebrales de los adultos, estos pueden experimentar cinco estados diferentes de ondas cerebrales: delta, *theta*, alfa, beta y gamma. Las lecturas del EEG de los estados de ondas cerebrales dominantes en los niños nos dicen que pasamos los primeros seis años principalmente en un estado de ondas cerebrales delta o *theta*.[4]

En orden de frecuencia, delta es el estado de ondas cerebrales más lentas, y en los adultos se produce durante la fase de sueño profundo sin sueños.[5] Sin embargo, los niños de hasta dos años pueden experimentar el estado delta estando despiertos, y por eso sus experiencias se convierten automáticamente en parte de su programación más profunda.

Theta es el siguiente estado de ondas cerebrales en términos de frecuencia, y es característico de ese estado que llamamos «soñar despiertos» o bien del REM* (sueño activo).[6] Alrededor de los dos años, los niños pasan principalmente al estado de ondas cerebrales *theta* mientras están despiertos; en cambio, los adultos experimentan este estado durante el sueño ligero o la meditación profunda. En los niños, el estado *theta* se caracteriza por el pensamiento creativo y a menudo combina los mundos imaginario y físico.[7]

Entre los seis y los doce años, los niños pasan principalmente al estado alfa, un estado relajado de aprendizaje que sirve de

* N. del T.: Las siglas corresponden a *rapid eye movement* (movimiento ocular rápido, o MOR, que es una característica que se observa durante esta fase).

transición al pensamiento consciente y lógico. En los adultos, este estado se experimenta como descanso mental y reflexión.[8]

Alrededor de los doce años, nuestra corteza cerebral está lo suficientemente desarrollada como para que podamos experimentar el estado de ondas cerebrales beta, caracterizado por la autoconciencia, el pensamiento lógico y la toma de decisiones conscientes. Si las ondas beta son lo suficientemente elevadas, aquí es también donde experimentamos el estrés.[9]

En términos de desarrollo, eso significa que básicamente tenemos dos etapas de ondas cerebrales: antes de beta y después de beta. Hasta aproximadamente los seis años, como nuestra corteza cerebral no se ha desarrollado lo suficiente para permitirnos experimentar el pensamiento consciente y la autoconciencia, carecemos de filtros: todo pasa inmediatamente a nuestro corazón. Al mismo tiempo, mientras aprendemos lo necesario para sobrevivir como bebés y niños, nuestra reacción de vida o muerte se pone en marcha constantemente, y hay una buena razón para ello. Durante los primeros años de la infancia somos mucho más propensos a morir por accidente, por eso tenemos incorporado este sistema que asegura nuestra supervivencia física.

Recuerdo claramente cómo cuando era niño no me podía dormir porque había un monstruo en mi armario; un monstruo que me vigilaba, esperando a que me quedara dormido para atacarme. Mis padres y mi hermano revisaban el armario, pero era escurridizo. Yo ya no podía hacer nada. Nadie me creía, pero si me dormía, el monstruo me devoraría de una manera espantosa.

La madre de un niño de cinco años me contó la siguiente historia: su hijo quería aprender a montar en bicicleta sin las ruedas de entrenamiento, pero cada vez que se las quitaba, se rendía al cabo de un par de minutos. Finalmente le preguntó:

—¿Qué crees que te pasará si te caes de la bicicleta?

—Que me mataré —respondió enseguida el niño, que llevaba el casco puesto.

Aunque no había ningún monstruo en mi armario, y aunque ese niño no se iba a matar si se caía de la bicicleta, estas creencias en realidad no son una disfunción. A esa edad, se supone que nuestra mente ha de reaccionar exageradamente ante cualquier peligro potencial. La alternativa es subestimar el peligro, lo que podría implicar no sobrevivir. Por eso los niños lo perciben casi todo de una forma exagerada. Como carecemos de unos conocimientos básicos sobre lo que es seguro o inseguro, nuestros sentimientos se magnifican para compensar y evitar así el peligro.

Pero aquí viene lo mejor: como no podemos pasar a beta, *no podemos experimentar los efectos negativos del estrés crónico.* El estado de ondas cerebrales delta-*theta* es uno de los mejores sistemas de protección con los que contamos para mantener nuestro estado predeterminado positivo, incluso a esa edad en la que, justificablemente, el miedo nos controla mientras averiguamos qué comportamientos son seguros y cuáles no. Por suerte, llega un momento en que dejamos atrás esta etapa. Digamos que estás en una fiesta y ves a uno de tus amigos bebiendo un refresco. «Oye, ¿podrías pasarme uno?», le dices, y él te responde: «Lo siento, ya no quedan más».

¿Te tirarías al suelo y tendrías una rabieta? ¡No! Pero eso es exactamente lo que podría hacer un niño de tres años. Lo que sería un tremendo trastorno para ti es una parte natural de nuestro mecanismo de supervivencia como niños.

Por eso esto es importante para nosotros hoy en día: la fuerza de nuestros recuerdos ligados al miedo está determinada por la cantidad de adrenalina liberada durante los hechos que dieron lugar a esos recuerdos. Aunque creamos que no hemos experimentado ningún gran trauma, todos tenemos una gran cantidad de estos recuerdos delta-*theta* que actúan como traumas, debido a la cantidad de adrenalina liberada. Estos recuerdos también hay que sanarlos con la ingeniería de la memoria.

Los niños, como aún no tienen la capacidad de racionalizar, son muy buenos para llamar a las cosas por su nombre: «¡Creo que me voy a morir!». Como adultos, si tenemos miedo y no sabemos por qué, puede deberse a uno de estos recuerdos delta-*theta*. Pero racionalizamos y relacionamos nuestro miedo con alguna otra circunstancia externa. Es una lástima, porque si pudiéramos ser sinceros, podríamos abordar y sanar la causa: «Sí, "siento" que este tráfico me va a matar, así que déjame encontrar los recuerdos que originan este trastorno y sanarlos.

Los recuerdos son el lenguaje de nuestro corazón

El verdadero lenguaje universal son las imágenes, no las palabras. Vemos e interpretamos una imagen a la velocidad de la luz; en comparación con esto la comprensión del significado de las palabras es un proceso lento y arcaico. Las imágenes son también el lenguaje original de nuestro corazón, nuestra forma más básica de comunicación a nivel celular.

Este es también el motivo por el que creo que el hemisferio derecho del cerebro forma parte de nuestro corazón: en él es donde residen las imágenes y el significado. Las funciones del hemisferio derecho y el izquierdo están bien establecidas. En 1982, el doctor Roger Sperry recibió el Premio Nobel por su investigación sobre la división del cerebro. Los pacientes tenían ataques epilépticos tan graves que eran incapaces de funcionar: no podían dormir, ni comer, y algunos se estaban muriendo. El doctor Sperry tomó medidas drásticas y cortó el cuerpo calloso que conecta el hemisferio izquierdo y el derecho. Su lógica era que si cortaba la conexión, las convulsiones se detendrían.

Tenía razón. Las convulsiones cesaron cuando cortó el cuerpo calloso. Interrumpir la conexión también causó otros problemas específicos, pero por regla general, los pacientes pudieron vivir vidas relativamente normales, sin duda mucho mejor que antes.

Entonces el doctor Sperry se dio cuenta de que tenía un grupo de personas diferente a todas las que habían existido, y decidió hacer una serie de experimentos con ellas. En uno de los más famosos, hizo que un paciente que tenía hambre se sentara en una mesa con un tazón de comida y una cuchara. A continuación, le pidió que se tapara el ojo izquierdo, lo que significaba que no tenía acceso a la información del hemisferio derecho sobre los objetos de la mesa. Cualquier respuesta o comportamiento provendría al cien por cien de su hemisferio izquierdo.

A continuación le preguntó qué veía en la mesa. El paciente pronunció la palabra *cuchara*, pero tras unas cuantas preguntas más, quedó claro que no sabía qué era una cuchara, para qué se usaba ni cómo usarla. Luego le pidió que se cubriera el ojo derecho, para que solo pudiera acceder al hemisferio derecho. El paciente no sabía nombrar el «utensilio», tampoco dijo nada, tan solo tomó la cuchara y comenzó a comer.

En experimentos posteriores, cuando el doctor Sperry les pidió a sus pacientes con cerebro dividido que actuaran sin tener acceso a su hemisferio derecho, descubrió que no podían confiar, usar el sentido común, cooperar (por ejemplo, ser parte de una relación significativa), actuar o comportarse apropiadamente, ser razonables y justos, sentir, o ¡ni siquiera pensar! Incluso eran incapaces de agarrar la cuchara y comer cuando tenían hambre.

Ahora que se podían distinguir y aislar las funciones del hemisferio izquierdo y derecho, las diferencias eran claras: el conocimiento del hemisferio izquierdo se comunica con palabras y es lógico, analítico, conceptual y está basado en el tiempo. El conocimiento del hemisferio derecho se comunica a través de imágenes y es intuitivo, holístico, basado en los sentimientos y atemporal.

¿Por qué nos detenemos tanto en ver las diferencias entre el hemisferio izquierdo y el derecho? Porque vivimos en un mundo regido por el hemisferio izquierdo. El propósito de este es como el de las barreras que hay a ambos lados de la pista en una bolera. Se supone que cuando reaccionamos a las circunstancias de una manera exageradamente emocional debido a la imagen que nos muestra el corazón, el hemisferio izquierdo, es decir, la mente consciente, debe decir: «¡Deja todo lo que estés haciendo, aquí está pasando algo! Si he tenido una reacción como esta es porque hay algo en mi corazón a lo que debo prestar atención».

Mientras que el hemisferio derecho divaga, el izquierdo siempre tiene los pies pegados a la tierra. No podemos dejar que el corazón haga lo que quiera, porque su programación suele ser casi siempre pésima. Al mismo tiempo, incluso si el hemisferio izquierdo/mente consciente estuviera en lo cierto todo el tiempo (cosa que no sucede), es demasiado débil para controlar las imágenes del corazón. El lado izquierdo y el derecho están diseñados para trabajar en conjunto armónicamente, como dos remos en una barca. Si ambos remos no están sincronizados, nunca llegarás al destino deseado.

El doctor Antonio Damasio, uno de los principales expertos actuales en neurociencia y profesor y director del Departamento de Neurociencia de la Universidad del sur de California, dijo: «En el cerebro pueden producirse numerosas acciones en los circuitos que median entre el estímulo y la respuesta, y aun así no hay proceso cognitivo, propiamente dicho, mientras no se cumpla una condición fundamental: la capacidad de mostrar imágenes internamente y de ordenar esas imágenes en un proceso llamado pensamiento (las imágenes no son solo visuales; también hay "imágenes de sonido", "imágenes olfativas", etc.)». Sin imágenes, no puede haber pensamiento.

También es importante señalar que los recuerdos y las imágenes no residen solo en el cerebro, sino que quedan grabados en las mismas células. En *El principio*, cité un estudio de la Universidad Southwestern que fue noticia a nivel nacional, en el que los investigadores afirmaban haber encontrado la causa de las enfermedades y los trastornos. La llamaron *memoria celular*. Según esta investigación, las células registran sus propias experiencias sin la participación del cerebro, y estos recuerdos celulares pueden ser el factor determinante para sufrir cáncer, trauma psicológico, adicción, depresión y otros males. También parecen afectar a los recuerdos que sí requieren de la participación de nuestro cerebro.[10]

El campo de la epigenética, que estudia los mecanismos biológicos que activan o desactivan los genes, también guarda relación con esta idea de la memoria celular. El doctor Bruce Lipton, biólogo celular y pionero de la epigenética, afirma en su éxito de ventas *La biología de la creencia*: «La célula es como una cámara fotográfica. Su membrana funciona como una lente, recoge la imagen de lo que haya en el ambiente y la envía al núcleo donde se encuentra la base de datos. Ahí es donde se almacenan las imágenes».[11]

Creo que lo que Lipton denomina *imágenes almacenadas*, los investigadores de la Universidad de Southwest *memoria celular* y Damasio *imágenes*, a secas, son diferentes trozos del mismo pastel: lo que yo denomino *recuerdos originales*, el origen de nuestros problemas vitales. En el siguiente capítulo veremos más detalladamente cómo funcionan estos recuerdos originales.

Te guste o no, el corazón toma el control en los momentos críticos de tu vida, como verás en la siguiente sección. En lugar de tratar de oponernos continuamente a nuestra naturaleza, hemos de cooperar conscientemente con ella. Cuando intentamos ir en contra de cómo estamos hechos, nos ponemos en constante tensión. La única solución inteligente es conocer nuestra naturaleza, trabajar mano a mano con ella y tomar las riendas. Este libro te mostrará cómo hacerlo.

La reacción de vida o muerte

La ciencia nos muestra que estamos programados para el amor, hasta que entramos en un estado de miedo. Nuestro corazón es un instrumento finamente calibrado programado para la supervivencia y equipado con ciertos mecanismos de seguridad para sacarnos rápidamente del peligro. El primero es la reacción de vida o muerte, lo que comúnmente se conoce como reacción de estrés.

Hace unos años, estaba pasando por el control del aeropuerto, y llevaba en mi bolso de mano un aparato de terapia de luz que había comprado para probarlo. Parecía una especie de pistola de madera de juguete para niños. Nadie lo confundiría con un arma de verdad después de echarle un vistazo rápido, pero estaba un poco nervioso por tener que pasar por seguridad.

Pasé por el control, y nadie dijo nada. Me sentí aliviado; ¡tenía que tomar un vuelo! Mientras volvía a ponerme el cinturón, solté lo primero que se me vino a la cabeza: «No habéis visto el aparato que parece un arma».

A los dos segundos había seis hombres rodeándome. Me sujetaron, me llevaron a una sala y me encerraron. No hace falta decir lo asustado que estaba.

Después de unos veinte minutos interminables, entró un hombre. «Bien, doctor Loyd, explíqueme desde su perspectiva lo que ha sucedido», preguntó con un tono razonable y amable.

Le conté que llevaba encima un dispositivo que no había facturado con mi equipaje por temor a que se extraviara. Realizaron una investigación de mis antecedentes y revisaron minuciosamente todas mis pertenencias. Al final, el oficial concluyó que solo había sido un malentendido. Entonces dijo: «Doctor Loyd, déjeme darle un consejo. Jamás, pero jamás, en ninguna circunstancia, diga la palabra *pistola* en un aeropuerto. Esos tipos que lo rodearon..., si oyen esa palabra, no les queda más remedio que agarrarlo; se meten en un lío si no lo hacen».

Nuestro corazón funciona de una forma muy parecida. Su principal mecanismo de seguridad es la reacción de miedo, o *reacción de vida o muerte*, como me gusta llamarla, porque eso es exactamente lo que es. Su objetivo es librarnos rápidamente de un peligro que pone en riesgo nuestra vida, aunque esto signifique una reacción exagerada, como la de los hombres del aeropuerto que habían sido entrenados para actuar inmediatamente al oír la palabra *pistola*. La alternativa es no apresurarse y correr el riesgo de que alguien sea asesinado, y eso, sencillamente, no vale la pena.

El corazón identifica cualquier aspecto de tus circunstancias actuales que se asemeje vagamente a lo que ha definido como potencialmente peligroso para la vida, y activa la alarma interior de fuego. El hipotálamo se pone en marcha; el mecanismo de supervivencia se hace cargo de tus pensamientos, sentimientos y acciones, y prepara tu cuerpo para correr, luchar o esconderse con un flujo de cortisol y adrenalina. En esencia, el corazón envía al equipo de intervención del miedo y ordena a la mente consciente que se siente en el banquillo, diciendo: «Ya lo tenemos».

Si tus circunstancias actuales *no* tienen aparentemente nada que ver con lo que tu inconsciente definió como amenaza a la vida, tu mente consciente y tu conciencia tendrán un control razonable de tus pensamientos, sentimientos y acciones, que responderán a lo que decidas en el momento. Como estamos programados para el amor, lo natural sería que nuestros pensamientos, sentimientos y acciones tendieran a ser positivos (sin embargo, como verás en el siguiente capítulo, debido a la involución que sufrimos en nuestros recuerdos, esto ya no es así).

Cuando se activa la reacción de vida o muerte, el cuerpo se inunda con una hormona del estrés llamada cortisol. La exposición excesiva a esta hormona tiene los siguientes resultados clínicos bien documentados:

- Nos aturde.
- Nos enferma.
- Drena nuestra energía.
- Deprime el sistema inmunitario.
- Aumenta el dolor.
- Eleva la presión sanguínea.
- Cierra las células.
- Causa miedo, ira, depresión, confusión, vergüenza y problemas de identidad y autoestima.

Como veremos más adelante, a largo plazo la exposición al cortisol puede provocar un estado similar al *shock*, en el que somos incapaces de sentir nada profundamente. Esta es la «parálisis» a la que nos referimos al hablar de la reacción de lucha, huida o parálisis.
En cambio, cuando estamos en un estado basado en el amor, los recuerdos de naturaleza amorosa causan la liberación de oxitocina y otras sustancias químicas en el cerebro, lo que provoca los siguientes resultados:

- Mejora las relaciones.
- Refuerza el vínculo materno/paterno.
- Nos hace sentir amor, alegría y paz.
- Potencia la función inmunitaria.
- Reduce el estrés.
- Disminuye la presión sanguínea.
- Abre las células.
- Estimula la hormona del crecimiento humano.
- Modula el apetito, la digestión y el metabolismo.
- Estimula la relajación.
- Estimula una mayor actividad neurológica.[12]

Déjame darte un ejemplo de lo importante que es la reacción del estrés: según la investigación de Bruce Lipton, solo con el estrés podemos enfermar. Lipton llevó a cabo una investigación en la Universidad de Stanford para determinar qué causa que las células sanas enfermen y las enfermas sanen. En uno de sus experimentos, cuando extrajo células cancerosas de un individuo y las puso en una placa de Petri, las células sanaron por sí mismas. Tras proseguir con la investigación, llegó a la conclusión de que el entorno físico de la célula (es decir, el paciente) es lo que causaba la enfermedad. Después de una investigación aún más profunda, concluyó que el determinante clave del entorno era el estrés. La respuesta de miedo funcionaba como un «interruptor de enfermedad» químico para la célula: si la respuesta de miedo estaba encendida, la célula se «cerraba» y comenzaba la enfermedad. Si no lo estaba, permanecía abierta y, según Lipton, *la célula no enfermaba.*

De hecho, Lipton afirma que el noventa y cinco por ciento de todas las enfermedades y dolencias son causadas por el estrés. Si el noventa y cinco por ciento de todas las enfermedades y dolencias son causadas por el entorno de la célula, ¿qué pasa con el cinco por ciento restante? Lipton descubrió que ese cinco por ciento se debía a la naturaleza, una mutación genética transmitida por tus antepasados. Pero ¿puedes adivinar cuál es la causa de esa mutación genética? El estrés. Según Lipton, el estrés es lo que activa ese gen de la enfermedad genética. Su conclusión es que prácticamente todas las enfermedades y dolencias provienen del estrés, que según él tiene su origen en creencias internas erróneas, y yo añadiría que esas creencias internas erróneas provienen de errores en tus recuerdos.

Entonces, ¿la enfermedad y la dolencia son consecuencia de la naturaleza o de la crianza? La respuesta es de *ambas* cosas. Pero la «crianza», o el medioambiente, a la que nos referimos no es la nutrición o el aire limpio ni cualquier otra característica externa. La cuestión clave aquí es el estrés interno. Si estás estresado, tus células enfermarán, porque lo primero que hace el estrés es deprimir tu sistema inmunitario.

Esa es otra razón por la que insistiré en llamar a la reacción de miedo o estrés nuestra reacción de «vida o muerte». No es solo una señal de que tienes un recuerdo que te dice que las circunstancias te van a matar físicamente, sino que la reacción del estrés en sí misma te matará literalmente, de una manera lenta y gradual, pero inevitable.

Si tienes un sistema inmunitario es por algo: ¡se supone que te sirve! Por eso, tienes que reactivarlo; de lo contrario, aunque te alimentes con la comida más sana del mundo y vivas en el ambiente más puro de la Tierra, serás incapaz de evitar las amenazas.

Según los estudios de Lipton, si *no* estás estresado, tu sistema inmunitario está completamente operativo y tus células son capaces de resistir y curar cualquier enfermedad o dolencia, incluso el cáncer.

Esto parece conducirnos a una conclusión sorprendente: la curación del estrés es la mejor medicina preventiva de que disponemos. Es completamente gratuita y accesible en todo momento a cada uno de nosotros. Esta información se conoce desde hace décadas. ¿Por qué no se enseña en todas las escuelas y universidades públicas del mundo?

Entonces, si el estrés deprime nuestro sistema inmunitario, ¿cómo podemos suprimir el estrés? Lipton creía que la fuente del estrés son nuestras creencias, pero como sabes, opino que la fuente del estrés se encuentra a un nivel más profundo que las creencias: en los recuerdos originales. Cada creencia es una interpretación de nuestros recuerdos acumulados sobre ese tema, y los recuerdos negativos reciben mucho más peso. Así que aunque tengamos noventa y nueve recuerdos positivos o neutros sobre un tema en particular, podríamos fácilmente tener una «creencia» negativa sobre ese tema si se liberara mucha adrenalina durante una experiencia. Dicho esto puede parecer que somos esclavos de nuestros recuerdos, pero no temas: podemos sanarlos y modificarlos, y aprenderás a hacerlo en la segunda parte.

Adaptación psicológica

Afortunadamente, aunque experimentemos un estrés a largo plazo, nacemos con un maravilloso mecanismo de seguridad llamado *adaptación psicológica*. Este mecanismo te ayuda a ajustarte de manera positiva a prácticamente cualquier circunstancia. Hace años, vi un documental que mencionaba un estudio sobre dos grupos de personas: los miembros del primero acababan de ganar la lotería y convertirse en millonarios de la noche a la mañana; los del segundo acababan de sufrir un accidente y quedaron parapléjicos de por vida.

Los dos grupos fueron sometidos a todo tipo de pruebas físicas y emocionales, y al comienzo del estudio, el grupo ganador de la lotería obtuvo un resultado mucho más feliz en cada una de las pruebas, tanto físicas como no físicas, en comparación con el otro. La diferencia era abismal. Al cabo de seis meses, volvieron a hacerse las pruebas. Ahora, prácticamente no había diferencia entre ambos grupos. La mayoría de los participantes del estudio habían regresado a su estado natural de felicidad, es decir, eran tan felices o infelices como antes de ganar la lotería o perder el uso de sus miembros. Ambos grupos se habían ajustado en gran medida a sus nuevas circunstancias, a pesar de los drásticos cambios experimentados, y a pesar también de las circunstancias radicalmente distintas en las que se encontraba ahora cada grupo. En conjunto, los parapléjicos estaban tan felices y satisfechos con sus vidas como los ganadores de la lotería; lo que determinaba su nivel de felicidad seis meses después no tenía nada que ver con lo que les había sucedido, sino con lo felices que habían sido previamente.[13] Y la razón de ello es la adaptación psicológica.

Esto lo conozco de primera mano. Mi compañero de dobles del equipo de tenis del instituto sufrió un trágico accidente de coche y quedó parapléjico. Hubo un momento en el que incluso tuvo tendencias suicidas. Pero con el paso del tiempo, le contaba a todo el que quisiera escucharlo que quedarse parapléjico era lo mejor que le había pasado, porque lo obligaba a mirar hacia dentro en vez de hacia fuera. Más tarde escribió un libro sobre su experiencia.

La adaptación psicológica es una de esas increíbles proezas del diseño humano. Cuando eres capaz de encontrar un equilibrio interno razonable, logras recuperarte internamente y estar verdaderamente «bien» casi en cualquier situación. Por supuesto, todos conocemos a mucha gente que no se recupera. ¿Por qué? Por lo que he visto, la adaptación psicológica no funciona cuando tu estado natural es de miedo, de lucha o huida, es decir, si tienes una cantidad excesiva de recuerdos erróneamente etiquetados como de «vida o muerte».

Por suerte, es posible volver a etiquetar esos recuerdos, y restaurar así el equilibrio interno que necesitas para que la adaptación psicológica te sirva, sean cuales sean tus circunstancias. Como verás en la segunda parte, la ingeniería de la memoria puede sanar esos recuerdos y permitir que la adaptación psicológica vuelva a funcionar como se supone que debe hacerlo.

ESTAMOS PROGRAMADOS PARA LAS RELACIONES AFECTIVAS

Tras toda esta exposición sobre los mecanismos naturales del cuerpo para la felicidad, puede que te preguntes: si estamos hechos para ser felices, ¿por qué no lo somos?

Estamos programados para el amor, pero también para tener relaciones afectivas y amables. El doctor George Vaillant, director del Grant Study of Human Development ('estudio Grant de desarrollo humano') de la Universidad de Harvard, el «estudio longitudinal de desarrollo humano de más larga duración de la historia», resumió así sus conclusiones: «Los setenta y cinco años y veinte millones de dólares empleados en el Grant Study señalan a una conclusión que se resume en cinco palabras: la felicidad equivale al amor. Punto final».[14] Cuando hablamos de amor, en este contexto, nos estamos refiriendo a las relaciones afectivas.

Además, las relaciones afectivas influyen directamente en nuestra salud. Según un estudio publicado en *USA Today*, si tenemos relaciones afectivas, contamos con un trescientos por ciento más de probabilidades de estar sanos que quienes tienen relaciones conflictivas. Lo contrario también es cierto: si nuestras relaciones son conflictivas, tenemos un trescientos por ciento más probabilidades de contraer enfermedades y dolencias, e incluso de morir antes, que quienes mantienen relaciones afectivas.[15] En otras palabras: este problema afectivo literalmente nos está matando.

¿Qué hay detrás de esas cifras? Bueno, varias cosas. Muy a menudo, y casi siempre sin premeditación, terminamos en relaciones con alguien que no es capaz de querernos, o no está dispuesto a hacerlo, con ese amor puro que merecemos. Hay un viejo dicho que creo que explica por qué no todos vivimos en un estado basado en el amor: *quienes han sido heridos suelen hacer daño a los demás.* Cuando nos exponemos con excesiva frecuencia a personas cuyas acciones nos lastiman o nos traumatizan, aunque no tengan la intención de hacerlo, salta en nuestro corazón la alarma de fuego que nos saca de nuestro estado preprogramado, predispuesto al amor y positivo y activa la reacción de miedo, que, como vimos, no solo afecta a la mente sino también al cuerpo. Esta se convierte en nuestra forma de relacionarnos con el mundo, reforzando esa conducta en nuestras propias vidas y transmitiéndola a aquellos con quienes nos relacionamos.

Esto es así, principalmente, durante nuestros primeros años de vida, como se muestra en los famosos experimentos de la «cara impasible».[16] En estos experimentos del doctor Edward Tronick, un bebé se sienta frente a su madre. Primero, la madre muestra gran entusiasmo por el bebé y responde positivamente a todo lo que este hace, y el bebé también responde muy positivamente. Luego la madre se aleja durante un momento. Cuando se vuelve hacia el bebé, lo mira de una forma completamente inexpresiva. El bebé trata de tocar a la madre y grita para que esta le responda, y cuando ella sigue sin responder, el bebé se agita y se deprime muy rápidamente.

Esto sigue siendo así cuando nos hacemos mayores. Te pongo solo un ejemplo superficial: si un desconocido se sienta a tu lado en el avión, ¿cómo te sientes si no te mira a los ojos ni te saluda en todo el viaje? ¿Y si te mira, sonríe y se presenta? ¿No hace esto que te sientas de una forma completamente distinta, aunque luego siga con su libro o se pase todo el viaje mirando el móvil?

Las relaciones son lo que da significado a nuestras experiencias y a nuestros recuerdos. Aparte del peligro que entrañen determinadas circunstancias, el tema de las relaciones es realmente un asunto de vida y muerte, aunque casi nunca le concedamos esa importancia.

Las dos leyes

En nuestro corazón existen también dos «leyes» predeterminadas que son casi polos opuestos y se alinean perfectamente con las dos fases diferentes de las ondas cerebrales (antes de beta y después de beta). Ambas tienen una razón de ser y cumplen funciones importantes.

La primera es la ley de lo externo. Esta ley dice que lo más importante en la vida son los factores externos, comenzando por la supervivencia física, y siguiendo por todos los factores externos que hacen nuestra vida física más cómoda y placentera. La ley de lo externo dice que necesitamos bienes materiales para sobrevivir y prosperar: que la felicidad es la consecuencia de nuestras posesiones, nuestros títulos profesionales, nuestro dinero, y del poder que tenemos sobre los demás. Es la ley que nos lleva a exigir «lo que queremos cuando lo queremos».

La prioridad es obtener los resultados que más te beneficien, aunque eso signifique que otros tengan que perder o salir perjudicados. La ley de lo externo prioriza tus propias necesidades sobre las de los demás y le da más importancia a tu autoprotección que a tus relaciones. Se trata de vivir de la forma más placentera posible y evitar el dolor. Se rige por el *interés personal*.

Todos nuestros mecanismos internos cumplen una función positiva, entre ellos la ley de lo externo. Los niños se guían principalmente por esta ley hasta algún momento entre los seis y los doce años. Su supervivencia está realmente en juego, a menudo muchas veces al día.

Pero se supone que cuando desarrollamos la mente consciente, entre los seis y los doce años, empezamos a regirnos por la segunda ley grabada en nuestro corazón, que es la de lo interno.

La ley de lo interno dice que, sean cuales sean las circunstancias externas, lo más importante es mantener un estado interno de amor, alegría y paz, en lugar de miedo. Se basa en hacer lo correcto solo porque es lo correcto, sin importar si a corto plazo te beneficia o incluso si te causa dolor. Significa dar prioridad a actuar de una forma positiva en lugar de a los beneficios, aunque a menudo los resultados muestran que se pueden tener ambas cosas al mismo tiempo una vez que todos se sienten bien y apoyados. La ley de lo interno dice que la felicidad viene de dentro, de hacer el bien en el mundo y beneficiar a todos aquellos con quienes te relacionas. Se rige por el *amor*.

La ley de lo interno está grabada en nuestra *consciencia*, o en lo que me gusta imaginar como nuestra «brújula del amor»: esa parte de nosotros que nos señala el mejor curso de acción basándose en la lente del amor y que, a la vez, posibilita que lo sigamos mediante nuestras creencias, nuestros pensamientos y sentimientos, nuestra química cerebral y nuestras acciones. En otras palabras, esta ley consiste en hacer lo que es correcto y mejor para todos en este momento; que el resultado te produzca dolor, placer o ninguna de esas dos cosas es irrelevante.

Un moderno líder de pensamiento del mundo de la autoayuda enseña que «el secreto de la vida consiste en el interés personal». A primera vista, su idea podría parecer acertada; pero la verdad es que el interés personal no es el secreto de la vida, sino el de la muerte.

Recuerda cómo funciona la química de nuestro cerebro: el interés personal está enraizado en nuestro instinto de supervivencia, que se basa en el miedo, que lleva a todos los resultados negativos de la lista anterior.

La ley de lo externo insiste en que debe haber un solo ganador: yo. Guiándome por esto puede que no me desvíe de mi camino para evitar que otros ganen y puede que incluso me alegre de ver que otros ganen, siempre y cuando no haya duda de que estoy obteniendo exactamente lo que quiero y justo en la cantidad que quiero. Si no es así, los demás podrían dejar de importarme, al menos hasta que pueda volver a sentirme seguro. Si todos vivieran de acuerdo con la ley de lo interno, se resolverían muchos de los problemas sociales que nos asolan hoy en día. Creo que muchos de nuestros peores problemas tienen su origen en el egoísmo del sistema. Y por supuesto, la mayor ironía es que, según el estudio de Harvard Grant, lo único que realmente nos satisface a largo plazo es experimentar un estado interno de amor, no los bienes materiales y los aspectos superficiales que prioriza la ley de lo externo.

La ley de lo interno tiene como objetivo guiarte a situaciones en las que se da una triple victoria; es decir, todos los que participan salen ganando en la medida de lo posible:

- La primera victoria es para las demás personas directamente involucradas.
- La segunda victoria es para quienes participan indirectamente.
- La tercera victoria es para ti.

Así es, tu victoria es la última, no la primera ni la segunda. No ganas hasta asegurarte de que los demás ganen. La ley de lo interno significa escapar del ciclo de evitar el dolor y perseguir el placer para decir: «Voy a dedicarme a hacer lo que es correcto, lo que es ético y lo que es mejor para la comunidad en general». Todo el mundo se beneficia, pero tú lo haces porque vives en primer lugar para el bien de los demás y luego para el tuyo propio.

Los seres humanos estamos hechos para relacionarnos. La ley de lo externo tiende a abordar mis circunstancias externas y mi relación conmigo mismo, o con otros que tienen influencia sobre si obtengo o no lo que quiero. La ley de lo interno se refiere a *todas* las relaciones, entre ellas las que tengo conmigo mismo, tanto las que conozco como las que no.

Ahora bien, si te encuentras en una crisis de vida o muerte, por el momento tienes que dejar a un lado la ley de lo interno. Si estás en crisis, necesitas cuidarte, o no podrás asegurar un resultado en el que se dé una triple victoria. De hecho, cuando estás en una crisis, la mayor muestra de bondad que puedes tener para con los demás suele ser ponerte a ti mismo en primer lugar, porque te estás equipando para ayudarlos más a largo plazo. Pero si no estás en crisis, las dos primeras victorias son para los otros, y no obtienes la tuya a menos que ellos ganen.

¿Cómo pasan los niños de forma natural de la ley de lo externo a la de lo interno? Recuerda que en nuestro corazón tenemos grabada la ley de lo interno, y también la ley de lo externo. Cuando estamos en el estado de ondas cerebrales delta-*theta*, aunque somos conscientes, actuamos principalmente según la ley de lo externo, mientras nuestro estado de ondas cerebrales nos protege de los efectos estresantes del miedo. Lo ideal sería que, al mismo tiempo, nuestros padres actuaran según la ley de lo interno y nos trataran con amor: diez experiencias positivas por cada una negativa. De manera que hacer lo que no debemos o algo que sea perjudicial tuviera unas consecuencias claras, pero basándose en el amor, no en la ira o la crueldad.

Si durante la infancia tenemos constantemente un buen ejemplo de lo que es la ley de lo interno, la adoptaremos, espontáneamente y sin problemas, en algún momento en nuestro camino a la edad adulta. No hará falta que nos la enseñen; de forma natural haremos una transición espiritual y mental que nos llevará a valorar una triple victoria por encima de una mera victoria personal, y le daremos prioridad a lo interno.

Pero si no nos trataron según la ley de lo interno, o si tuvimos modelos de conducta que no mostraban de forma habitual este comportamiento, nos encontraremos ante una encrucijada: un desvío en el sendero que nos llevará a la ley de lo externo o a la de lo interno para gobernar nuestra toma de decisiones. Estas dos leyes conducen a formas de vida muy diferentes: una lleva a la felicidad sin importar nuestras circunstancias, mientras que la otra lleva directamente a la inseguridad constante sin importar nuestros recursos. En el capítulo cuatro analizaremos más a fondo estos dos caminos.

En resumen: el cuerpo humano fue diseñado para funcionar bien, de una manera incluso milagrosa, si todos sus mecanismos funcionan correctamente, como un coche, un barco, un ordenador o cualquier otro sistema complejo. Uno de mis amigos es médico e investigador en el área de la genética, y dice que si el cuerpo humano funciona en gran medida sin estrés (como debería), está diseñado para vivir y permanecer principalmente sano durante unos ciento veinte años. Esto se aplica a ti, a mí, a tu cuñado, a la mujer que está haciendo cola frente a la caja, al conductor que te cruzas en la carretera: todos estamos hechos para llegar a los ciento veinte años y sanos.

Si funcionáramos tal y como se supone que deberíamos, gracias a todos estos mecanismos con los que venimos al mundo, nuestros pensamientos, sentimientos y creencias consistirían en amor, alegría y paz durante la mayor parte del tiempo. Independientemente de lo que ocurriera, tendríamos fe en nosotros mismos, nos veríamos como buenas personas, ni mejores ni peores que los demás, pero aun así muy buenas. Nuestra conciencia sería capaz de guiarse fácilmente por el amor, sabríamos cómo crear relaciones basadas en el amor y en la bondad, y tomar decisiones en las que todos saliéramos ganando. Siempre que hiciéramos algo malo, diríamos «lo siento», lo confesaríamos para aclarar las cosas, haríamos lo que fuera necesario para enmendar la situación, y empezar de nuevo.

Cuando experimentáramos dolor en nuestras vidas –y nadie se libraría de eso– podríamos sentirnos decepcionados, lastimados o afligidos, pero no abrumados por el estrés o la desesperación. Si alguna vez nos encontráramos en una situación verdaderamente peligrosa, el hipotálamo activaría la reacción de supervivencia de vida o muerte, que tomaría el control hasta que pasara el peligro, y entonces, gracias a la adaptación psicológica, volveríamos a nuestro estado normal de amor, alegría y paz. Y viviríamos unos ciento veinte años, la mayor parte del tiempo sanos.

Esto es lo que he aprendido en los últimos treinta años de trabajo con clientes; está validado por la ciencia, y en su mayor parte se sabe desde hace mucho tiempo. Cuando nuestros cuerpos, mentes y espíritus operan en armonía, y funcionan tal y como están hechos para funcionar, el resultado es hermoso. Más que eso, es un verdadero milagro.

CUANDO EL DOLOR DEJA DE SER UN PROBLEMA

Sin embargo, tengo que aclarar un punto importante. Cuando digo que venimos ya de nacimiento programados para la positividad, no estoy hablando de una vida sin dolor.

Hoy en día, el control del dolor es una industria que mueve 635.000 millones de dólares, y al parecer sigue creciendo.[17] ¿Por qué? Porque el dolor exige una respuesta.

Gran parte de ese dolor proviene de los espejismos creados por nuestros recuerdos, que podemos curar juntos con este libro. Quiero decirte que hay una senda que te llevará a «tu vida perfecta», pero al llegar aquí tengo que frenar en seco, porque si uso la palabra *perfecta*, me preocupa que tengas la impresión de que me refiero a una vida en la que nunca vas a tener problemas de salud o dolor, y eso no es lo que quiero decir en absoluto. Sentirás dolor, lo mismo que yo, lo mismo que lo sintió Abraham Lincoln y lo sienten las estrellas de cine; hay dolor para todos. El dolor no es un accidente, ni un defecto, y tampoco es un error. No significa necesariamente que algo esté mal. A veces es un pasaje que te lleva al siguiente nivel de tu vida. En lugar de «tu vida perfecta», lo que existe es tu mejor vida posible. Una vida en la que experimentarás amor, alegría y paz *a través* del dolor, no necesariamente *sin* el dolor.

Por si te sirve de algo, tus circunstancias físicas y externas suelen mejorar, y a menudo hasta un punto que ni siquiera habías soñado. ¿Por qué? Porque ya no estás funcionando mal.

Hace muchos años me contaron que Freud dijo que el idealismo era la causa de todo el sufrimiento humano. No soy un entusiasta de Freud, pero creo que en esto estuvo muy acertado. El idealismo es la suma de la *comparación* y las *expectativas*; surge de marcarse una meta externa y de compararse con los demás. Y sobre la base de esa comparación es necesario alcanzar un determinado resultado para sentirse bien. En el capítulo cuatro volveremos a hablar y profundizar sobre este tema.

Lo mejor para tu futuro no tiene por qué ser lo que piensas ahora. He trabajado con personas muy ricas y famosas en los últimos veinte años. Una de cada diez es rica y feliz, las otras nueve son ricas y están cargadas de ansiedad y estrés. Y son la clase de gente de la que la mayoría pensamos: «Si yo tuviera lo que ellos tienen, sería totalmente feliz». Esperar que tu vida tenga que ser de cierta manera te hará daño, y lo que es aún más importante es que esas expectativas de lo que constituye una buena vida suelen estar casi siempre equivocadas. Para ese uno de cada diez que he mencionado, probablemente la mejor vida es ser un músico famoso y rico, pero los nueve restantes habrían sido más felices siendo abogados o contables, o incluso adaptándose mejor a la vida internamente. O, mejor aún, quizá podrían seguir siendo ricos y famosos, pero viviendo en el amor en lugar de en el miedo. Lo único que he visto en ese uno de cada diez es que no les importan excesivamente el dinero ni la fama. Sencillamente les encanta la música.

Para la mayoría, encontrar nuestra vida perfecta es un periplo, y no terminamos donde pensamos que llegaríamos.

La pregunta es: ¿estás en el camino que te lleva a tu mejor vida posible, o estás en el camino del miedo, la ansiedad y el estrés?

En ambos caminos hay dolor. Pero en uno de ellos, todo lo que es doloroso puede tener un significado, como el dolor de dar a luz.

En el otro, el dolor se convierte en llagas supurantes e infecciones, y lo peor de todo es que carece de sentido.

Piensa otra vez en tu último mal día, y en lo que lo convirtió en un mal día. Tal vez sentiste el peor dolor físico de tu vida, o el peor dolor emocional en una relación. Puede que no te aceptaran en la universidad a la que tanta ilusión te hacía ir o que no recibieras el ascenso que creías que te permitiría hacer lo que más querías. Quizá alguien te hizo daño. O, como sucede muy a menudo, puede que en realidad no sucediera nada particularmente malo; solo que deseabas algo que no tenías.

¿Qué pasaría si, sin alterar los hechos que sucedieron, pudieras pasar de un mal día a uno bueno, o al menos a un día aceptable? ¿Qué valor crees que tendría conseguir que durante el resto de tu vida todos los días malos dejaran de serlo?

No hablo de esas afirmaciones que son castillos en el aire y en las que tu inconsciente no cree, del tipo «un millón de euros viene de camino hacia mí ahora mismo». Estoy hablando de una respuesta automática, predeterminada, veraz, sin esfuerzo de: «Eso no tiene importancia. ¡Estoy bien!» o «¡Eso duele muchísimo, pero voy a superarlo!».

¿Significa eso que todo deja de dolerte? No, el dolor sigue ahí.

¿Significa que quienes eran malos y se portaban mal contigo ahora te tratan bien? No, siguen siendo malos y desagradables.

¿Significa que de alguna manera entraste en la universidad o conseguiste ese trabajo? No, eso tampoco pasó.

¿Significa que ahora eres rico o famoso? En absoluto.

¿Significa que si eres rico y famoso tienes garantizada que tu próxima canción o película será un éxito? De ninguna manera.

Significa que, a pesar de cualquier acontecimiento doloroso que te ocurra, sigues experimentando *internamente* pensamientos y sentimientos de amor, alegría, paz y autoestima positiva. Significa que piensas: «Sí, esto duele, pero no es un mal día. Sigo estando bien». O es uno de esos raros acontecimientos catastróficamente dolorosos en los que te sientes destrozado, pero también sabes que te recuperarás y estarás bien, y lo haces. El mayor cambio será cuando ese día que antes te limitabas a «sobrellevar con estrés» sea ahora un día estupendo ¡y las circunstancias no hayan cambiado!

El dolor ya no es un problema; de hecho, ahora es una puerta de entrada al crecimiento y a un mayor significado y propósito en tu vida, lo que te lleva a tener experiencias aún mejores.

La creencia de que el placer siempre es positivo y el dolor siempre es negativo es sencillamente errónea. Muy a menudo el dolor es lo mejor que nos puede pasar, mientras que el placer inapropiado nos destruye.

Quiero hacerte una promesa: cuando logres aprender a desconectar el dolor del miedo, cuando puedas experimentar el dolor físico sin que se desencadene en la angustia o el pánico, la vida te parecerá un juego de niños. Te lo garantizo.

Tenemos una tendencia natural a experimentar la vida de una forma positiva a nivel físico, mental y espiritual que se pone de manifiesto cuando funcionamos como se supone que deberíamos funcionar. Sin embargo, los bloqueos, las rupturas y las carencias pueden afectarnos radicalmente a la hora de que esa tendencia natural se manifieste o se inhiba. Nuestro corazón fue hecho para bombear sangre eficientemente a través de nuestros cuerpos; cuando no lo hace, decimos que sufrimos un trastorno cardíaco. Nuestros músculos fueron hechos para movernos fácilmente; cuando no lo hacen, lo llamamos trastorno muscular. Del mismo modo nuestro sistema inmunitario fue diseñado para reconocer las amenazas a nuestra salud y destruirlas a nivel celular; cuando no lo hace, o cuando reacciona exageradamente a una entidad no amenazante, hablamos de un trastorno inmunitario.

Es hora de reconocer que lo mismo es cierto para nuestros procesos mentales. Nuestro hipotálamo fue hecho para activar nuestra respuesta al estrés únicamente cuando estamos en una situación de amenaza de muerte;[18] *si la activa cuando nuestras vidas no están en peligro*, podemos hablar de un trastorno.

Creo que la fuente de ese trastorno se encuentra en nuestros recuerdos.

Así que, para empezar, vamos a ver más detalladamente cómo creamos nuestros recuerdos.

Capítulo 2

Cómo se crean los recuerdos

Quizá te cueste creer que los recuerdos sean la causa de tu mayor problema. ¿Cómo es posible que tu desempeño en el trabajo, tus trastornos de salud o tus problemas de relación de hoy en día sean consecuencia de tus recuerdos de acontecimientos de hace mucho tiempo? Según la doctora Julia Shaw, investigadora de la memoria:

> Cuando nos definimos a nosotros mismos (nuestra identidad) solemos pensar en nuestro sexo, etnia, edad, ocupación, marcadores de lo que hemos logrado como la educación, comprar una casa, casarse, tener hijos o llegar a la jubilación. También solemos pensar en las características de nuestra personalidad: si tendemos a ser optimistas o pesimistas, divertidos o serios, egoístas o desinteresados. Además de esto, probablemente pensemos en cómo nos comparamos con los demás. Sin embargo, aunque todas estas descripciones pueden ser formas más o menos apropiadas de definir quién eres, casi con total seguridad la verdadera raíz de tu «identidad» se encuentra en tus recuerdos personales.[1]

Si los recuerdos definen quiénes somos y son la causa de que estemos funcionando mal, vale la pena examinar en profundidad cómo funcionan.

Aunque el campo de la psicología siempre ha sabido que nuestros problemas actuales se remontan a nuestros recuerdos, el estudio científico de los recuerdos es relativamente nuevo. En este capítulo, me gustaría compartir contigo mi propia teoría sobre cómo funcionan los recuerdos, basada en treinta años de trabajo con clientes, mi estudio e investigación personal, mi propia experiencia y la evidencia científica que la respalda.

Lo que Julia Shaw llama *recuerdos personales* yo lo llamaría *recuerdos originales*. Son las imágenes que almacenamos en nuestro corazón, están sujetas a errores que pueden afectar a toda nuestra vida (como verás a continuación) y pueden sanarse mediante el proceso que aprenderás más adelante.

Creo que estos recuerdos originales provienen de tres áreas primarias: la experiencia personal, la imaginación y las generaciones pasadas.

LOS RECUERDOS DE NUESTRA EXPERIENCIA PERSONAL

Hace varios años visité el Gran Cañón con mi familia. Esto es lo que recuerdo mientras caminábamos hacia el mirador y hasta que llegamos a él. Primero, tomé datos de mis cinco sentidos: vi los colores y la profundidad del cañón, escuché los chillidos de un halcón y los pasos de mi familia, sentí una brisa fresca en los brazos, etc. Luego, internamente, me sentí asombrado y maravillado. A continuación, pensé: «Vaya, se ve diferente en persona». Por último, actué, diciendo en voz alta lo que estaba pensando: «¡Vaya, se ve diferente en persona!».

Ese recuerdo parece bastante claro, ¿no? Así es como todos experimentamos diariamente nuestras vidas: percibimos (es decir, experimentamos con nuestros cinco sentidos), sentimos, pensamos y luego actuamos. Nuestros recuerdos se forman a partir de lo que «vemos» con nuestros cinco sentidos.

Muchos creemos que los recuerdos de nuestras experiencias personales son como una grabación de vídeo del mundo que nos rodea. Experimentamos algo con nuestros cinco sentidos, registramos exactamente lo que ocurrió en forma de recuerdo, y cuando recordamos esa experiencia, vemos exactamente lo que ocurrió. Pero de acuerdo con las últimas investigaciones, esto no tiene prácticamente nada que ver con cómo se forman los recuerdos. De hecho, muchos investigadores de hoy en día dicen que en realidad es más exacto referirse a nuestros recuerdos, incluso a los de nuestras propias experiencias, como fantasías.

¿Por qué? Porque lo que *ves* no son solo datos objetivos de tus cinco sentidos. Todo lo que ves con tus ojos físicos (y percibes con todos tus demás sentidos) se filtra primero a través de la lente de tus recuerdos ya existentes.

Entonces, *¿cómo* vemos? Para usar la analogía del ordenador una vez más, podemos decir que venimos con un programa preinstalado. La mayoría nacemos con cuerpos que saben cómo respirar y comunicarse lo suficiente para obtener comida y cuidados. También venimos con recuerdos celulares preinstalados, pero profundizaremos en esto más adelante en este capítulo.

Una vez que nacemos y empezamos a experimentar el mundo por nosotros mismos, los datos entran a través de nuestros sentidos literalmente a la velocidad de la luz, es decir, a casi trescientos mil kilómetros por segundo. No nos llegan como un video, sino como impulsos eléctricos y químicos, que atraviesan primero nuestros recuerdos *ya existentes* que probablemente se cuenten por billones (según los últimos hallazgos, la capacidad de memoria de nuestro cerebro es de alrededor de mil billones de *bytes*, o más o menos el tamaño de toda la red de Internet).[2] Cualquier recuerdo previo que contenga datos incluso vagamente similares a la circunstancia actual –especialmente si esta supone una amenaza para la vida, como veremos más adelante– tiene prioridad.

Una vez que estos impulsos se filtran a través de todos esos recuerdos, la mente inconsciente reúne todos esos datos y crea una imagen interna o un video determinados, y ese es nuestro nuevo recuerdo. Eso es lo que «vemos», lo que nos lleva a nuestros sentimientos, pensamientos, química corporal y acciones. Nuestros recuerdos se parecen mucho más a archivos de Photoshop que a grabaciones de vídeo. Todo esto ocurre virtualmente de forma instantánea, automática y continua.

Lo que esto significa es que el video o la imagen resultante (lo que llamaríamos nuestro recuerdo) no suele ser exactamente lo que sucedió. De hecho, podría ser entre un uno y un noventa y nueve por ciento diferente.

Para darte un ejemplo, profundicemos un poco más en mi experiencia en el Gran Cañón. Mis recuerdos anteriores (imágenes internas) de ese lugar eran las fotos que había visto en *National Geographic* y quizá algunas otras, imaginadas, de lo que pensaba que podría ser el Gran Cañón, basadas en esas fotos de revistas y en lo que otros me habían dicho. Esas imágenes formaron la lente a través de la cual filtré los datos sensoriales del verdadero Gran Cañón. Como solo conocía datos similares en forma de fotos de revistas y de lo que me imaginaba basándome en esas fotos, los datos de la vida real excedían con creces mis fotos internas preexistentes y eran infinitamente más hermosos y asombrosos, así que mi respuesta emocional fue de asombro y de maravillarme con su belleza, y mis consiguientes pensamientos, composición química corporal y acciones estaban en consonancia con esa respuesta.

Recientemente, mi familia y yo estábamos hablando sobre la visita al Gran Cañón, y mi hijo Harry dijo: «¡Mi recuerdo del Gran Cañón es que vomité!». Olvidé que habíamos hecho un vuelo en helicóptero durante ese viaje y Harry se mareó. Todos estuvimos expuestos a los mismos datos sensoriales: ver el cañón, oír los sonidos, hacer el viaje en helicóptero. Pero mientras que para tres de nosotros el recuerdo principal del Gran Cañón era la belleza y el asombro, ¡para Harry era muy diferente!

En su libro *En defensa de la ilustración*, Steven Pinker explica un fenómeno que ha sido bien investigado llamado *disponibilidad heurística*, a veces denominado *sesgo de disponibilidad*, que consiste en que cuanto más fácilmente nos viene a la mente un hecho o situación, más probable es que creamos que va a suceder:

> Los acontecimientos frecuentes dejan huellas más intensas en nuestra memoria; por lo tanto, los recuerdos más fuertes generalmente indican hechos más frecuentes [...]. Pero cuando un recuerdo aparece en el primer puesto de la lista de resultados del motor de búsqueda de la mente por razones distintas a la frecuencia –porque es reciente, vívido, sangriento, único o perturbador– tendemos a sobreestimar las probabilidades que tiene de suceder.

Por ejemplo, Pinker señala que más personas tienen miedo de volar que de conducir, aunque estadísticamente la muerte por accidente automovilístico es mucho más probable que la muerte por accidente de aviación, porque en los medios de comunicación se informa con más frecuencia de los accidentes de aviación. Ahí tenemos el sesgo de disponibilidad en acción.[3]

Lo que determina la disponibilidad de nuestros recuerdos es lo vívidos que son, lo cual está determinado por varios factores.

El factor del miedo

Llevemos el ejemplo del Gran Cañón un paso más allá. ¿Y si yo hubiera visitado el Gran Cañón por primera vez en un viaje escolar, y hubiera presenciado un accidente aterrador? Por ejemplo, que alguien de mi clase se apoyara en la barrera, esta se venciera, y mi compañero cayera y se rompiera la pierna.

Mi experiencia al visitar el Gran Cañón con mi familia de adulto sería muy diferente, ¿no? Los datos que me llegaran a través de mis cinco sentidos podrían ser los mismos, pero lo que creí ver cambiaría. Por ejemplo, en el primer caso, no tengo un recuerdo claro de si mi mujer o mis hijos se acercaban o se apoyaban en la barrera. (¡Ni siquiera recuerdo que Harry se mareara en el helicóptero!). Estaba concentrado en el cañón mismo, porque no tenía razón para no estarlo.

Pero en el segundo, podría ver a mi hijo menor correr imprudentemente hacia la barrera, cuando quizá otro observador diría que solo estaba caminando deprisa y ni siquiera se había acercado al borde.

Mientras que los datos sensoriales me hicieron sentirme asombrado en el primer escenario, en el segundo probablemente me sentiría aterrorizado. Pensaría en mi amigo cayendo de la cornisa, y como consecuencia de esto gritaría: «¡Aléjate de esa barrera!», correría hacia mi hijo y es probable que lo agarrara del brazo y tirara de él para alejarlo.

Cada vez que experimentamos la emoción del miedo, nuestro cuerpo se inunda de adrenalina, cortisol y otra gran cantidad de sustancias químicas que provocan la reacción de lucha o huida. Esto es lo que comúnmente se conoce como la reacción de miedo o la reacción de estrés, y es lo que en este libro llamo la reacción de «vida o muerte», ya que, como vimos, ese era su propósito original: salvar físicamente nuestra vida.

Se ha demostrado que la respuesta biológica de vida o muerte hace que la memoria sea más vívida y poderosa.[4] Cuanto más miedo (y adrenalina) tengas durante una determinada circunstancia, más vívida será, y es más probable que se convierta en tu lente para circunstancias similares en el futuro. De hecho, en general, los recuerdos negativos tienden a ser más vívidos debido a lo que se conoce como *sesgo de negatividad*. «Lo malo se perfila más en nuestras mentes que lo bueno –dice el autor y neurocientífico Jeff Stibel–.

Evolucionamos de esa manera porque para sobrevivir es necesario prestar atención a los peligros potenciales».[5] Por eso Harry se acordaba más de que vomitó que de la belleza del Gran Cañón.

Sin embargo, «más vívido» o «más intenso» no equivale forzosamente a «más exacto». En *The Memory Illusion* [La ilusión de la memoria], la doctora Julia Shaw, investigadora de la memoria, detalla muchas otras formas en que los errores y las ideas equivocadas pueden introducirse en nuestros recuerdos, y con qué frecuencia podemos estar seguros de que recordamos algo que en realidad nunca sucedió, o al menos nunca lo presenciamos.

Según Shaw, Thomas Schilling y sus colegas de la Universidad de Trier, en Alemania, publicaron en 2013 un estudio sobre cómo afecta el estrés a la memoria. Descubrieron que la liberación de cortisol fortalece la memoria, pero también la vuelve más susceptible a errores. Utiliza como ejemplo el ser testigo de un robo a un banco: seguramente recordarás con claridad el arma que te apunta; sin embargo, no es probable que recuerdes otros detalles importantes, como la cara de la persona que sostiene el arma.[6]

Para complicar aún más las cosas, los recuerdos de los traumas tienden a empeorar con el tiempo, a diferencia de otros recuerdos, hasta el punto de que la gente recuerda haber sufrido más traumas de los que realmente han vivido. En un estudio, los investigadores preguntaron a los veteranos de la operación Tormenta del Desierto* sobre acontecimientos específicos durante su tiempo de servicio en dos momentos diferentes: un mes después de su regreso y luego dos años después de su regreso. Los resultados mostraron que el ochenta y ocho por ciento cambió al menos una respuesta, y el sesenta y uno por ciento cambió más de una, y la mayoría recordó más eventos negativos que la primera vez.[7]

Por eso muchos investigadores dicen que lo que llamamos nuestros recuerdos en realidad son más bien fantasías.[8] Y es por eso

* N. del T.: Nombre clave de la guerra del Golfo de 1991.

por lo que cuatro personas son testigos del mismo crimen, pero después, cuando los detectives del FBI entrevistan a cada uno de ellos, todos dicen que vieron algo un poco diferente. Por supuesto, también vieron las mismas cosas, pero los detectives saben que cada testigo informará haber visto algo ligeramente diferente. De hecho, si los cuatro cuentan exactamente la misma historia y con las mismas palabras sobre un crimen sin resolver, los detectives (que, por lo visto, saben un poco más sobre errores de memoria que la mayoría de nosotros) automáticamente sospechan que alguien está mintiendo.

La primera infancia

Además de nuestros recuerdos negativos, los recuerdos que formamos en la primera infancia también tienen prioridad sobre los que se crean más tarde en la vida (aunque no los recordemos conscientemente), porque suelen ir acompañados de más adrenalina y poca o ninguna manipulación racional. ¿Cuándo hemos experimentado algo tan fuerte como cuando éramos niños? Como comentamos en el capítulo uno, hasta la edad de aproximadamente seis a doce años, vivimos principalmente en el estado de ondas cerebrales delta-*theta*, lo que significa que la mayoría de nuestras experiencias se convierten instantáneamente en recuerdos originales, tanto si interpretamos con precisión lo que está sucediendo como si no.

Probablemente ya puedes imaginar cuántos errores quedan profundamente grabados en nosotros durante la primera infancia y con qué frecuencia experimentamos eventos tan traumáticos como los de los niños cuando, si los experimentáramos de adultos, tendrían poco o ningún efecto en nosotros. Es lo que llamo «recuerdos de piruleta», y profundizaremos en ellos en el próximo capítulo.

LOS RECUERDOS DE NUESTRA IMAGINACIÓN

Además de nuestra experiencia personal, también creamos recuerdos originales a partir de nuestra imaginación. Nuestra imaginación –o lo que yo llamo nuestro *creador de imágenes*– puede crear recuerdos tan potentes como nuestra experiencia personal. Recuerda que la segunda definición alemana de la palabra *imaginación* es 'crear'.

Te daré un ejemplo. Cuando mi hijo Harry era pequeño, una de las cosas que más le gustaban del mundo era nadar. Era un niño que, cuando tenía unos dos o tres años, saltaba al agua con la ropa puesta cada vez que veía una piscina, un lago o el mar. Una vez estuvimos en el hotel Opryland para ver la iluminación de Navidad, y lo hizo en pleno invierno. Mi esposa, Hope, tuvo que saltar tras él con la ropa puesta.

Esto fue así hasta que Harry vio la película *Tiburón*. El fin de semana después de que viera la película hicimos un viaje al lago que habíamos planeado hacía tiempo. De pronto, no quería ir en absoluto, y cuando llegamos allí, ni se acercó al agua. Obviamente estaba en un estado de estrés físico: tenía la cara sonrojada, y se encontraba visiblemente agitado y preocupado.

El agua no había cambiado. Harry tampoco había tenido una experiencia distinta con el agua. ¡Siempre había disfrutado mucho con ella! Lo único que cambió era que ahora tenía un recuerdo basado en la película que había visto; un recuerdo cuyo mensaje era: «El agua te matará. Habrá sangre por todas partes. Te destrozarán, gritarás, y será espantoso».

Harry nunca conectó ese nuevo miedo que había empezado a sentir hacia el agua con la película *Tiburón*. De hecho, trató de racionalizarlo diciendo que sencillamente ahora sabía que el agua podía ser peligrosa; lo cual, por lo que sabemos, era algo que nunca había pensado antes de ver la película. Ese recuerdo cambió completamente lo que significaba el agua para él. El solo hecho de pensar en el agua afectaba inmediatamente a su fisiología, su química y su comportamiento.

Seguramente se te ocurre un ejemplo parecido en tu propia vida. Los recuerdos de las películas y de nuestro propio creador de imágenes pueden ser tan fuertes como cualquier acontecimiento real que experimentemos. Investigaciones recientes han demostrado asimismo que el simple hecho de imaginar algo puede crear un falso recuerdo que nos afecta tan poderosamente como si fuera cierto.[9] Un ejemplo famoso es el experimento de «derramar la ponchera», realizado por los investigadores de la memoria Ira Hyman y Joel Pentland en la Universidad Western Washington. Se preguntó a los participantes en qué medida podían recordar unas experiencias de su primera infancia que, según se les dijo, habían relatado sus padres.

Los investigadores dieron a los participantes información general sobre cada hecho y luego les pidieron que imaginaran vívidamente el acontecimiento y contaran lo que habían visto en detalle. La mayoría de estas experiencias habían ocurrido realmente, excepto una: un incidente en el que habían derramado la ponchera en la boda de un amigo de la familia cuando tenían cinco años.

Después de tres visitas, con una semana de diferencia, el estudio demostró que el veinticinco por ciento de los participantes habían creado un falso recuerdo psicológicamente verificado de haber derramado la ponchera.

Como dice Julia Shaw: «Esto demuestra que podemos atribuir erróneamente la fuente de nuestros recuerdos de la infancia, pensando que algo que imaginamos sucedió realmente, interiorizando la información que alguien nos sugirió e integrándola en una parte de nuestro pasado personal. Es una forma extrema de confabulación que puede ser inducida por otros activando tu imaginación».[10]

En las pasadas décadas de los setenta y los ochenta, los pacientes sometidos a terapia comenzaron a recordar todo tipo de abusos que nunca antes habían recordado.

Era una época en la que los psicólogos se estaban volviendo más conscientes de la realidad del abuso sexual infantil, y a veces, los terapeutas, con la mejor de las intenciones, preguntaban repetidamente: «¿Estás seguro de que nadie te tocó de forma inapropiada cuando eras un niño? Tienes todos los síntomas, y eso lo explicaría todo». La mente del paciente comenzaba a imaginar espontáneamente cómo sería tal escenario, y *voilà*: de repente empezaba a recordar vívidamente los casos de abuso. Algunos de estos recuerdos eran reales y proporcionaron importantes avances para permitir la curación. Pero en muchos casos, se demostró más tarde que estos pacientes estaban «recuperando» recuerdos que en realidad habían sido creados por su imaginación, impulsados por las preguntas de los terapeutas.

RECUERDOS DE GENERACIONES PASADAS

La última, y una de las más fascinantes, áreas de la memoria es un fenómeno que únicamente estamos empezando a entender. Solo en los últimos años, las investigaciones han demostrado que los recuerdos, especialmente los recuerdos de los traumas, pueden en realidad transmitirse de generación en generación tanto a través de la naturaleza (genéticamente) como de la crianza (absorbiendo o aprendiendo recuerdos de nuestros padres o del entorno de la infancia).

Empezando por el aspecto de la crianza, todos podemos pensar probablemente en ejemplos de aprender a temer ciertos acontecimientos porque vemos que a nuestros padres les dan miedo. Una investigación pionera de la doctora Rachel Yeshuda ha corroborado lo que muchos pensábamos. Sus estudios han demostrado que los descendientes de los sobrevivientes del Holocausto tienen alteradas las hormonas del estrés, y esto los hace más propensos a la ansiedad, al trastorno de estrés postraumático y a la obesidad, entre otros factores de riesgo.[11] De alguna manera, los recuerdos traumáticos y sus síntomas han sido transmitidos a la siguiente generación.

¿Cómo pudo haber pasado esto? Estudios adicionales con ratas sugieren que las madres emiten un olor particular que transmite recuerdos de miedo específicos. La amígdala lateral es la parte específica del cerebro que recibe el «miedo transmitido por el olor», según los investigadores, y los bebés pueden recibir esta información muy pronto de sus madres, incluso sobre circunstancias que ocurrieron durante el embarazo. En palabras del doctor Jacek Debiec, investigador principal de la Universidad de Míchigan: «Estos recuerdos transmitidos por la madre son de larga duración, mientras que otros tipos de aprendizaje infantil, si no se repiten, desaparecen rápidamente».[12]

Además del componente de crianza, la investigación también está mostrando que hay un componente de naturaleza en la herencia de los recuerdos. Investigadores de la Universidad Emory descubrieron que las experiencias traumáticas pueden transmitirse genéticamente en los ratones a través del ADN.[13] Otros estudios en ratones mostraron cómo el ADN recibe información sobre el trauma del padre: células específicas excretan un tipo de «vesícula extracelular» que se adhiere al esperma y transfiere información sobre cualquier recuerdo traumático que tenga el padre. Mediante el uso de la fertilización *in vitro*, el estudio demostró que no era necesario que la descendencia tuviera algún contacto físico con el padre para que recibiera sus recuerdos traumáticos.[14]

Aunque una investigación similar está empezando a examinar el efecto del estrés en el esperma humano, esta investigación implica que podríamos experimentar síntomas traumáticos de acontecimientos que no nos han sucedido a nosotros, incluso aunque nunca hayamos tenido contacto personal con la generación anterior a la que le sucedió.

Nuevas investigaciones en esta área están saliendo a la luz continuamente. Por ejemplo, en 2019, investigadores de la Universidad de Tel Aviv descubrieron que las moléculas de ARN pueden enviar instrucciones para la adaptación o el mal funcionamiento a las generaciones futuras y que estas señales pueden influir en una serie de diferentes procesos fisiológicos. Esta es otra forma en la que se pueden transmitir biológicamente las experiencias de las generaciones pasadas. Según el *Jerusalem Post*, «los hallazgos –dijo Oded Rechavi (el investigador principal)– contradicen uno de los dogmas fundamentales de la biología moderna, que durante mucho tiempo ha creído que la actividad cerebral no podría tener ningún impacto en el destino de las generaciones futuras».[15]

Aún no sabemos cómo reconocer o distinguir estos recuerdos de trauma genético, pero basándonos en esta investigación, es probable que los tengamos. Y si los tenemos, es extremadamente improbable que se desvanezcan con el tiempo, porque también sabemos que los recuerdos de trauma están más protegidos que los demás recuerdos.

Hace años, mi buena amiga y colega la doctora Doris Rapp, reconocida pionera mundial de la medicina ambiental infantil, compartió conmigo un concepto que empleo continuamente. Al lidiar con el estrés, dice que es como si todos tuviéramos un «barril de estrés». Una vez que está lleno, incluso la más mínima cantidad de estrés puede ser un desencadenante de una reacción masiva. La clave es mantener el barril de estrés tan vacío como sea posible.

Podemos decir sin temor a equivocarnos que estos recuerdos traumáticos heredados llenan al menos parte de nuestros barriles de estrés, aunque no sabemos de qué recuerdos específicos se trata. Se necesita mucha energía de la mente y del sistema inmunitario para mantener esos recuerdos protegidos y reprimidos, energía que podría utilizarse para ser más productivos, expresando emociones positivas o equilibrando la química cerebral, por ejemplo.

LA INTERPRETACIÓN ES PARTE DEL RECUERDO

Además de nuestro recuerdo del acontecimiento, que en sí mismo puede ser sesgado, nuestra interpretación del hecho es otro componente que influye en el recuerdo.

Así es como suelo explicárselo a mis pacientes: imagínate que tus recuerdos están organizados como un sistema de archivo. Cada recuerdo tiene una etiqueta o un marcador, como la de una carpeta de archivos. Ningún recuerdo está aislado, sino que está asociado a una etiqueta. En tu ordenador puedes tener archivos con etiquetas como *herramientas*, *comestibles* o *mantenimiento*. Puedes ir fácilmente a la carpeta con la etiqueta *herramientas* y sacar todos los archivos. Cada archivo está en un lugar determinado; ya sea que esté organizado específicamente, como «Herramientas, mayo de 2015» o de manera más general, como un documento que se encuentra en el escritorio de tu ordenador.

Si estás con el ordenador, cuyo funcionamiento es parecido al del cerebro, puedes hacer una búsqueda personalizada de la totalidad de los archivos para que el ordenador saque todo lo que esté asociado a una palabra o frase específica.

La diferencia es que las etiquetas de tu mente no son *herramientas*, *comestibles* o *mantenimiento*, sino conceptos como *enojo*, *perdón*, *autoestima*, *identidad*, *seguridad* y *vida o muerte*. Estas etiquetas representan la interpretación que les has dado a tus recuerdos.

Los recuerdos también pueden tener más de una etiqueta: el mismo recuerdo puede estar en la carpeta de *vida o muerte* y en la carpeta *madre*.

Sin embargo, a diferencia de los archivos de ordenador, cada recuerdo también se codifica según esté basado en el miedo o en el amor. Puedes pensar en ello como una clasificación en un rango que va de diez negativo a diez positivo, en la que el diez negativo indica que está cien por cien basado en el miedo, y el diez positivo que está basado cien por cien en el amor. Tu mente utiliza esta clasificación para priorizar los recuerdos.

La prioridad principal le corresponde a lo relacionado con *vida o muerte*, mientras que etiquetas como *autoestima* o *ayudar a los demás* estarían bastante abajo en la lista de prioridades, y normalmente ni siquiera aparecen en la lista cuando un archivo con la etiqueta de *vida o muerte* está activo.

Las etiquetas negativas tienen una escala negativa; las etiquetas positivas tienen una escala positiva. Recuerda el experimento de la cara inexpresiva. Si haces algo y alguien te sonríe, eso es retroalimentación positiva, y termina en una carpeta de archivo positiva con una calificación positiva. Cuando te acuerdes de ese recuerdo positivo, tenderás a sentir y pensar algo positivo (pensamientos y sentimientos similares a los que sentiste durante el hecho original), creando así un nuevo recuerdo positivo de tu experiencia actual. Y tenderás a tener una actitud favorable acerca de volver a hacer o experimentar cosas similares en el futuro.

Si haces algo y alguien te frunce el ceño o te regaña, eso es retroalimentación negativa, y se guardará en una carpeta de archivo negativa con una calificación negativa, que depende de cuánta adrenalina se liberó en el momento del hecho original. Si este hecho tiene una calificación negativa, tenderás a sentir negatividad, crearás un nuevo recuerdo negativo y probablemente te resistas a volver a hacer algo similar.

Estas etiquetas permiten a tu mente inconsciente filtrar en un nanosegundo todo lo que te ha pasado, además de todo lo que ha pasado desde tus ancestros. Forman tu sistema de creencias y tu visión del mundo; en otras palabras, tus recuerdos son la razón por la que tienes las opiniones que tienes. Puedes estar abierto a cambiar de opinión si la persona adecuada te presenta los hechos adecuados, pero *solo* si tus opiniones *no* están ligadas a ningún recuerdo de miedo o peligro. Si lo están, te resistirás a cambiar esa creencia, casi hasta la muerte.

Esto lo podemos ver claramente en el clima político cada vez más polarizado de Estados Unidos, en el que cada parte acusa a la otra de desinformar con bulos. ¿Cómo es que cada lado cree en «datos» que parecen ser el polo opuesto de lo que el otro grupo cree? El investigador en ciencias políticas y doctor en Derecho Dan Kahan, de la Universidad de Yale, indagó en el tema específico del cambio climático, y él y sus colegas descubrieron que quienes poseían los más elevados «conocimientos científicos y capacidad de razonamiento técnico» no eran los más propensos a ponerse de acuerdo para hacer una declaración sobre el cambio climático, sino los más propensos a estar «culturalmente polarizados». En otras palabras, cuanto más inteligente seas, más probable es que uses tu intelecto para encontrar razones por las que el grupo del que ya formas parte tiene razón, ¡sin importar lo que sea realmente cierto![16]

De manera similar, los doctores e investigadores Brendan Nyhan y Jason Reifler realizaron una serie de experimentos en los que los participantes leyeron un artículo con una afirmación engañosa de un político o un artículo con esa afirmación engañosa y una corrección de esa afirmación. Según el estudio, «los resultados indican que las correcciones no suelen reducir las percepciones erróneas entre el grupo ideológico al que se dirigen. También documentamos varios casos de un "efecto de retroceso" en los que las correcciones de hecho *aumentan* las percepciones erróneas entre el grupo en cuestión».[17]

Diría que nuestros recuerdos son la fuente por la que hacemos esto: tenemos un recuerdo de miedo asociado con ser aceptado o rechazado por cierto grupo, y pertenecer a ese grupo, según nuestros recuerdos, es un asunto de vida o muerte.

A menudo es así como terminan gustándonos algunas cosas y disgustándonos otras, como republicanos o demócratas, playa o montaña. Desarrollamos un razonamiento que parece lógico, siempre y cuando esos hechos coincidan con las etiquetas y calificaciones de nuestros recuerdos. También sucede en situaciones cotidianas. Por ejemplo, si tuviera seis años y mi madre me gritara por derramar un zumo de uva en la alfombra blanca nueva, es posible que ahora tenga un recuerdo basado en el miedo en un noventa por ciento relacionado con derramar algo. En otras palabras, ese recuerdo de haber derramado algo va al archivo de *vida o muerte*, y tiene una calificación de nueve negativo. Ahora estaré fuertemente programado para tener miedo a derramar líquidos. Durante el resto de mi vida, me estresaré un poco si estoy en una situación en la que algo puede derramarse (tanto si soy yo como si es otro el que lo derrama). Si lo derramo, es probable que sienta algún grado de rabia, culpa, reproche o vergüenza. Por lo tanto, no derramar algo me hará sentir mejor conmigo mismo y, en cambio, examinaré mi conducta para detectar posibles situaciones en las que haya la posibilidad de derramar algo. ¿No es increíblemente retorcido? Mi autoestima estará pendiente de algo que todo el mundo hace de vez en cuando y que no tiene nada que ver con saber vivir bien.

También es probable que sea muy crítico con los demás cuando derramen algo. Puedo tener todo tipo de motivos racionales por los que odie que la gente derrame bebidas: «Qué desconsiderado es. Ahora tendré que ponerme a limpiarlo todo. Es solo una manía que tengo». Pero la verdadera razón es que derramar y lo asociado con ello llevaría prendida una etiqueta de miedo muy negativa, y eso no tendría nada que ver con ningún motivo racional que se me haya ocurrido.

En cambio, si mi madre hubiera sido amable y comprensiva cuando lo ponía todo perdido (aunque me corrigiera, pero de una forma cariñosa), ahora tendría un recuerdo sobre derramar líquidos basado en un noventa por ciento en el amor. Ese recuerdo de haber derramado algo podría estar archivado en el archivo de *amor incondicional*, tal vez con un nueve positivo, y ahora estaría fuertemente programado para *no* tener miedo de derramar nada. Y, como quizá hayas adivinado, ahora es mucho menos probable que derrame algo.

Este es un perfecto ejemplo de cómo las relaciones dan significado a los recuerdos. ¿Qué diferencia había entre los recuerdos negativos, positivos y neutros? En todos los casos, el zumo de uva terminó en la alfombra blanca, y alguien tuvo que limpiarlo. La diferencia estriba en la forma en que experimenté la *relación* con mi madre antes –y durante– ese incidente, que se basó en su reacción verbal y no verbal.

También es un gran ejemplo de lo poderosos que son nuestros recuerdos de la infancia. Cuando estamos en el estado de ondas cerebrales delta-*theta* de niños, nuestros recuerdos son programados instantáneamente y priorizados en nuestro subconsciente, principalmente nuestros recuerdos de miedo. Plantéate por qué tu madre pudo haber reaccionado como lo hizo: ¿estaba teniendo un buen día o un mal día? ¿Reaccionaba basándose en su propio recuerdo de haber derramado algo cuando niña, o en las circunstancias actuales? Sea cual sea la razón, es probable que este único momento afecte a tus relaciones actuales y futuras de distintas formas.

NUESTROS RECUERDOS SON COMO FANTASÍAS

Entender que nuestros recuerdos son más como fantasías que como grabaciones de vídeo significa que podemos ser mucho menos críticos con los demás y con nosotros mismos. Si te sorprendes a ti mismo en el acto de juzgar a alguien o enojarte, puedes acostumbrarte a pensar: «Tranquilo. No hace falta sacar conclusiones precipitadas, porque puede que fulanito no haya dicho realmente lo que recuerdo que dijo, o que no lo dijera de la manera en que me lo estoy tomando. Vamos a dejar de juzgarlo y a obtener más información sobre cuál era su intención».

Si tiendes a juzgarte con dureza, recuerda que tienes generaciones de recuerdos que rigen la forma en que ves el mundo, y que son los que en última instancia crean tus creencias, tus pensamientos, tus sentimientos, la química de tu cerebro y tus acciones. A todos nos pasa. No tengo ni idea de qué problemas inconscientes o generacionales me hicieron actuar como un idiota arrogante y egoísta durante los primeros años de mi matrimonio. Tengo teorías, pero ciertamente no tengo pruebas más allá de una duda razonable. Lo mejor que podemos hacer es aprender sobre cómo funcionamos, tener compasión con nosotros mismos y con los demás, curar lo que podamos curar sin importar el tiempo que nos lleve y comprometernos a vivir de ahora en adelante en el momento presente en la verdad y el amor.

A lo mejor estás pensando: «No estoy estresado, estoy bien». De ser así, quizá seas una de las pocas personas que de verdad se encuentran bien, en cuyo caso probablemente no necesites este libro, y podrías regalárselo a alguien que sí lo necesite.

Pero he descubierto que el estrés se ha convertido en algo tan constante que la mayoría de la gente ya ni siquiera lo reconoce a menos que experimente un pico extremo. Como parte de mi propio estudio de tres años sobre los códigos de curación y otras técnicas terapéuticas, descubrí que más del noventa por ciento de los individuos que resultaron clínicamente estresados, según una prueba de variabilidad de la frecuencia cardíaca, afirmaban que *no estaban* estresados.

Como dije en el capítulo anterior, no creo que este estrés constante sea un defecto fatal en nuestro diseño como humanos. Creo que es el resultado de un terrible error de funcionamiento.

¿Cómo se produjo?

Ciertamente no ocurrió de golpe. Sucedió lentamente, recuerdo a recuerdo, desde el principio de los tiempos. He llegado a la conclusión de que este terrible trastorno consta de tres partes:

1. La involución de la memoria.
2. La elección de un sistema inadecuado de bueno y malo, de tal manera que terminamos tomando decisiones como niños de cinco años en lugar de como adultos.
3. La pérdida de nuestra capacidad de realizar cambios positivos en nuestras vidas, incluso cuando queremos.

Todo comienza con la involución de la memoria.

Capítulo 3

La involución de la memoria

Mis abuelos maternos llegaron a Estados Unidos desde Alemania a principios del siglo XX. Mi abuelo, tras años de duro trabajo, consiguió comprar una hermosa mansión en el sur, y a mi madre le encantaba vivir allí. Desafortunadamente, durante la Gran Depresión, el banco repentinamente le exigió a mi abuelo pagar el resto de la hipoteca de esa propiedad, que era de quinientos dólares, de una sola vez. Esto sería ilegal en la banca actual, pero le ocurrió a mucha gente en ese momento. No tenía el dinero, así que perdió la plantación y tuvo que mudarse a una casa de tamaño normal en un pueblo pequeño. A mi abuelo, aquello no pareció afectarle demasiado, pero fue traumático para mi madre; este acontecimiento la marcó durante el resto de su vida.

Durante mi infancia, mi padre me dijo mil veces que mamá tenía problemas con el dinero, lo que significaba que estaba paranoica con la idea de perder nuestra casa. Se pasó treinta y cinco años diciendo: «No podemos ir de vacaciones [ni hacer otras muchas cosas], hay que guardar dinero para la casa», porque interna e inconscientemente, tenía miedo de que la perdiéramos.

En esos momentos, mi madre no era la mujer madura, inteligente y racional que solía ser. A los efectos del presente análisis, era una niña de cinco años otra vez, totalmente inmadura, irracional y muerta de miedo, que la paralizaba por completo.

Cuando Hope y yo nos casamos, tuvimos un problema financiero bastante importante. Una noche, mientras estaba despierto y preocupado, sentí que algo maligno se apoderaba de mí y un pensamiento aterrador cruzó por mi mente, claro como el día: «Si pierdo esta casa, me muero».

Por supuesto que sería muy duro perder la casa. Pero eso no iba literalmente a matarme. ¿De dónde surgió esa creencia?

Para entender de dónde vino, y cómo nuestra actitud, positiva de nacimiento, pasó a ser negativa, primero hemos de mirar hacia atrás y ver cómo evolucionaron nuestros recuerdos durante milenios de vida humana en este planeta. De hecho, yo no lo llamaría evolución, ¡lo llamaría involución!

Ahora que sabes que nuestros recuerdos negativos tienen prioridad a lo largo de nuestra vida y mientras creamos nuevos recuerdos, probablemente puedas imaginar la rapidez con la que el miedo domina nuestra vida como especie, y cómo este miedo se agranda con cada generación.

Esta involución se muestra en las siguientes cuatro áreas clave: el significado de la vida y la muerte, nuestros recuerdos genéticos heredados, nuestros recuerdos aprendidos heredados y las interpretaciones de nuestros recuerdos.

LA INVOLUCIÓN DEL SIGNIFICADO DE LA VIDA Y LA MUERTE

La primera parte de la involución de la memoria ocurrió en nuestras definiciones de la vida y la muerte: tanto en nuestros recuerdos como finalmente en nuestro lenguaje.

Según la historia, el primer hombre y la primera mujer vivían en un jardín, y solo tenían *un* recuerdo que recibió la etiqueta de *vida o muerte*: comer la fruta de cierto árbol. También nos dicen que no tenían ningún problema. Debían hacer un trabajo que no parecía ser oneroso para ellos. Estaban felices y saludables. Vivían desnudos, y la desnudez no era mala; no sentían culpa ni inhibiciones. De hecho, *nada* era malo, excepto una cosa: comer la fruta de ese árbol en particular. Esa era la única cuestión de vida o muerte, lo único que desencadenaría su reacción de vida o muerte, lo único que podía estresarlos, la única «tentación». En otras palabras, era lo único asociado con las palabras *matar* o *morir*.

Avancemos hasta la era prehistórica, donde ahora tenemos de cinco a diez situaciones asociadas con las palabras *morir* o *matar*, como depredadores, no encontrar suficiente comida o agua para el día, no disponer de un refugio para la noche o alguien con un garrote más grande.

Vayamos rápidamente a la Edad Media, cuando nos enfrentamos a los peligros de las plagas y las guerras. Además de todo lo anterior, ahora una tos, o un rey débil, o cualquier número de situaciones que puedan preceder a la enfermedad o la guerra son recuerdos con la etiqueta de *vida o muerte*. Así que ahora hay de cincuenta a cien situaciones que significan *morir* o *matar*. Y como sabemos por el capítulo uno, nuestro cerebro siempre le va a dar prioridad a cualquier recuerdo incluso *remotamente* relacionado con una situación de vida o muerte.

Hoy en día tenemos cientos o incluso miles de situaciones que nuestros recuerdos han etiquetado como de *vida o muerte* debido a algún trauma del pasado. Si tu bisabuelo debía impuestos atrasados a Hacienda que con el tiempo le causaron la pérdida de su casa, revisar el correo puede desencadenar en ti la reacción de vida o muerte. Si tus padres se peleaban a menudo y tu madre acababa llorando, alguien que llore puede desencadenar la reacción de vida o muerte en ti.

Probablemente no dirías que nada de esto te «mataría». Solo tendrías algo de estrés al revisar el correo, o simplemente sentirías ansiedad al ver a alguien llorando. No es gran cosa. Es solo una de tus manías o un rasgo de tu personalidad.

Pero si estás experimentando alguna emoción basada en el miedo, como la rabia, la frustración, la irritación, el resentimiento, la amargura, la incapacidad de perdonar, la tristeza exagerada sin que haya una pérdida extrema, la ansiedad o cualquier otra emoción similar, eso significa que, te des cuenta o no, un recuerdo original relacionado tiene la etiqueta de *vida o muerte*; tu corazón está respondiendo fisiológicamente como si tu vida estuviera literalmente en peligro.

Recuerda lo que dije en el capítulo uno: nacimos para experimentar la reacción de vida o muerte (o la reacción de estrés, como la llamamos a menudo hoy en día) solo cuando nuestras vidas están en peligro físico. Debido a que nuestra programación siempre les da prioridad a los recuerdos relacionados con el miedo, hemos llegado a un punto en el que casi todo podría estar relacionado con un significado de morir o matar, desencadenar nuestra respuesta de vida o muerte e iniciar el estrés, la negatividad y el egoísmo.

Por ejemplo, ¿alguna vez has dicho o pensado algo como: «Me mataría ver a mi equipo perder este partido», «Estos requerimientos de Hacienda me están matando» o «Voy a matar a alguien si este problema no se resuelve»?

Recuerdo vívidamente cuando era adolescente y creía que iba a morir si el equipo de fútbol americano Tennessee Vols perdía el sábado. De hecho, después de casarnos, Hope me decía que si el Tennessee perdía, no me recuperaba hasta el jueves. Estaba triste, irritable, y pasaba la mayor parte de la semana esperando que ganaran el sábado siguiente, aunque a menudo no lo hacían. Lo que ahora sé es que el hecho de que el Tennessee Vols ganara o perdiera un partido, para mí estaba directamente conectado con mi autoestima. Ridículo, ¿verdad? No tengo ningún control sobre eso, y aunque lo tuviera, tenía poco que ver con los asuntos importantes de mi vida: relaciones, trabajo, salud, etc. Ahora sé que mi padre y mi hermano mayor, a los que idolatraba, me enseñaron y me inculcaron esta creencia.

Nuestro lenguaje es tanto un síntoma como una causa de la involución. Por un lado, si te dedicas a decir o a pensar de forma habitual «esto me mata» o «me estoy muriendo aquí», puede ser un signo de que realmente tienes un recuerdo de vida o muerte desencadenado por tus circunstancias actuales. Por supuesto, no te refieres de verdad a morir, pero si experimentas alguna emoción basada en el miedo, tu corazón sí que se refiere literalmente a eso. Lo mismo sucede si te sientes así, aunque no emplees nunca esas palabras.

Para terminar de echarle leña al fuego, nuestras propias palabras, o más bien sus definiciones y significados más profundos, pueden afectar también al tipo de etiqueta que le asignamos a un recuerdo. Para la mayoría de las generaciones de la historia, las palabras *morir* o *matar* significaban una cosa: muerte física. Y ¿sabes una cosa? Los mecanismos de seguridad de tu corazón hacen que, cuando se trata de matar y morir, no tenga ningún sentido del humor.

Si no desconectas los mecanismos de seguridad de tu corazón (hablaremos más sobre cómo hacerlo en la segunda parte), y dices, piensas o sientes algo como «me estoy muriendo aquí» o «esto me está matando», tu corazón inmediatamente envía a los tipos con armas para que te detengan, como hicieron conmigo en el aeropuerto. No razona. No se dice: «Sí, de acuerdo, pensó en "morir", pero solo está hablando de encontrar un aparcamiento». Eso es lo que hace tu mente consciente; tu corazón prefiere prevenir antes que curar, así que activa la alarma de incendios.

El problema, por supuesto, es que tener esta reacción exagerada una y otra vez nos destruye física y emocionalmente, como aprendimos en la investigación del doctor Lipton sobre cómo las células enferman. El estrés es la causa principal de todas las enfermedades y dolencias. Por eso el doctor Andrew Weil afirma: «Toda enfermedad es psicosomática».[1] No quiere decir que te lo estés imaginando; quiere decir que es el resultado del estrés, o lo que yo llamo la reacción de vida o muerte.

Así que trata de pillarte a ti mismo diciendo, pensando o sintiendo: «Esto me está matando». ¡Incluso aunque creas que no lo dices en serio, puede que tengas razón!

LA INVOLUCIÓN DE NUESTROS RECUERDOS HEREDADOS

La segunda parte de la involución tiene que ver con nuestra acumulación de recuerdos de traumas genéticos.

- ¿Tienes el recuerdo de que un tren atropellara a alguien que querías mucho?
- ¿Tienes el recuerdo de que un ser querido fuera salvajemente asesinado delante de ti?
- ¿Recuerdas que abusaran de tus hijos?
- ¿Recuerdas que tus padres te abandonaran?
- ¿Recuerdas que tu hermano muriera de una rara enfermedad cuando eras niño?

Tal vez nada de esto te haya sucedido. Espero que no. Pero es probable que en tu corazón queden trazas de cada uno de esos recuerdos, aunque jamás te hayan ocurrido a ti. Les ocurrió a tus antepasados, y esa impresión se ha transmitido. Se trata de recuerdos genéticos que están llenos de incoherencias, pero siguen acumulándose en los barriles de estrés de cada generación, drenándonos de energía que estaría mejor empleada en mejorar nuestra salud, nuestras relaciones, nuestras carreras profesionales, las vidas de los demás y el mundo en que vivimos. ¿Cómo te sentirías si alguno de esos hechos estuviera ocurriendo ahora mismo? ¿Cómo te sentirías si abusaran de un ser querido delante de ti, si lo hirieran o incluso si lo asesinaran?

Eso es lo que siente tu corazón. Seguramente se trata de un miedo más débil que si estuviera sucediendo ahora, porque se está producciendo mucha menos adrenalina, pero aun así sientes la negatividad. Todo lo que está almacenado en tu corazón te está sucediendo *ahora mismo*, lo vives con un sonido envolvente que te rodea por completo, día tras día, de la noche a la mañana. Tu inconsciente no distingue entre pasado, presente y futuro, o entre real e imaginario. Tu corazón trata esos recuerdos como si fueran tu realidad actual, aunque tu mente consciente no tenga ni idea de que están ahí. Así que no solo los trata como reales, sino como si estuvieran sucediendo en este preciso momento, y los usa como un filtro a través del cual interpreta tus circunstancias actuales. Puedes imaginarte cómo te sentirías si estuvieras en una situación que amenazara tu vida en este momento; sería «¡manos a la obra!», y todo lo demás puede esperar.

Cuando tu corazón se pone «manos a la obra» por algo que les ocurrió a tus antepasados hace doscientos años, lo que se suspende es la digestión, el equilibrio del azúcar en la sangre, la función inmunitaria, la creatividad, la capacidad de escuchar de verdad a alguien que te importa y la capacidad de responder con empatía. Todo en respuesta a algo que realmente no te está sucediendo.

Podemos ver la involución de la memoria en estos recuerdos heredados de vida o muerte, que continúan acumulándose descontroladamente. En algún momento, seguramente estos recuerdos dejan de ser útiles para las generaciones futuras.

Déjame explicarte algo más sobre cómo sucede esto en realidad.

Un cliente vino a mi consulta porque era un poco hipocondríaco. Continuamente estaba enfermo o tenía miedo de enfermar. Si había una enfermedad a su alrededor, la contraía. Ahora bien, jamás tuvo nada importante; solía contraer resfriados y virus menores, aunque siempre estaba convencido de que la próxima enfermedad sería muy grave. Mientras tanto, había perdido el trabajo por enfermar a menudo, y me confesó que sentía que eso estaba destrozando su vida.

¿Qué le pasaba? ¿Tenía un sistema inmunitario debilitado? ¿Enfermaba porque creía que iba a enfermar? Probablemente sí, en ambos casos. Sin embargo, la verdadera pregunta era: ¿por qué?

Como hago con todos mis pacientes, lo animé a que investigara en su historia familiar. Habló con varios de sus familiares y descubrió que uno de sus tatarabuelos, allá por el siglo XIX, vivía en el campo cuando niño con su madre y su padre, donde no había ningún médico en un radio de ciento sesenta kilómetros. Un día enfermó. No se preocupó, había enfermado muchas veces antes y siempre se ponía bien al cabo de unos días. Y eso es lo que pasó esa vez también: mejoró y terminó por sanar del todo.

Unos meses después, enfermó su padre. Pero había contraído viruela y no mejoró, sino que murió.

Ahora, de repente, la creencia principal de ese niño sobre ponerse enfermo ha pasado de «no tiene importancia» a «si enfermo, moriré lo mismo que papá». En otras palabras, se convierte en un recuerdo importantísimo de vida o muerte, al que el inconsciente da automáticamente prioridad y protege por encima de todo.

La próxima vez que enferme, preguntará: «Mamá, ¿voy a morirme como le pasó a papá?». Tiene su lógica, ¿no? Pero, aunque en ese momento la creencia de «si enfermo, moriré» tenga sentido para ese niño, no por eso deja de ser errónea. Y lo que es peor, la nueva creencia de que cuando enferme morirá, está basada en el miedo, por lo que activa el mecanismo de estrés en su cuerpo, haciendo mucho más probable que *enferme*.

Puede que su creencia se vaya suavizando a medida que crece y enferme algunas veces más sin llegar a morir, pero siempre estará ahí, a menos que el recuerdo original (y su significado) sane por completo. Hasta que se lleve a cabo el trabajo de reprogramar activamente ese recuerdo, su mente inconsciente llevará las riendas y se impondrá a su mente consciente. A pesar de que tiene buenos y malos recuerdos de las enfermedades –tanto de la recuperación de la enfermedad como de la muerte– a la mente inconsciente no le importa que reaccione exageradamente. Si reacciona de forma exagerada, seguirá vivo, que es su objetivo principal, por lo que reacciona así intencionadamente. Exagerar dispara el rendimiento ¡y eso es algo bueno! Si la reacción se queda corta, podría morir, quebrantando su principal directriz.

Ahora el miedo de este recuerdo de vida o muerte infecta todos los recuerdos similares durante el resto de su vida. La situación actual está codificada como un recuerdo de vida o muerte, y este marcador de miedo se sigue propagando como un virus, no solo a través de las propias experiencias del niño, sino que también se transmite a la siguiente generación, basándose en sus acciones y reacciones a la enfermedad que lo rodea. Como erróneamente se le dio a *enfermar* el significado de 'morir' y así pasó a la memoria de este niño, este recuerdo fue protegido, priorizado y transmitido. Todas y cada una de las generaciones que recibieron ese recuerdo sintieron miedo, estrés y ansiedad al enfrentarse a la enfermedad, independientemente de lo grave que fuera esta en realidad. Cada nueva generación aprendió a tener miedo a la enfermedad observando las reacciones verbales o no verbales de su madre o padre.

Ahora, cinco generaciones más tarde, mi cliente había llegado al mundo con la misma programación predeterminada: un profundo miedo a enfermar, reforzado por la observación del esfuerzo extremo de su propio padre por evitar enfermar y la reacción exagerada cuando alguien enfermaba que ese padre había observado, a su vez, de su padre, y así sucesivamente. Cada vez que mi cliente o un miembro de su familia estornudaba, le preocupaba que sucediera lo peor, por lo que desarrollaba un hábito obsesivo-compulsivo de lavarse las manos para evitar los gérmenes o tenía algún otro comportamiento relacionado con el miedo a enfermar.

¿Le servía este comportamiento en este momento? No. En primer lugar, la circunstancia original fue la muerte del padre de ese niño por viruela, enfermedad que ha sido prácticamente erradicada hoy en día. En segundo lugar, vivía a cinco minutos del consultorio del médico, con seguro sanitario y acceso total a la medicina moderna. Sin embargo, cada vez que sentía que estaba enfermando, se desencadenaba en él ese recuerdo de peligro de hace casi dos siglos que enviaba señales de miedo a cada célula de su cuerpo, provocando que se cerrara. La parte de su cerebro que reacciona luchando o huyendo tomaba el control, poniéndolo en modo de supervivencia y haciéndolo incapaz de disfrutar del momento presente, de pensar clara y creativamente, o de priorizar lo que sabía que es más importante. Sin embargo, como desconocía de dónde venía este miedo, y tenía una necesidad inherente de encontrar una razón, ¡se inventaba un escenario donde el miedo era una respuesta racional a sus circunstancias! Citaba todo tipo de estudios sobre cómo hacer esto o aquello te protegerá de lo otro, y todo tipo de noticias sobre cómo alguien murió de una enfermedad aparentemente sin importancia. Buscaba información que reforzaba lo que creía, en lugar de permitir que la realidad que lo rodea configurara sus creencias y le diera unos argumentos para mantenerlas. Así es como nuestro inconsciente nos engaña para que creamos que nuestras creencias heredadas son justificables y se basan en evidencias. ¡Ese recuerdo estaba interpretando todo lo que él experimentaba a través de un sesgo erróneo!

Entonces, ¿qué necesitaba hacer mi cliente para empezar a reprogramar sus recuerdos? Primero, trabajamos en la curación de ese recuerdo heredado, que era la fuente de su problema (verás cómo hacerlo en la segunda parte del libro). Una vez curado ese recuerdo original, pudimos trabajar en su interpretación actual de la experiencia de enfermar. Para ello, empecé por preguntarle:

–Cuando piensas en enfermar ahora, ¿cómo te sientes?

Al principio, dijo:

–Me siento desesperado e impotente. Tengo la impresión de que la próxima enfermedad me matará.

Pero a medida que seguimos trabajando en cambiar su interpretación de enfermar de una situación de vida o muerte a algo más cercano a la verdad, fue desapareciendo el miedo.

Llegó un día en que vino a verme y me dijo:

–Ha desaparecido.

–¿A qué te refieres? –le pregunté.

–Hasta que decidí venir aquí hoy, no he pensado en la salud ni me he preocupado por ella durante dos semanas; y no consigo recordar que hasta ahora haya pasado un solo día sin pensar en la salud. De repente, ya no es un problema para mí.

–Bueno, ¿te sientes mal? –le pregunté, porque siempre se había sentido mal de una forma u otra cuando venía a verme. Hizo una pausa durante un minuto.

–La verdad es que ¡me siento genial! –dijo. Tampoco podía recordar la última vez que se sintió así.

Volví a verlo seis meses después, y no había tenido ninguna recaída.

–¿Sabes? Es como esas máquinas recreativas en las que agarras un muñeco de peluche u otro premio con una pinza. Solo que es como si alguien hubiera usado esa pinza para sacar ese asunto por completo de mi vida. Ya no está.

TUS RECUERDOS HEREDADOS

No todo el mundo descubrirá en su historia familiar una experiencia ancestral devastadora que se remonte directamente a un miedo que siente hoy en día. A veces los hechos se pierden en el tiempo; a veces el incidente precipitante no es lo suficientemente literal para que se transmita. Pero mientras piensas en tus propias experiencias, ten en cuenta las experiencias que tus padres, abuelos o bisabuelos han tenido en sus vidas (que tú conozcas). ¿Cómo vivieron a consecuencia de ellas? ¿Ves

reacciones similares en ti mismo, aunque no las hayas experimentado? Si es así, puede ser el resultado de recuerdos heredados: a través de la genética, la crianza o ambas cosas.
Rememora estos recuerdos heredados; te serán útiles mientras trabajas en rediseñar tus propios recuerdos originales en la segunda parte. Y si no sabes qué recuerdos están relacionados con tu situación actual, no te preocupes, también lo tenemos previsto.

LA INVOLUCIÓN DE LOS SIGNIFICADOS DE NUESTROS RECUERDOS

El área final de la involución de la memoria consiste en la interpretación de nuestros recuerdos. Con todos los recuerdos de vida o muerte que se acumulan en nuestro corazón a lo largo de las generaciones y el sesgo de disponibilidad que nos hace dar prioridad a los recuerdos negativos en la interpretación del mundo que nos rodea, tendemos a aplicar el significado o interpretación más negativos a un recuerdo.

Recuerdos de piruleta

Un cliente vino a mi consulta quejándose de ser un fracasado. Había sido el mejor de su clase en el instituto, se graduó *summa cum laude* en una de las universidades de mayor prestigio y fue contratado por una gran empresa de *marketing* nada más salir de la universidad. Tenía un claro don y pasión por el *marketing*, pero a pesar de todas esas prometedoras cualidades y de su potencial, daba la impresión de que no conseguía avanzar en su trabajo. Cada vez que veía algo como un logro significativo, o algo en lo que creía que «debía» tener éxito, se paralizaba, no acababa la tarea y saboteaba su propia oportunidad de éxito. Este problema no solo se le presentaba en el trabajo, sino también en las relaciones.

Como hago con todos mis clientes, le pregunté sobre su historia familiar y lo que más recordaba de su infancia. Me habló de un día, cuando tenía unos cuatro años, en el que él y su padre jugaron al fútbol en su patio trasero. Fue una tarde perfecta: marcó y paró muchos goles y también hubo risas y diversión. Jugar al fútbol con su padre era una de sus actividades favoritas.

El sol comenzaba a ponerse, y escucharon a su madre gritar:

—¡Entrad a cenar!

Su padre respondió:

—¡Ya vamos! ¡Venga, un lanzamiento más para la Copa del Mundo!

Mi cliente, el niño, estaba abrumado por la emoción. Pateó el balón tan fuerte como pudo, pero como estaba tan emocionado, el balón se desvió mucho del objetivo, por lo que no había forma de que su padre le dejara ganar, que es lo que probablemente pretendía. Riendo, su padre lo levantó en brazos, y mientras lo llevaba a casa, dijo sin pensarlo:

—¡Si chutas así nunca vas a marcar ningún gol! Mañana trabajaremos en ello.

¿Qué pensarías si te dijera que ese momento arruinó no solo la capacidad del niño para jugar al fútbol durante el resto de su vida, sino también su capacidad para actuar en cualquier situación de alto riesgo?

Probablemente no me creerías. ¿Qué demonios hizo mal su padre?

Absolutamente nada. Pero, aun así, para mi cliente aquello fue un trauma, y a menos que se curase, seguiría saboteando los resultados positivos en su vida.

A la edad de cinco años, el niño no tiene la capacidad de interpretar lógicamente esa frase. Debido a nuestra negatividad natural y a nuestro sesgo de disponibilidad, y porque está en el estado de ondas cerebrales delta-*theta*, lo que se programa instantáneamente en su corazón es el recuerdo de jugar al fútbol con su padre, fallando el tiro, y su padre riéndose de él y diciendo que nunca será capaz de marcar ningún gol. En otras palabras, que fracasará.

Me dijo que su interpretación de ese recuerdo era: «Nunca seré un buen jugador de fútbol». Para mi cliente, en ese momento, aquello fue lo peor que pudo imaginar, y sintió que su vida ya no valía la pena.

A este tipo de recuerdos los llamo *recuerdos de piruleta*, que es como los llamaba una de mis clientes, también tremendamente inteligente y con un enorme talento, y que tampoco parecía tener un buen desempeño en el trabajo. Descubrimos que todo se reducía a un recuerdo que tenía de pequeña: su madre le dio una piruleta a su hermana y a ella no. Además, le dijo: «Tu hermana ya ha terminado de almorzar. Cuando termines de comer, tú también podrás tomar una piruleta».

Pero cuando era niña, su interpretación de aquello fue algo así: «Mi mamá le dio a mi hermana una piruleta y a mí no porque a ella la quiere más. Si no me quiere, es porque hay algo malo en mí. Por eso, cuando esté con otras personas, se darán cuenta de que tengo algo malo, y tampoco me querrán».

En cuanto sanamos ese recuerdo, comenzó a tener éxito en su trabajo.

Apostaría a que cualquier otro consejero o psiquiatra nunca hubiera creído que el recuerdo de la piruleta era el origen de sus problemas laborales. Empezarían a buscar recuerdos reprimidos o traumas «obvios» ocultos de los que se estudian en los libros de texto. Pero eso es exactamente lo que era. Puede que el recuerdo que está formando tu identidad no sea un trauma agudo. Quizá sea una experiencia a la que tu memoria le asignó una enorme cantidad de poder por razones que nunca llegues a comprender del todo. Estos recuerdos pueden cambiar el curso de tu vida hasta que, como mi cliente, logres erradicarlos.

¿Qué pasó después con ese niño del que estábamos hablando? El recuerdo de su padre se convirtió en el filtro a través del cual interpretaba cada práctica y cada partido de fútbol. Después de eso, cada experiencia similar desencadenaba una gran oleada de cortisol y adrenalina, no solo al jugar al fútbol, sino ante cualquier situación de alta presión, cualquiera que se riera de él, cualquier deporte que practicara. La creencia de que «nunca seré un buen jugador de fútbol» dominaba su punto de vista. Esa experiencia no significaba que no pudiera convertirse en un buen jugador de fútbol, pero se hizo mucho más difícil. Con el paso de los años, esta creencia se aplicaba a cualquier área de actuación. A pesar de que tenía talento en su área profesional, se le hizo muy difícil tener éxito allí también.

Muchas personas de alto rendimiento, incluidos los atletas, creen que el estrés los vuelve más alerta, y no hay nada malo en un poco de estrés antes de un entrenamiento. Eso puede ser cierto durante un breve espacio de tiempo. La liberación de cortisol y adrenalina de la reacción de vida o muerte inunda los músculos con combustible a corto plazo, pero al cabo de unos diez minutos, empiezas a sufrir un bajón de cortisol, lo que te hace sentir más cansado que antes.

El estrés constriñe los músculos; un músculo estresado se vuelve tenso, y un músculo tenso no funciona bien. Por eso ves a los nadadores y corredores de las olimpiadas «sacudiendo» sus músculos antes de una carrera. En el tenis, solíamos llamarlo «codo de hierro»: cuando se acerca el partido, uno pasa a sentir miedo a perder en vez de sentir pasión por ganar, el codo se tensa, no se puede balancear normalmente, y la pelota termina en la red o a un metro y medio fuera de los límites.

En prácticamente todos los partidos de la Super Bowl que he visto, los comentaristas dicen que todo dependerá de qué equipo sea capaz de relajarse. Cuando un jugador o un equipo comete un error, suelen comentar que está demasiado nervioso o excesivamente tenso.

Es un principio bien conocido en los deportes: cuando llega el momento de darlo todo, algunos jugadores se crecen y juegan mucho mejor, mientras que otros no dan pie con bola. Todo se basa en *si tienen miedo de fallar o se sienten entusiasmados de jugar*. Cuando llega la hora de la verdad, todo depende de cuál es la etiqueta del recuerdo original.

Y en cuanto al supuesto empujón positivo de energía que da el estrés, las hormonas positivas no estresantes pueden proporcionarte un impulso de energía aún mayor sin el consiguiente bajón.

Por eso el estrés perjudica nuestro rendimiento, no solo en el deporte, sino en todo: el informe que tienes que escribir. Tu actuación en una obra de teatro. Una conversación importante. Si estás relajado en vez de estresado, tu desempeño será mejor. ¿Qué determina que estés relajado o estresado? La etiqueta de tu recuerdo original: si está basada en el miedo o en el amor.

Entre mi cliente y yo conseguimos curar ese recuerdo, y entonces fue casi inmediatamente capaz de poner en práctica sus ideas en el trabajo. Dos años más tarde, me dijo que había obtenido un gran ascenso y un aumento de sueldo en su empresa. Cuando sanó el recuerdo original, fue libre de actuar sin estrés, manifestar su talento y desarrollar su pleno potencial en su carrera.

¿Tienes miedo a hablar en público?

De niño me encantaba cantar. Uno de mis favoritos era una estrella de la música *country* llamada Roger Miller. Roger Miller era muy popular en ese momento, tenía varios discos con los que había alcanzado el número uno de las listas de éxitos, y más adelante ganó un premio Tony por escribir *Big River*, un musical de Broadway. Sobre todo, me gustaba cantar dos de sus canciones: *King of the Road* y *Kansas City Star*.

Como todos me animaban a ello, seguí cantando. Empecé a cantar con un sombrero vaquero y, luego, con un chaleco y unas botas de vaquero. Era evidente que calcaba a la perfección todas sus inflexiones vocales, y a la gente le hacía gracia. Terminé cantando esas canciones delante de mi clase; luego, delante de una asamblea general de toda la escuela, y más tarde delante de una asamblea de todas las escuelas de la zona. Aquello era imparable. Finalmente me ofrecieron ir a cantar en vivo en la televisión en *The Bozo Show*, que en aquella época era el programa matinal más famoso del sábado. La gente decía cosas como: «Este va a ser el próximo Shirley Temple».

El sábado por la mañana, fui al estudio, y el programa *The Bozo Show* se estaba montando en esa gran sala llena de gente. No me llevaron allí, sino que me metieron en una habitación y cerraron la puerta, para que no pudiera ver ni oír el espectáculo. Solo estábamos yo, una cámara y el tipo que la manejaba. No recuerdo que me dieran ninguna instrucción. Solo me dijeron que me quedara allí hasta que llegara el momento de cantar mi canción, que en ese caso era *Kansas City Star*.

Obviamente nunca había hecho algo así en mi vida, así que me quedé ahí inmóvil. Entonces se encendió una luz de la cámara y el camarógrafo me apuntó sin decir una palabra.

Estaba confuso. No empecé a cantar; no hice nada. No sabía lo que estaba pasando. Luego me señaló de nuevo, pero seguía sin saber lo que quería decir. Me señaló por tercera vez, y todavía no sabía qué estaba intentando decirme. Finalmente, la luz se apagó, y me dijeron: «Muchas gracias. Ya puedes irte a casa». Ahora estaba muy confuso, porque no había cantado una nota.

Puedes imaginar lo que pasó cuando volví a la escuela el lunes siguiente. Todos sabían que iba a estar en *The Bozo Show*, y habían estado pendientes, delante del televisor, para verme cantar esa canción. Pero solo me vieron a mí, ahí parado con la boca abierta sin cantar ni una nota en un programa en directo.

Durante el siguiente año, lo que oí fue: «Oye, Alex, cántanos una canción. Alex, eres el próximo Shirley Temple, ¿verdad? Baila con nosotros. ¡Eh, Bozo!».

Jamás volví a hacer algo así, a pesar de que me lo pidieron varias veces. «No volveré a hacer eso nunca más. De ninguna manera». Por aquella época dejé de cantar por completo.

Un tiempo después, cuando tenía unos catorce años, me dijeron que mi grupo iba a hacer una presentación, y cada uno de nosotros tendría que hablar de un tema diferente durante unos siete minutos. No pensé mucho en ello hasta el día de la presentación. Ciertamente no me preocupaba.

Pero la cuestión es que cuando subí al escenario, parecía que iba a darme un ataque al corazón. Se me doblaron las rodillas. Tenía la boca tan seca que no habría podido decir una palabra aunque lo hubiera intentando y la ropa empapada de sudor. Para nada relacioné esa experiencia con la de *The Bozo Show*, pero de ahí es exactamente de donde venía. Me subí al escenario y mi sistema nervioso autónomo me dijo: «No, no, lárgate de aquí, no intentes hacer algo así».

Nunca me había sentido así en mi vida. Pensé: «¿Qué me está pasando? Voy a morirme aquí mismo en este escenario».

Ahora, por supuesto, hablo en público continuamente y no le doy ninguna importancia, pero nunca hubiera sido capaz de hacerlo si no hubiera sanado mi recuerdo de *The Bozo Show.*

Según los estudios lo que más miedo nos da a los seres humanos es hablar en público. Se trata de un miedo que está incluso más extendido que el miedo a la muerte, al menos según nuestra mente consciente. Eso me dice que la mayoría de la gente tiene una programación mental deficiente que le dice a su corazón que hablar en público va a matarlos físicamente. Nadie diría que esto fuera posible, por supuesto.

Se supone que no deberíamos experimentar ese tipo de miedo a menos que nuestra vida se encuentre en peligro mortal. Debido a la involución de la memoria, hablar en público se ha convertido en el principal miedo del planeta, cuando es algo que no debería asustarnos en absoluto. Eso no significa que tengas que hablar en público, si no es lo tuyo; pero, de cualquier manera, ¡no debería provocarte esa reacción de vida o muerte!

Si tienes miedo de hablar en público, asegúrate de trabajar en ese tema cuando llegues a la segunda parte. Cuando encuentres el recuerdo original y lo sanes, ese miedo se desvanecerá. Simplemente sube al escenario, di lo que quieras decir y siéntate. Pensarás: «Me alegro de haber tenido la oportunidad de decir algo que es importante para mí. ¿Qué más da si no les gusta?».

Recuerdos traumáticos heredados sobre identidad y seguridad

Ya he mencionado la traumática interpretación que hizo el niño de la muerte de su padre a causa de la viruela: podemos entender cómo ser testigo de la muerte física de un ser querido llevaría a un niño a etiquetar ese recuerdo con la etiqueta de vida o muerte física. Pero los recuerdos de vida o muerte pueden generarse incluso cuando la situación no es literalmente de vida o muerte. Volvamos a mi propio ejemplo, al principio del capítulo, donde mi madre me transmitió el recuerdo «perder la casa me va a matar». Perder su casa no la mató físicamente. Pero además de nuestra seguridad física, hay al menos otros dos tipos de recuerdos que pueden ser etiquetados como peligrosos: todo aquello que amenaza nuestra *identidad* –es decir, si nos vemos a nosotros mismos como buenos o malos– y todo lo que amenaza nuestra *seguridad* –es decir, si nos sentimos seguros física y emocionalmente o no, y si nuestras vidas están bien o no–. Perder su casa afectó profundamente a los sentidos de identidad y seguridad de mi madre.

Este es el problema: la etiqueta de vida o muerte activa instantáneamente la reacción de vida o muerte (pelear, huir o paralizarse). Todas las sustancias químicas y reacciones liberadas en nuestro cuerpo y nuestra mente tienen como objetivo que luchemos, corramos tan rápido como podamos o nos quedemos paralizados. Pero cuando se trata de amenazas contra nuestra identidad o seguridad, ¡no hay peor respuesta que la que podríamos tener! ¿Por qué? Porque nuestra identidad y nuestra seguridad (basadas en la aceptación o el rechazo) depende de la salud de nuestras relaciones. Y como expuse en el capítulo uno, nuestras relaciones fueron hechas para basarse en el amor, no en el miedo. Seguiremos profundizando sobre este tema en el próximo capítulo.

«Cada vez que recuerdas un acontecimiento en particular, tu cerebro libera sustancias químicas similares a las que se liberaron originalmente», escribe Daniel G. Amen en *Cambia tu cerebro, cambia tu vida.*[*]

Es solo que la mayoría de nuestros recuerdos están ocurriendo *inconscientemente*.

He visto este efecto una y otra vez en mis clientes. Por ejemplo, una joven sufría importantes trastornos de salud (fatiga crónica y fibromialgia), así como graves problemas de confianza en las relaciones. Era una perfeccionista y le costaba mucho confiar en la gente. Si alguien la decepcionaba, ahí se acababa todo, no volvía a confiar en esa persona, sin importar lo que pasara; y a menudo era por algo trivial. Es muy difícil amar y no confiar o tratar de hacer las cosas lo mejor que puedes sin cometer nunca un error. Ella detestaba su forma de ser, pero no podía cambiarla. Sabía que su madre y su abuela también tenían problemas similares.

Como siempre, le pregunté por su historia familiar y sus recuerdos más vívidos de la infancia. Eso la llevó a preguntarles más a su madre y a su abuela sobre su historia familiar, y finalmente descubrió que durante la Guerra Civil estadounidense, el hogar de su tatarabuela fue atacado por el bando contrario. La violaron, mataron a su marido y a sus hijos delante de ella y quemaron su casa hasta los cimientos. Cualquiera tendría problemas de confianza después de una cosa así. Lo malo era que su tataranieta seguía sintiendo ese mismo miedo cuando se trataba de establecer relaciones de confianza. En sus circunstancias actuales, mi cliente no tenía razón para temer a las relaciones. Ni siquiera sabía que este suceso había ocurrido hasta que investigó su historia familiar. Una vez más, el problema no era el acontecimiento en sí, sino el recuerdo

* Editorial Sirio, 2013.

heredado que decía: «Como me violaron, asesinaron a mi marido y a mis hijos e incendiaron mi casa, confiar en los demás me mataría». *Y estaba destrozando su vida.*

Afortunadamente, en cuanto conoció la raíz de su desconfianza, fue capaz de curarla, tal como tú aprenderás también a hacer. Sus problemas de salud se resolvieron completamente en los meses siguientes.

El problema nunca es el problema

Nunca había recibido una llamada como esta en mi vida. Cuando levanté el auricular, oí una voz que decía:

–Hola, me llamo Rachel y no quería hablar contigo.

Aquello era tan raro que, de hecho, me pareció estupendo. Pensé: «Muchas gracias por haberme dicho eso. Me has alegrado el día».

Lo que en realidad dije fue:

–Bien, de acuerdo... ¿En qué puedo ayudarte?

–Le prometí a mi mejor amigo que hablaría contigo antes de suicidarme. Así que este es mi último paso.

¡Eso me llamó la atención!

–Lo siento mucho –dije–. ¿Puedes contarme qué te pasa?

–Llevo tres años siendo adicta a todo tipo de drogas, heroína, cocaína, metanfetaminas, y soy alcohólica. Hace tres años que me separé de mi marido. Desde entonces, mis hijos no quieren tener nada que ver conmigo. Durante tres años, he sido totalmente promiscua sexualmente.

Había pasado de unos cincuenta y cuatro kilos a unos treinta y seis. Había estado en terapia y asesoramiento. Lo había intentado todo y ya no le quedaba ningún sitio más al que acudir.

No soy el tipo más inteligente del mundo, pero cuando todo lo que ella decía había estado pasando durante «tres años», finalmente caí en la cuenta.

–¿Qué pasó hace tres años? –pregunté.

–Me violaron.

Brutal, salvajemente, en su propia casa.

–Lo siento mucho. ¿Puedo preguntarte qué piensas y sientes cuando te acuerdas de eso?

Fue como si sacara una lista de su bolsillo y empezara a leerla. No tuvo que pararse a pensar ni un segundo.

–Me siento como un pedazo de carne, no como una persona. Me siento tan sucia que por más que me lave no consigo volver a sentirme limpia. Tengo la sensación de que no estoy a salvo, ni siquiera en medio de la comisaría. Puedo estar en una multitud y sentirme totalmente sola. Creo que ni mi marido ni ningún otro hombre volverá a mirarme jamás como una mujer deseable. De alguna manera siento que la culpa fue mía.

–Gracias por contármelo. Déjame hacerte una pregunta: ¿cuáles de esas cosas que me acabas de decir son verdad?

La mujer hizo una pausa.

–Bueno, intelectualmente sé que ninguna de ellas es cierta. Pero son mi única realidad las veinticuatro horas del día, continuamente, y no puedo alejarme de ellas. Es lo único que siento. No puedo asfixiarlas ni matarlas, y ya no puedo soportarlo más.

Sabía que teníamos que conseguir que el entorno negativo de su corazón fuera más positivo, y creía que la mejor manera de empezar era evitar la mente consciente, así que empecé a hablarle de los códigos de curación, unas herramientas energéticas de las que hablaremos más adelante.

Su respuesta fue que aquello le parecía una tontería.

–Procura no pensar en el recuerdo de la violación –le dije–. Tan solo usa la herramienta de energía y relájate. De todas formas, si el recuerdo cambia, creo que lo notarás. Si eso sucede, llámame. Y, de todas maneras, llámame la semana que viene.

Hizo un comentario sarcástico y colgó el teléfono. Una semana después, el teléfono sonó.

–Hola, doctor Loyd. Quiero decirle que practiqué un poco lo que me dijo la semana pasada. Sabía que no funcionaría. Solo llamé para decirle que he terminado.

Le rogué que le diera más tiempo, aunque no creí que lo hiciera.

Una semana después, el teléfono volvió a sonar.

–Hola, doctor Loyd. Lo he estado haciendo. No sé por qué lo he estado haciendo, pero no funcionó. Sé que no he sido muy amable con usted, así que quiero decirle que lo siento.

La verdad es que eso me alarmó. Cuando la gente está a punto de suicidarse, a menudo quiere pedir disculpas.

–Ya he terminado. Gracias por intentarlo.

Le rogué que le diera más tiempo.

Cuatro días después, el teléfono sonó, y esto es lo que oí: sollozos. Era ella. No podía hablar. Lo intentaba. No podía hablar; solo estaba jadeando, llorando.

Finalmente, dijo:

–Cambió. Cambió. Cambió. –Seguía llorando.

–Creo que estás intentando decirme que tu recuerdo de la violación cambió –dije.

–Estaba haciendo el código, maldiciéndolo mientras lo hacía –esas fueron realmente sus palabras–. No estaba pensando en la violación. De repente, el recuerdo de la violación estaba justo frente a mí, en tres dimensiones, con un sonido a todo volumen que me envolvía. No podía apartar la vista. Y, por primera vez, miré a los ojos al hombre que me violó. Pensé: «¿Qué le pasó para causarle tanto dolor que pudiera hacer algo así?». Sentí perdón, compasión y lástima por él. Sentí, literalmente, que todo eso salía de mí. Sentí como se iba todo el odio, la ira, la rabia. Me sentí libre y volví a ser yo misma otra vez.

La mujer dejó inmediatamente las drogas y el alcohol, sin sufrir síntomas de abstinencia. Volvió a ganar nueve kilos en los siguientes seis meses, acercándose a un peso más saludable. Se reconcilió con su marido e hijos y desde entonces está contenta y sana.

Eso ocurrió hace doce años. La vi hace unas tres semanas. Sonreía de oreja a oreja, montada en su motocicleta Harley-Davidson, dando un paseo. Es una de sus actividades favoritas.

Voy a decir algo que puede sonar chocante o incluso ofensivo, pero ten en cuenta que no es esa mi intención en absoluto. Su problema nunca fue la violación. No digo que la violación no fuera un problema; por supuesto que lo era. Pero el verdadero problema eran todas las mentiras que ella creía relacionadas con ese suceso. Su recuerdo de la violación estaba lleno de mentiras. Recuerda que me dijo: «Soy un pedazo de carne, no una persona. Estoy tan sucia que ningún jabón podría nunca limpiarme. Fue culpa mía. Jamás podré volver a estar a salvo». Ella misma sabía que todo eso eran mentiras desde que me llamó por primera vez; me dijo en esa primera llamada que, mentalmente, sabía que nada de eso era verdad. «El problema» no era la violación en sí, sino el hecho de que esta le había hecho interiorizar mentiras desmoralizantes, degradantes y destructivas sobre sí misma: «Como fui violada soy un pedazo de carne», etc.

No se convirtió en adicta y suicida a causa de la violación, aunque todos los psicólogos y médicos dirían que fue exactamente por eso. Se convirtió en adicta y suicida porque la violación había creado creencias sobre su identidad que enviaban una señal de miedo, pánico y peligro a su hipotálamo las veinticuatro horas del día.

Tu corazón no diferencia entre pasado, presente y futuro. Lo trata todo como una realidad presente, es decir, como si estuviera sucediendo ahora mismo. Así que, para su corazón, era como si la siguieran violando cada día a cada momento, con su lista de «por lo tanto» que asociaba diferentes significados a la violación. Al cabo de tres años no podía soportarlo más.

El hecho de que ese recuerdo sanara ¿significaba que ya no había sido violada o que no podía recordarlo? ¡Claro que no! Sabía que la violaron. Esa parte del recuerdo no cambió en absoluto. Lo único que cambió fue la interpretación, las falsas creencias que le decían que la violación fue culpa suya. El recuerdo ya no le decía que era mala, sucia o indigna, y ya no se enviaba una señal de miedo al hipotálamo. Después de tres años de sufrimiento, finalmente pudo creer que era una buena persona que merecía que la trataran bien, aunque le hubiera ocurrido algo horrible.

Las mentiras, en su caso, fueron reemplazadas por la paz. Ahora sentía perdón y compasión, tanto para ella como para el hombre que la había atacado. De hecho, esto ocurrió al ponerse un poco en su lugar, y se dijo que si hubiera pasado por el dolor que él había soportado, tal vez ella podría haber hecho algo terrible también. ¿Sabes cómo llamamos a eso? Es el nivel más alto de amor. Lo llamamos empatía, sentir literalmente el dolor de la otra persona.

Una vez que el recuerdo se curó, le pregunté:

—¿Alguna vez había sentido antes eso por él?

Dijo:

—Lo único que pensaba de él durante esos tres años es que me gustaría agarrar una escopeta y volarle la cabeza.

Antes mencioné la adaptación psicológica y expliqué cómo el cuerpo humano está equipado para recuperarse de prácticamente cualquier tipo de dificultad. Tal vez te preguntes: ¿por qué no se pone en marcha la adaptación psicológica cuando nuestra mente reacciona exageradamente y les otorga un significado erróneo a nuestros recuerdos? ¿Por qué no le funcionó a ella la adaptación psicológica?

Si cada recuerdo tiene una clasificación dentro de una escala que va de diez negativo a diez positivo, creo que cada corazón tiene también un determinado límite y que en algunos casos la proporción negativa podría llegar a ser demasiado alta para que el mecanismo de adaptación psicológica pueda superarla. Por ejemplo, el índice general del corazón de esta clienta era de aproximadamente un nueve negativo; esa proporción sobrepasaba su límite, y la adaptación psicológica no podía superarla. Lo mismo ocurrió con Hope, mi esposa, que sufrió de depresión durante doce años.

¿Qué podrías hacer por aquellos cuyo entorno interno es tan negativo que da la impresión de que nada podría mejorar sus vidas? De alguna manera has de conseguir que esa proporción negativa se vuelva más positiva, para que la adaptación psicológica pueda surtir efecto.

Eso es lo que la ingeniería de la memoria puede lograr.

EL RESULTADO: LA INVOLUCIÓN DE NUESTRA PROGRAMACIÓN PREDETERMINADA

¿Y qué hay de ti? ¿Sientes negatividad hacia ciertos aspectos de tu vida que pueden ser el resultado de esta involución de los recuerdos? Para averiguarlo, prueba el siguiente ejercicio.

CÓMO RECONOCER LOS SÍNTOMAS DE LA INVOLUCIÓN DE LA MEMORIA

Haz una lista de todo lo que te provoca sentimientos negativos, como el estrés, el miedo, la ira, la vergüenza, la culpa, la incapacidad de perdonar, la frustración, la irritación, la tristeza o el pánico. Si analizas tu vida, tu mente y tu corazón, ¿qué es lo que te hace sentir esa negatividad ahora mismo?
Ahora, con cada elemento de tu lista, pregúntate: ¿por qué te sientes así acerca de esos aspectos de tu vida? Por ejemplo, si escribiste que te sientes irritado con tu esposa, ¿por qué? Tal vez llene siempre demasiado el cubo de la basura y espere que lo saques. Anota eso también.

¿Ya está? Bien.

Este ejercicio fue una especie de trampa. Es probable que, a menos que haya habido abuso o haya ocurrido una verdadera catástrofe en tu vida, la verdadera razón por la que sientes esa negatividad acerca de todas las situaciones que has enumerado tenga que ver con tu inconsciente y tus recuerdos de piruleta, así como con la involución de la memoria de la que hemos estado hablando.

Por eso te notas abrumado y estás siempre cansado. Y es por eso también por lo que con excesiva frecuencia te sientes estresado. Estás tratando de lidiar con todos estos aspectos con los que se supone que no deberías enfrentarte. Has nacido para luchar o emprender la huida solo cuando tu vida está realmente en peligro. Pero se ha producido un fallo en tus recuerdos, y ahora tu alarma interna de fuego suena a todas horas, por razones desconocidas y equivocadas.

Recuerda la analogía de la fuga de agua que mencioné en la introducción. Quizá, al cabo de unos días, la fuga de agua en el suelo no sea tan mala. Puedes limpiar la mayor parte del agua visible si te esfuerzas al máximo y consigues ayuda. Pero tras diez años, la madera empieza a pudrirse, y tu familia enferma por el moho. Al final, aparece el contratista y te dice que tu casa está completamente devaluada o arruinada por el daño, y que lo has perdido todo.

Nadie viene a este mundo como un libro con las páginas en blanco. Todos heredamos algo bueno de nuestros antepasados, aunque en este momento de la historia, la mayoría estamos enormemente afectados por lo negativo: nuestra programación y nuestras creencias heredadas basadas en el miedo que en su mayoría ya no nos sirven. Nuestra programación más fuerte y básica nos engaña, de modo que lo que creemos que es real no lo es en absoluto.

La verdad es que no conozco todos los recuerdos traumáticos de mis antepasados, ni recuerdo todas las cosas que mis padres me enseñaron. Por suerte, descubrí que no es necesario saberlo para cambiar esos recuerdos y ver la vida como es en realidad y vivir en un estado de amor. Tampoco tú.

Pero antes de que podamos llegar a la curación de estos recuerdos originales, tenemos que seguir con la historia de cómo se produjo este fallo en la memoria. Porque esta involución de los recuerdos es solo el comienzo. Únicamente incluye la programación que traemos *de nacimiento*. Nada más nacer, empezamos a añadir nuestros propios recuerdos de nuestra experiencia de vida y de la imaginación: ¡todos interpretados a través del filtro de esta programación de nacimiento que nos advierte erróneamente que casi todo lo que vemos va a matarnos!

(De nuevo, si alguien te preguntara si de verdad crees que tu mayor irritación te va a matar, casi seguro que responderías con un rotundo «no». Pero, en realidad, todavía tienes la impresión de que va a matarte; solo que probablemente te has acostumbrado tanto que te parece normal).

¿Qué pasa cuando empezamos a ver la vida a través de la lente de estos recuerdos ancestrales y a crear recuerdos exagerados propios? De eso hablaremos en el próximo capítulo.

Capítulo 4

Las dos leyes

En algún momento entre las edades de seis y doce años, tomamos una de las decisiones más importantes de nuestra vida. Casi todos tenemos que tomarla solos, y casi nadie recibe ninguna advertencia, preparación o consejo al respecto. Por regla general, solo nos damos cuenta mucho después de que la decisión se ha tomado, si es que llegamos a darnos cuenta alguna vez.

Debido a la involución de la memoria, casi todo el mundo está programado inconscientemente para tomar la decisión equivocada.

Sé que lo hice, y así es como ocurrió.

Esas primeras e intensas experiencias de miedo y amor durante mi nacimiento y después de él fueron mis primeros recuerdos importantes, aunque por supuesto no puedo recordarlos conscientemente. También serían las primeras piezas que desencadenarían una larga cadena de experiencias vitales donde el miedo y el amor luchaban por adueñarse de mi vida. De hecho, creo que el propósito de la vida es ponernos a prueba, para ver si elegimos el amor o el miedo en un momento dado y, más importante, en nuestra vida en general. Pero para poder elegir, tienes que asegurarte de que tus definiciones de lo que amenaza la vida son acertadas.

Más tarde me di cuenta de que tenía una sensibilidad tremendamente exacerbada: mi euforia era más elevada que la de la mayoría de la gente y mis bajones también eran más pronunciados. Por ejemplo, de niño, era extremadamente cariñoso. Uno de mis apodos era «el abrazaárboles». Me dijeron que en mi ciudad había una lista de espera para cuidarme, porque decían que era muy gracioso y muy cariñoso con las niñeras. Esa era la parte del amor. Pero el placer y el dolor eran mucho más importantes para mí que para otros niños que conocía. Por ejemplo, constantemente quería cosas como caramelos y Coca-Cola y sentía que iba a explotar si no conseguía algo «¡ahora mismo!». Esa era la ley de lo externo en acción.

También tenía una capacidad única para sentir los sentimientos de los demás. Siendo muy pequeño, recuerdo una vez que unos amigos de mis padres vinieron de visita y los oí conversar. Cuando se fueron, me acerqué a mis padres y les pregunté: «¿Sabéis que él está muy enfadado y que ella tiene mucho miedo de algo?». Mis padres se me quedaron mirando como si fuera un extraterrestre. No se habían dado cuenta de eso en absoluto, cuando a mí me parecía tan obvio.

Unas dos semanas más tarde, mis padres supieron que sus amigos, que en nuestra casa habían escenificado la pareja perfecta, estaban atravesando unas circunstancias verdaderamente duras; sin duda, él estaba enfadado y ella tenía miedo.

Cuando se enteraron, mis padres vinieron a mí y me preguntaron sin rodeos: «¿Cómo lo supiste?». En cambio yo pensé: «¿Cómo es que no os disteis cuenta?».

Esta sensibilidad ha sido una bendición y una maldición, como le pasa al detective Monk, de la serie de televisión del mismo nombre, porque no era solo sensibilidad a los sentimientos de los demás. Tenía demasiada imaginación y unos sentimientos a flor de piel, en comparación con la mayoría de la gente. La música tuvo un efecto increíblemente poderoso en mí. Escuchaba una canción que realmente me conmovía y pensaba: «¡Guau, qué fuerza tiene esto!». Les decía a mis padres o a mis amigos: «¡Tenéis que escuchar esta canción!». Pero cuando se la ponía, decían: «Ah, sí, no está mal». Y me daba cuenta de que no les afectaba en absoluto. Lo mismo pasaba con las películas y los anuncios de televisión. Incluso hoy en día, cuando estamos viendo películas, Hope o mis hijos se inclinan y preguntan: «¿Estás llorando otra vez?». He sido así toda mi vida. Podía sentir los sentimientos de los demás, y por lo que sé ahora por mi doctorado en Psicología y mis años dedicado al asesoramiento, mis propios sentimientos son inusualmente exagerados. Y esto ha sido una bendición y una maldición. Es maravilloso estar más en contacto con mis propios sentimientos y los de los demás, aunque a veces son un poco abrumadores. En el ámbito de la terapia, no sé si hay un mejor regalo que la capacidad de sentir los sentimientos de los demás. Creo que esa es parte de la razón por la que tenía una lista de espera de seis meses a los seis meses de empezar mi consulta, cuando casi todos los psicólogos que conocía en el área tenían la consulta medio llena y trataban de conseguir más clientes.

Mis dos hermanos mayores tenían seis y quince años más que yo, así que tenía toda la atención de mis padres. Yo era el principal pasatiempo de mi padre, venía a casa todas las noches y todos los fines de semana a jugar conmigo. Mi madre cocinaba todo lo que yo quería y hacía todo lo que le pedía. A menudo me pregunto si me mimaron mucho más que a otro de los bebés de la familia por las circunstancias tan extremas en que llegué al mundo.

Así que, en lo que a mí respecta, hasta los seis años, la vida era maravillosa, incluso idílica. No fue hasta que llegué a la escuela cuando me di cuenta de que era diferente de los otros niños, y no necesariamente en el buen sentido. Uno de mis primeros recuerdos en el patio de recreo era un niño que me gritaba «¡eh, *gordinflas*!», y todos los demás se reían. Yo también me reí, y luego me fui a casa y me puse a llorar. Fue entonces cuando me enteré de que era un poco bajito y regordete, y que eso era malo, y me dolía mucho, aunque antes no me importaba.

Me sentía como si de repente me hubieran enviado del planeta del amor y la seguridad al planeta del miedo y el peligro, y era una sensación espantosa.

Además, aunque en el área de los sentimientos y las relaciones era algo así como un prodigio, debo de haber tenido todos los problemas de aprendizaje conocidos por la humanidad. Si pudiera resumirlo, te diría que era como si careciera por completo de la capacidad de aprender o entender materias que eran predominantemente lineales y que había que aplicar paso a paso, como el álgebra y la química.

Al final de cada año escolar, siempre estaba la pregunta: «¿Van a dejar que Alex pase al siguiente curso?». A veces sí, y a veces no. Recuerdo una reunión en particular cuando tenía problemas en todas las asignaturas y suspendí varias de ellas. El director de la escuela primaria nos llamó a mi madre y a mí a su oficina y nos dijo: «Alex es un niño muy dulce. Todos lo queremos mucho. No queremos que se preocupe, porque puede aprender un oficio». Tenían pocas esperanzas de que terminara el instituto, mucho menos la universidad.

En un momento dado, mi madre exigió que la escuela me examinara. La verdad es que en ese tiempo no se sabía tanto como ahora de las dificultades de aprendizaje, pero me hicieron un test de inteligencia. Resultó que tenía un coeficiente intelectual muy alto. De hecho, solo dos chicos en la escuela tenían un CI más alto que el mío, y ambos sacaron sobresalientes. Uno se convirtió en un famoso neurocirujano y el otro en un científico espacial.

Pensarás que esto me hizo sentir mejor, pero no fue así, en absoluto. De hecho, hizo que las cosas empeoraran mucho más. Ahora en lugar de «pobrecito Alex, que es un inútil», era «Alex es un vago». ¡Eso tampoco estaba bien! Se me daban de maravilla los planteamientos generales y pensar de forma creativa en casi cualquier clase o área de la vida. Si me hacían una pregunta de ensayo para la que no tenía que saber detalles específicos, sacaba unos resultados extraordinarios. Pero si necesitaba seguir multitud de reglas y detalles minuciosos, como en gramática, álgebra o química, ¡era como tratar de leer chino! No podía llegar a ninguna parte.

Más tarde me enteré de que era disléxico y que tenía TDA, TDAH, y probablemente un par de otras D que descubrirán dentro de veinte años. En pocas palabras, pensaba de manera diferente.

Terminé el último en mi clase de secundaria; de hecho, hasta el día antes de la graduación no sabía que me iba a graduar. Ya había repetido en la guardería y en tercero de básica. (Me han dicho que no se puede repetir en la guardería, pero yo lo hice).

En algún momento durante la escuela primaria, empecé a salir de ese estado cerebral delta-*theta* del que hablamos antes, en el que las creencias inconscientes se programan de forma instantánea, y mi capacidad para usar mi mente consciente empezó a desarrollarse. Eso significaba que también podía desarrollar mis propias creencias basadas en mi propia experiencia (filtradas a través de mis recuerdos ya existentes, por supuesto). Ahora, alrededor de los diez años, mientras seguía siendo objeto de burlas día tras día por ser bajito y regordete, y me sentía estúpido a nivel académico, empezaron a acumularse los recuerdos negativos. Una de mis creencias pasó a ser: «Estoy gordo, y si sigo estando gordo, la gente seguirá siendo mala y cruel conmigo, y lo pasaré muy mal en la vida». Esta se convirtió en la lente a través de la cual experimenté gran parte de mi vida, y a su vez creó más recuerdos negativos.

Date cuenta de que no creé esta creencia a partir de la nada, sino que mi mente consciente la creó basándose en mis recuerdos. Por eso, cambiar nuestras creencias conscientes por sí solo no funciona a largo plazo. Nuestras creencias vienen de nuestros recuerdos, y esos recuerdos seguirán proporcionando la materia prima para nuestras creencias hasta que los cambiemos; esto aprenderás a hacerlo en la segunda parte.

EL VOTO DE LA VIDA

La secundaria fue probablemente la peor época de mi vida. Al principio, todavía era un poco bajo y gordo, y además tenía la típica cara de adolescente cubierta de acné. También fue entonces cuando mi hermano mayor, que era mi héroe, tuvo una pelea con nuestros padres por el negocio familiar, y no lo volví a ver durante cuarenta años.

Debido a lo que pasó con mi hermano mayor, mis padres tuvieron el peor problema financiero de sus vidas. Creyeron que podrían arruinarse y perder la casa; había mucha tensión y discusiones sobre el dinero y lo que había sucedido con mi hermano. Mi madre también tuvo uno de esos sustos con el cáncer. Mis padres estaban tan agobiados que no se daban cuenta de lo que me pasaba: suspendía los cursos y se burlaban de mí a diario.

En ese momento, empecé a alejarme de mi familia. Mi otro hermano mayor se casó y se mudó, lo que significó que de repente él tampoco estaba ahí para ayudarme.

Todo esto me llevó a hacer un voto un día, en algún momento al principio de la secundaria: «Nadie volverá a burlarse más de mi cuerpo». Iba a hacer lo que fuera necesario para asegurarme de que nunca volviera a repetirse. Mis recuerdos negativos de esa experiencia se habían acumulado hasta el punto de que cuando se burlaban de mí sentía que me estaban matando. Así que, tal como lo veía, tenía cuatro opciones:

1. Dejar de preocuparme por lo que pensaran los demás.
2. Enfrentarme a ellos.
3. Correr y esconderme.
4. Hacer ejercicio como un loco para que nadie volviera a burlarse de mí por ser gordo.

Debido a mi personalidad, descarté los números uno, dos y tres bastante rápido, aunque admito que pensé mucho en luchar contra ellos, hasta el punto de que creé suficientes imágenes internas de lucha que terminaron por afectarme negativamente, casi como si lo hubiera hecho realmente.

Elegí la opción número cuatro. Empecé a correr diariamente de nueve kilómetros y medio a diecinueve, haciendo de quinientas a mil sentadillas y de cien a doscientas flexiones de brazos al día. Y adivina qué... ¡Funcionó! Bravo por mí, ¿verdad? Bueno, no exactamente. Es cierto que la gente nunca más se burló de mí por ser gordo. Y sí, empecé a salir con las animadoras de los equipos deportivos y con las reinas del baile de las ceremonias de graduación. Pero la motivación no era la apropiada. Los cambios que hice en mi estilo de vida se basaban en el miedo, no en el amor. Así que en lugar de sentir alegría y paz en esta nueva etapa de mi vida, lo que sentía era estrés, ansiedad y obsesión. *Tenía que* hacer este ejercicio excesivo todos los días, pasara lo que pasara; realmente sentía que si no lo hacía, aunque fuera solo por un día, me moriría.

A estas decisiones las llamo *votos de vida*. Casi todos los ciclos adictivos que he visto, en los que alguien sencillamente es incapaz de utilizar su poder de decisión consciente para dejar de hacer algo que no quiere hacer o empezar a hacer lo que quiere hacer, se originan en un voto de vida.

Un voto de vida es cuando llegas a un punto en el que tu situación es tan dolorosa que juras que nunca más tendrás que soportarla. Harás lo necesario para evitarla en el futuro, cueste lo que cueste.

Por ejemplo, creces en un hogar donde tus padres se gritan el uno al otro, y te juras que *nunca estarás en una casa donde haya gritos*. Haces todo lo posible para evitar que alguien se enfade o incluso se irrite ligeramente contigo, pero al menos nadie grita. Puede que te libres de los gritos, pero también te perderás grandes alegrías, risas y relaciones de una gran intimidad. El remedio termina siendo peor que la enfermedad. Los votos de vida pueden tener consecuencias aún más graves.

Una de mis clientas creció en un pequeño pueblo en lo que solían llamar «el lado malo de las vías». Su padre las abandonó a ella y a su madre cuando tenía ocho años, y quedaron en la más absoluta miseria. Además, su madre también tenía reputación de ser «fácil».

De joven, mi clienta hizo un voto tipo Scarlett O'Hara, muy parecido al mío: «A Dios pongo como testigo de que nunca volveré a ser pobre». Se obsesionó con el dinero y las cosas externas, y tenía el peor estrés y ansiedad que jamás he visto en mi vida. Nunca hacía lo que le pedía que hiciera para curarse, porque era incapaz de prescindir de lo externo.

Finalmente le diagnosticaron un cáncer terminal y murió a los treinta y nueve años. Sus médicos dijeron que era probable que fuera por todo el estrés y la ansiedad que acumulaba, y yo sabía cuál era la fuente de ese estrés: el voto de vida que hizo como resultado de su infancia. El verdadero problema no tenía nada que ver con el dinero, sino con sus recuerdos de la infancia.

EJERCICIO

¿Recuerdas haber hecho un voto como el mío cuando eras niño o adolescente? ¿Fue algo tan doloroso que finalmente decidiste que harías lo que fuera necesario para asegurarte de que no volviera a suceder?

Casi todo el mundo ha tenido este tipo de experiencia en algún momento de su vida. Y en ese momento no nos damos cuenta de que nuestra elección está poniendo en marcha una reacción en cadena que puede hacer que todo funcione mal en nuestras vidas a partir de entonces. La única pregunta es cuánto tiempo tardará en romperse el eslabón más débil.

Eso es exactamente lo que me pasó cuando juré que nadie volvería a burlarse de mi apariencia. En ese momento, aquello parecía mi única opción si quería salir adelante en la vida. Tarde años en darme cuenta de que tenía una opción, y había tomado la equivocada. Para entonces ya se había roto mi eslabón más débil, como verás en el siguiente capítulo.

LA ELECCIÓN MÁS IMPORTANTE

¿De qué opción estoy hablando? Hablo de la elección entre seguir la ley de lo externo o la ley de lo interno.

Como dije en el capítulo uno, la ley de lo externo afirma que nuestras circunstancias externas son lo más importante, comenzando por nuestra supervivencia física y extendiéndose a cualquier otra circunstancia que nos cause placer o alivie el dolor. Está enraizada en nuestro instinto de supervivencia, y es el sistema de «el fin justifica los medios», de intentar conseguir «lo que quiero cuando lo quiero». Es el sistema de la ley natural, específicamente la ley de causa y efecto, y es absolutamente real.

La intención es obtener resultados finales que te beneficien, aunque eso signifique que otros tengan que perder o salir perjudicados. Significa priorizar tus propias necesidades sobre las de los demás, y la autoprotección sobre las relaciones. Es vivir buscando el placer y evitando el dolor. El motivo gobernante es el *miedo*.

Como expliqué en el capítulo uno, la ley de lo externo tiene un propósito positivo muy importante: está destinada a gobernar inconscientemente nuestra toma de decisiones desde el nacimiento hasta que nuestra mente consciente se desarrolle. Tiene sentido que estemos conectados para enfocarnos en lo externo cuando somos niños, porque es más probable que muramos físicamente por muerte accidental (es decir, por lo externo) durante ese tiempo que en cualquier otro momento de nuestra vida. Los niños necesitan llorar si tienen frío, hambre, están enfermos o hay algún tipo de desequilibrio. Cualquier padre que se haya levantado con un bebé hambriento en medio de la noche sabe que a ese bebé no le importa lo cansado que esté, ¡se asegurará de que se entere de que es hora de comer! ¡Si queremos llegar a adultos, necesitamos que el instinto de supervivencia de nuestro corazón controle nuestras acciones y decisiones!

Pero una vez que nuestra corteza prefrontal se desarrolla hasta el punto en que somos capaces de tener pensamiento lógico y elección consciente, poseemos capacidad para más. Ahora somos capaces de dejar a un lado nuestra comodidad e interés personal en beneficio de un bien mayor cuando nuestra vida física *no* corre peligro... y de tomar decisiones que benefician a todos.

En otras palabras, somos capaces de vivir de acuerdo con la ley de lo interno. Esta ley nos hace evaluarnos guiándonos por nuestro estado interno en lugar de por nuestras circunstancias externas. La ley de lo interno nos guía hacia un estado interno de amor que se impone al estado interno de miedo. Nuestro principio operativo para esta ley no es nuestro instinto de supervivencia sino nuestra conciencia. Cuando seguimos la ley de lo interno, ya no le damos prioridad a la búsqueda del placer personal o a evitar el dolor personal, como cuando vivíamos bajo la ley de lo externo; en cambio, esta ley nos lleva a obtener placer del hecho de buscar el mayor bien para todos. El motivo que rige esta ley es el *amor*.

Como expliqué en el capítulo uno, como niños bajo la ley de lo externo, lo ideal sería que tuviéramos padres o cuidadores que operaran bajo la ley de lo interno y nos regaran de amor, dándonos diez ejemplos de retroalimentación positiva por cada negativa. Por desgracia, ya sea consciente o inconscientemente, estamos expuestos a creencias sobre el mundo que nos llevan a dudar de la seguridad de la ley de lo interno y a creer que si no ponemos nuestras propias necesidades por delante de las de los demás, nos quedaremos sin nada. Elegimos, muy comprensiblemente, la ley de lo externo, la ley de priorizar el placer o evitar el dolor en cada decisión, la ley que dice que nuestras circunstancias externas son lo que más importa.

Si seguimos eligiendo buscar el placer y evitar el dolor, si seguimos valorando la autoconservación por encima de todo, si no superamos el miedo, seguiremos viviendo según la ley de lo externo.

La mayoría de los padres nunca tienen esta conversación con sus hijos sobre el sistema que gobierna su toma de decisiones y prioridades, aunque sea tan increíblemente importante. La razón es obvia: la mayoría de los padres tampoco sabe que existe. Así que, cuando los niños tienen la capacidad de elegir la ley por la que se regirá su vida, la mayoría de los padres tiene una charla con ellos que es más o menos así: «Te estás haciendo mayor. Es hora de que asumas la responsabilidad por tu vida y aprendas a conseguir lo que quieres». Y luego les enseñan lo que creen que ayudará a su hijo a obtener los resultados que consideran más importantes.

Estos padres aman a sus hijos. No intentan destrozar sus vidas. Simplemente no conocen la ley de lo interno, que es en realidad la única manera de obtener los mejores resultados en sus vidas.

De hecho, nunca hemos necesitado más la ley de lo interno. En el capítulo anterior, mencioné a un líder de pensamiento de autoayuda que enseña que el secreto de la vida consiste en el interés personal. De hecho, aunque enseñamos cosas opuestas, somos muy amigos. Probablemente tengo treinta o cuarenta amigos así en todo el mundo: enseñamos y creemos cosas muy diferentes, pero pasamos días unos en casas de otros y cuando nos abrazamos lo hacemos con verdadero cariño. No tengo ninguna animosidad hacia ellos.

Compara eso con el actual clima político en Estados Unidos desde 2016, donde la gente parece odiar visceralmente a quienes no están de acuerdo con ellos.

Si decides vivir según lo externo, ese es el resultado final. Si eliges vivir según lo interno, tienes amigos como los míos, con los que puedes discrepar libremente (e incluso profundamente), pero aun así tienes relaciones cercanas, respetuosas y afectuosas. Incluso podrías aprender algo.

Tengo un amigo que es influyente en el mundo político, y me dice que los políticos, ya sean demócratas o republicanos, tienden a refugiarse en la trastienda, a lamerse el dedo y alzarlo para ver en qué dirección sopla el viento de la opinión pública y decir lo que haya que decir en cada caso. Sus declaraciones y decisiones políticas a menudo tienen poco que ver con lo que ellos creen que es bueno u óptimo.

Esa es la ley de lo externo en acción. Es uno de los resultados de vivir con miedo.

Por otro lado, pienso en líderes políticos como Abraham Lincoln, al que a veces le tiraban hortalizas podridas cuando hablaba en público. Pero lo mejor que puedo decir es que siempre intentó hacer lo que creía correcto, independientemente de la opinión pública.

Hemos perdido esa cualidad en gran parte de nuestro liderazgo, y la necesitamos desesperadamente, no solo por nuestro bienestar individual, sino por el futuro de nuestras familias, nuestras naciones y nuestro mundo.

LA CRIANZA SEGÚN LA LEY DE LO INTERNO

Si ahora mismo estás criando a tus hijos, puede que te preguntes: «¿Cómo puedo ayudarlos para que no hagan votos de vida y elijan la ley de lo interno en lugar de la ley de lo externo cuando llegue el momento? ¿Cómo saber cuándo hay que corregirlos, aunque sea con mucha delicadeza, y cuándo simplemente hay que perdonarlos?».

Creo que cuando los hijos son pequeños sus padres han de seguir con ellos a rajatabla la ley de causa y efecto. Pero al tiempo que les enseñan sobre el mundo físico y aseguran su supervivencia, deberían regarlos de amor y procurar proporcionarles diez experiencias positivas por cada una negativa. Tiene que haber una enseñanza y una disciplina llenas de amor, no disciplina a secas.

Recuerda que, durante esos primeros seis a doce años, cuando nuestro cerebro está principalmente en un estado delta-*theta*, se supone que vivimos bajo la ley de lo externo. Luego, tras esa edad, logramos pasar a un estado cerebral beta, en el cual nos volvemos capaces de aprender a vivir guiándonos por lo que es correcto, sin importar el resultado del dolor o el placer. En dicho estado aprendemos a retrasar la gratificación, e incluso a elegir a veces el dolor sobre el placer (el estado cerebral beta es también el estado en el que podemos experimentar estrés y donde la mayoría de los adultos vive la mayor parte del tiempo). Es entonces cuando nuestros padres pueden empezar a enseñarnos la ley de lo interno, cómo elegirla en casa, en el aula y en el patio de recreo, y cómo aplicarla cada vez más.

Sin embargo, enseñar la ley de lo interno no es una cuestión de seguir una lista de reglas específicas. Recuerdo cuando nació mi primer hijo, Harry. Nunca tuve ningún temor de ser padre hasta que lo vi en la guardería. De repente, una ola de miedo extremo se apoderó de mí. Pensé: «Este pequeño me va a estar buscando para tomar todas las decisiones correctas en la vida. ¡No puedo hacer esto! Voy a estropearlo».

Recé una pequeña oración, y tuve un pensamiento muy claro que creí que venía de Dios: «Alex, si el niño sabe, sin lugar a dudas, que lo quieren exactamente tal y como es, con sus defectos y todo, lo habrás hecho bien. Eso es lo único que tienes que hacer».

Sentí que toda mi ansiedad se desvanecía. Pensé: «De acuerdo, tal vez pueda conseguir eso».

Ese ha sido mi norte desde entonces: asegurarme de que mis hijos sepan que se los ama al cien por cien, sin importar lo que hagan. Creo que ese principio único es el secreto para ser padre y para asegurarte de que tus hijos pasen a la ley de lo interno cuando puedan.

Por ejemplo, a mis hijos les preguntaba una y otra vez: «¿Qué podrías hacer para que yo te quisiera más?». Nada.

«¿Qué podrías hacer para que te quisiera menos?». Nada.

Hoy solo necesito decir las primeras palabras y ellos terminan la frase.

Si tus hijos saben esto, la mayoría de las demás cosas se resolverán solas.

Y no pasa nada si metes la pata. Si les gritas por romper algo, siéntate con ellos más tarde y discúlpate. Puedes decir: «Lo siento. Estaba irritado, y esa irritación no tenía nada que ver contigo. No debí haberte gritado cuando rompiste ese vaso. Te quiero pase lo que pase».

Un día tuve una conversación con un renombrado psicólogo y autor de éxitos de ventas, y me dijo que algunos padres acudían a él porque tenían problemas con alguno de sus hijos. «Sencillamente no lo entiendo -decían-. Los criamos a todos exactamente de la misma manera».

«Pues bien, ese era el problema -me explicó-. Los criaron a todos exactamente igual, cuando no hay dos niños iguales».

En lugar de seguir una lista de reglas de crianza (con las posibles excepciones de no gritarles ni pegarles a tus hijos), tu principio debería ser: «¿Qué puedo hacer en esta situación particular que ayude a mi hijo a saber que es querido exactamente como es, al cien por cien, sin importar lo que haga?». Eso será diferente para cada niño, e incluso puede ser diferente cada día.

Cuando les digo esto a los padres, a menudo escucho: «Espera un poco, ¿qué hay de la disciplina?». ¡Bueno, estoy a favor de la disciplina! Siempre que sea una disciplina con cariño. Enseñar, de forma natural y amorosa que lo que hacemos tiene consecuencias, y eso implica no enseñar desde la ira ni para herir al niño porque sus acciones te hayan hecho daño de alguna manera. Vigila tu tono y tu lenguaje corporal, que los niños pueden entender fácilmente.

Si tienes hijos un poco mayores, empieza a enseñarles a retrasar la gratificación y a hacer lo correcto, aunque en el momento duela. Puedes convertirlo en un juego y darles a elegir: «Puedes tener diez minutos para jugar a los videojuegos ahora mismo, o una hora de videojuegos después, y yo jugaré contigo». Si eligen la gratificación instantánea, no te enojes, abrázalos. Sé cariñoso y amable. Recuerda que para cada niño es diferente lo que es lo suficientemente valioso para hacer que elija la gratificación tardía. Cuando elijan la gratificación retrasada unas cincuenta veces, estarán programados para elegirla, y ya no necesitarán el juego.

Y si tus hijos son adolescentes o jóvenes, y sabes que son capaces de retrasar la gratificación, puedes empezar a utilizar únicamente la ley de lo interno y liberarlos de cualquier tipo de castigo. Trátalos como los adultos que son.

Aquí he cometido más errores que aciertos. Pero sigo intentándolo.

Sin embargo, debido a la involución de la memoria, puede que aunque se nos enseñe la verdad y el amor, no lo veamos. Los fallos de nuestra memoria pueden estar distorsionándolo todo, de modo que el miedo y la mentira se conviertan en nuestra programación predeterminada. Como somos educados por nuestros padres y por una sociedad que se rige por la ley de lo externo, muchos ni siquiera sabemos que hay una alternativa. Como consecuencia de esto mucha gente ni siquiera conoce la diferencia entre el amor y el miedo. Podemos decir la palabra *amor* todo el tiempo, como yo hacía, pero solo entendemos el amor como sentimientos positivos hacia los demás siempre y cuando yo consiga lo que quiero y ellos no interfieran en su consecución. O solo decimos la palabra porque los demás lo hacen, y sentimos que nos ayuda a conseguir lo que queremos. En ese caso, siempre tendremos la sensación de que falta algo, como si no fuéramos lo suficientemente buenos, como si no pudiéramos estar seguros siendo quienes somos, porque no estamos sintiendo el amor verdadero. Solo estamos sintiendo el amor «que me beneficia».

Así que al llegar a la adolescencia, cuando tenemos que elegir el sistema por el que vamos a vivir, la gran mayoría (según mi experiencia) seguimos en el camino de *buscar el placer/evitar el dolor* y termina en la ley de lo externo –un sistema basado en la mentira de que estás constantemente en crisis– que rige tu pensamiento y te hace creer que estás en peligro, que necesitas poner por delante siempre lo que te beneficia, y te aleja de un significado más profundo y un propósito más elevado. En esencia, tu mente consciente ha sido engañada por el espejismo de las constantes señales de peligro de tu inconsciente, y ni siquiera te das cuenta.

Eso es lo que me pasó cuando hice el voto de vida de que no volverían a reírse de mi cuerpo. Iba a hacer lo que fuera necesario para cambiar mis circunstancias externas para no volver a experimentar ese tipo de dolor. Escogí vivir por la ley de lo externo.

Creía que lo externo me causaba dolor, pero en realidad era mi estado interno. Había hecho una interpretación errónea de mis circunstancias externas: creía que, si era obeso, o tenía granos, o era feo, era una persona horrible y nadie podría quererme. Eso nunca es así. Nuestras circunstancias externas nunca determinan nuestro valor interno.

Si intentas conseguir valor interno a través de circunstancias externas, es probable que nunca lo consigas.

Por otro lado, si te concentras en escuchar a tu conciencia, que sabe inherentemente que eres valioso independientemente de las circunstancias externas, casi siempre obtienes el estado interno de amor y autoestima *y* las circunstancias externas que deseas.

Si durante toda tu vida has estado operando principalmente por la ley de lo externo, esto te puede parecer una tontería. ¿Cómo podemos obtener las circunstancias externas que queremos si no nos centramos en ellas? ¿Cómo *no* vamos a darles prioridad a los objetivos externos como encontrar un lugar para vivir, una pareja, un trabajo? Hacer lo contrario parece llevarnos directamente hacia la pérdida de todo lo importante.

Si elegimos la ley de lo externo en lugar de la ley de lo interno durante la adolescencia (que es cuando suele suceder), significa que creemos que las circunstancias externas nos proporcionarán el estado interno de amor, alegría y paz que deseamos. En otras palabras, esperamos que los resultados externos «compren» nuestra felicidad. Cuando nos graduemos de la universidad, seremos felices. Cuando encontremos una pareja que nos quiera de verdad, seremos felices. Cuando compremos esa televisión de pantalla grande, una casa más amplia, o nos tomemos esas vacaciones a un país tropical, seremos felices. Cuando finalmente ganemos ese álbum de platino o entremos en la lista de *bestsellers* de *The New York Times*, seremos felices.

Pero ¿de verdad será así?

Clint Gresham jugaba con los Seattle Seahawks cuando ganaron la Super Bowl en 2013. Según él, fue un día que nunca olvidaría. Sin embargo, según nos cuenta, a medida que pasaban los días y las semanas, tanto él como sus compañeros esperaban que esa victoria se afianzara en su interior. En otras palabras, esperaban que ganar la Super Bowl les proporcionara la felicidad permanente que esperaban. Y no fue así.

Su conclusión fue que, naturalmente, aquella victoria fue una experiencia extraordinaria, pero que ni mucho menos lo hizo feliz ni satisfizo su necesidad básica de darle un valor o un significado a su vida o de sentir alegría y amor.

Gresham y los Seahawks regresaron a la Super Bowl en 2014 y perdieron. Según él, perder fue tremendamente doloroso, pero como dice: «La idea de rehuir nuestro dolor es lo que realmente está destruyendo el mundo. Solo podemos crecer con nuestro dolor».[1]

Mi amigo, el doctor William Tiller, prestigioso físico de la Universidad de Stanford, afirma que en la física, lo invisible es siempre el padre de lo visible, y nunca al revés. Lo mismo podría decirse de nuestras vidas. Ninguna circunstancia visible y externa puede proporcionarte la felicidad interna a largo plazo. Solo el estado interno de amor puede hacerlo. Lo interno es siempre el padre de lo externo, y nunca al revés.

LAS EXPECTATIVAS DESTRUYEN LA FELICIDAD

Examinemos más profundamente lo que sucede cuando elegimos la ley de lo externo, y específicamente las expectativas.

Tu córtex prefrontal tiene una función llamada *simulador de experiencias*. Te permite visualizar una acción, imaginar cómo es probable que resulte y luego decidir si la llevas a cabo o no. Para «probar algo antes de comprarlo», por así decirlo. Esa imagen se convierte en tu *expectativa* de lo que sucederá.

Quizá no seamos conscientes de crear esa expectativa futura. Lo hacemos de una manera tan espontánea que sucede sin que nos demos cuenta, o bien lo hacemos de forma inconsciente. Antes de hacer cualquier cosa, incluso cepillarse los dientes, la mente crea una imagen de lo que espera que suceda.

Sin embargo, las últimas investigaciones nos dicen que nuestro simulador de experiencias nos miente con mucha frecuencia. Por ejemplo, la investigación del doctor Daniel Gilbert, profesor de la Universidad de Harvard, ha demostrado que los seres humanos somos muy torpes para predecir con precisión cómo nos sentiremos y qué ocurrirá en relación con algo del futuro.

En un estudio en la Universidad de Harvard, Gilbert y su equipo preguntaron a los estudiantes participantes sobre sus expectativas en ciertos escenarios imaginarios. Por ejemplo, si compraras una obra de arte hoy, ¿lo harías por el placer que eso te proporciona en el momento o porque podría valer el doble en diez años? Si fueras a una cita, ¿estarías pensando en pasar un buen rato en el momento o en qué pasaría después de la cita?

No solo descubrieron que era probable que los participantes tuvieran expectativas sobre lo que sucedería en el futuro, sino también que esas expectativas destruían su felicidad en el *presente*. ¿Por qué? Porque las expectativas se centran en el futuro, no en el presente, y la felicidad solo se puede experimentar en el presente.

Por eso Gilbert llama a las expectativas un «asesino de la felicidad».[2] Si lees toda su investigación, las expectativas matan mucho más que la felicidad. Matan también la salud, el éxito, las relaciones y prácticamente todo lo demás, porque las expectativas hacen que tu cuerpo se inunde de las sustancias químicas que provocan la reacción de estrés de vida o muerte cada vez que algo no sale como esperas.

¿Cómo se produce esto? Si sigues la ley de lo externo y crees que tu autoestima interna, identidad, seguridad o felicidad dependen de un resultado externo específico, creas una expectativa de ese resultado. En el instante en que tu realidad no coincide con esa expectativa, tu hipotálamo activa la alarma de fuego del estrés. Y normalmente todo el proceso está condenado desde el principio, porque las suposiciones originales son erróneas. Así que, en realidad, el resultado final es que todo lo que hagas para tratar de mejorar tu vida la empeora una y otra vez.

Deja que te lo explique con un ejemplo cotidiano. Imagina que decidiste ir al supermercado a comprar tu marca favorita de *pizza* congelada para la cena. ¡Ya casi la estás paladeando! La tienda está a solo cinco minutos de distancia. Te diriges a tu coche, pero este no arranca.

¿Cómo te sentirías? ¿Tranquilo, relajado y lleno de autodominio, o frustrado?

La mayoría de la gente experimentaría alguna emoción dentro del rango de la rabia, desde la irritación hasta quedarse totalmente lívido. Eso es una señal de que tu corazón ha decidido tomarse esto como un asunto de vida o muerte, ha puesto en marcha la alarma de incendios y ha enviado al equipo de respuesta inmediata del miedo.

Digamos que arrancas el coche y en el camino te encuentras con un atasco de tráfico. Tu corazón activa la alarma de incendios otra vez.

De repente, comienza un tremendo aguacero. Y piensas: «¡Maldita sea!». ¡Alarma de incendio!

Aparcas el coche, y mientras caminas por el aparcamiento hacia la tienda, pisas un bache profundo lleno de agua. ¡Alarma de incendio!

Cuando llegas a la sección de congelados, descubres que se les acabó tu marca favorita de *pizza*. ¡Alarma de incendio!

Eliges otra marca y, aunque solo llevas un artículo, de doce cajas hay únicamente dos abiertas, y en cada fila hay una docena de personas. ¡Alarma de incendio!

Al regresar a casa vuelves a encontrarte con un atasco. ¡Alarma de incendio!

Por fin, llegas a casa y cocinas la *pizza*. ¡Ni siquiera sabe bien! Alarma de incendio otra vez.

Esa experiencia podría haberte amargado toda la noche, si fueras como yo era antes. O si fueras como Hope, mi esposa, solía ser, ¡podría llevarte tres días recuperarte!

Tus reacciones negativas a todas estas circunstancias externas significan que tu simulador de experiencias estaba imaginando y esperando lo contrario. Cuando imaginaste «ir al supermercado a comprar una *pizza* congelada», tu simulador de experiencias se imaginó el coche circulando sin atascos, sin lluvia, sin baches, la tienda con un amplio suministro de tu marca de *pizza* favorita, una caja rápida, un camino a casa despejado y una *pizza* deliciosa perfectamente cocinada.

Las reacciones negativas vienen cuando las expectativas no se corresponden con la realidad. Y cuando el simulador de experiencias es demasiado rígido y no deja espacio para la variación, activa el sistema de respuesta al miedo para cosas que son solo otra forma de alcanzar la meta final. El problema no es la lluvia, el tráfico, la gente haciendo cola ni el cambio en el menú de la cena; el problema es que el simulador de experiencias respondió a pequeños cambios en la programación bloqueándose.

Esto es lo que hace tu simulador de experiencias, no solo en lo referente a tus compras en el supermercado, sino también a tu situación laboral, el comportamiento de tus hijos, tu relación de pareja y prácticamente todo lo demás que forma parte de tu vida.

Y si crees que tu estado interno de amor, alegría y paz depende de conseguir esas circunstancias externas específicas que te imaginas, nunca serás feliz a menos que las consigas. De hecho, aunque consigas lo que deseas, a largo plazo no serás feliz, ya que esa felicidad no durará.

Bajo la ley de lo externo, continuamente creamos este tipo de experiencias para nosotros mismos. Y entonces nos preguntamos: «¿Por qué no estoy en paz nunca?».

Sin embargo, además de robarte la paz interna, la ley de lo externo también puede privarte de esos resultados externos que anhelas.

A los veintitantos años, acababan de contratarme para un nuevo trabajo, y me tocó una supervisora muy impulsiva y tremendamente perfeccionista. Esto no se lo contaba a nadie, pero tenía claro que la supervisora trataba de compensar su baja autoestima actuando como si tuviera una autoestima muy alta. Por eso le daba tantísima importancia a que todos supieran que era la mejor y mencionaba constantemente sus logros, grandes o pequeños.

Resultó que yo no le gustaba porque era incapaz de controlarme. Mi trabajo consistía en trabajar con adolescentes y sus padres, y ella quería que usara traje y corbata y me sentara en la oficina de ocho a cinco los días laborables. Yo sabía que si seguía sus instrucciones, no podría hacer mi trabajo eficazmente, así que no lo hacía. Le conté a su jefe lo que estaba pasando, y él me dijo que no tenía que hacer lo que la supervisora me exigía. A partir de ese momento, ella quería que me fuera. Con el tiempo comenzó a contar mentiras sobre mí a mi jefe, hasta conseguir que finalmente me despidieran.

Después de que me fuera, la verdad salió a la luz y la despidieron; no solo eso, sino que la humillaron, porque se descubrió que durante años había mentido sobre muchas otras cosas.

La ley de lo externo no es una forma de vida sostenible. Llega un momento en que trae problemas, ya sea porque no sigue proporcionándonos lo que queremos o porque pone en peligro los mismos medios que estabas usando para acumular bienes materiales.

CON LA LEY DE LO INTERNO PUEDES CONSEGUIR TODO LO QUE DESEES, TANTO INTERNO COMO EXTERNO

En cambio, seguir la ley de lo interno es la única forma de encontrar la satisfacción, tanto interna como externa.

Una vez tuve un cliente que voló desde Los Ángeles para verme por una recomendación. Era una celebridad en la industria de la música, un multimillonario, una personalidad tipo A, y el individuo más insano que he conocido jamás. Su estilo de vida consistía en tomar drogas y alcohol, cometer infidelidades matrimoniales y estar constantemente paranoico sobre la pérdida del flujo constante de millones de dólares provenientes de negocios financieros turbios.

Su médico le acababa de comunicar que probablemente moriría en diez años de una enfermedad crónica. Estaba aturdido. Creía que su vida era el mapa de ruta absoluto para la felicidad.

No veía nada malo en su comportamiento. «¿Alguna vez has probado la cocaína? –me preguntó–. ¡Qué subidón!». ¿Por qué no iba a tener relaciones con jóvenes hermosas, aunque estuviera casado? «Cualquiera lo haría si pudiera», se jactaba. Era dueño de varios barcos, docenas de joyas de oro y un Ferrari de doscientos cincuenta mil dólares.

Descubrí que su estilo de vida era premeditado: mi cliente había crecido en un barrio pobre, a su familia a menudo le faltaba el dinero, y él decidió que pasara lo que pasara, lo tendría todo en la vida. Le costaba creer que podía ser tan infeliz y tener esos problemas de salud, ya que, desde su perspectiva, lo tenía realmente todo para estar bien. Por eso había venido a verme.

Ahora me llegaba a mí el turno de sorprenderme. Lo primero que le dije fue: «Hay un noventa y nueve por ciento de probabilidades de que cuando te diga esto, salgas corriendo de mi consulta como si te ardiera el pelo».

Entonces le hablé de la ley de lo interno y lo externo, la importancia de priorizar las relaciones por encima de los resultados, la ingeniería de la memoria en la forma en que existía en ese momento y el trabajo con la energía.

Aunque no llegó a salir corriendo, su lenguaje corporal me dijo que quería hacerlo. En lugar de eso, me pagó, me dio las gracias y se fue.

Creí que nunca lo volvería a ver. A los seis meses, volvió.

«He estado intentando cualquier cosa para evitar tener que volver y hacer lo que usted sugirió –me dijo–. Va en contra de todo lo que me prometí. Pero creo que tal vez tiene razón».

Trabajamos en la ingeniería de sus recuerdos y en la práctica de la ley de lo interno en lugar de la ley de lo externo. Le resultó muy duro, pero no se rindió.

Un año después, cuando vino a verme por última vez, seguía siendo rico y famoso. Sin embargo, por lo demás, era una persona diferente. Su pelo y su ropa ya no eran tan llamativos como antes. Había dejado las drogas y el alcohol. Empezó a tratar a sus trabajadores con más amabilidad y les aumentó el sueldo. En lugar de enojarse fácilmente con los más cercanos a él, se volvió amable. Estaba muchísimo más feliz y saludable.

Al final de nuestra sesión, me dio las gracias. «Jamás en mi vida se me habría ocurrido que sería más feliz de esta manera –dijo–. Pero lo soy».

Sin embargo, los más agradecidos eran su esposa, sus amas de llaves, sus jardineros y sus contables. Vieron la diferencia más claramente y se beneficiaron enormemente también.

Este es un ejemplo extremo. Mi especialidad eran las relaciones, así que también veía a muchas parejas que estaban a punto de divorciarse, y solía decir que si podía convencer a uno de ellos, los convencería a los dos. Incluso cuando solo cambia una persona, toda la relación puede cambiar para mejor muy rápidamente, de forma muy parecida a como al mover una pieza de uno de esos móviles hechos a base de figuras que se colocan sobre la cuna de un bebé cambia la ubicación de todas las demás piezas.

Hace poco tuve un cliente que llevaba treinta años casado. Su matrimonio había ido de maravilla durante los primeros seis meses, luego fue bien durante unos veinte años, y al final en los últimos diez años eran más bien como compañeros de piso. Mi cliente también me dijo que jamás le diría esto a su esposa, pero si pudiera dar marcha atrás, nunca habría elegido casarse con ella.

Me enteré de que su padre murió relativamente joven, a los cuarenta y cinco años, y su madre nunca se recuperó del todo. Él era el mayor y por lo tanto se convirtió en un padre para sus hermanos. Su madre desarrolló una mala reputación en el pueblo, y muchos niños en la escuela se mofaban de él por su madre. Hizo un voto de vida: «Voy a tener una familia respetable». Por eso, después de casarse, se volvió muy controlador con su esposa; quería saber lo que vestía, con quién hablaba, a dónde iba cada día. En realidad, creía que a veces se escapaba, que lo engañaba con alguien o le mentía. Por más que ella lo negara, no la creía, y a veces la seguía en secreto. Lo que esto le dio a entender a su esposa es que no confiaba en ella. Su interpretación fue: «Si no confía en mí, es porque no me quiere, aunque diga que sí».

Le expliqué la diferencia entre la ley de lo externo y la ley de lo interno, y le di las herramientas para que trabajara en sus recuerdos basados en el miedo y fuera capaz de elegir la ley de lo interno. Cuando consiguió sanar sus recuerdos basados en el miedo que lo mantenían atascado en la ley de lo externo, eligió vivir por la ley de lo interno, y comenzó a aplicarla a su mayor problema: su matrimonio. Por primera vez, se dio cuenta de la conexión que existía entre lo que experimentó con su padre y su madre y cómo actuaba en su matrimonio.

Honestamente estaba preocupado de que su esposa lo estuviera engañando, pero cuando rediseñó los recuerdos basados en el miedo que distorsionaban su perspectiva, vio la situación de manera muy diferente. Lo más importante es que fue capaz de empatizar con su esposa. Si tienes mucho dolor interno, es muy difícil sentir empatía.

Una vez que vio la situación desde la perspectiva de ella, su enfoque pasó de tratar de controlar lo externo para beneficiarse a sencillamente mostrarle amor. Antes, nunca se había esforzado mucho en mostrarle amor aparte de decirle que la amaba y trabajar para ayudar a mantener el hogar. Ahora, con frecuencia la tomaba de la mano o le acariciaba suavemente el brazo. Lo que de verdad supuso un cambio para su esposa –empezó a llorar cuando me dijo esto– fue su tono de voz. «Ahora, cuando me habla, tiene un tono de voz que no oía desde que empezamos a salir –dijo–. Un tono amable que me dice que le interesan mis opiniones».

Sabemos que la mayor parte de la comunicación es no verbal. Por ejemplo, los detectives del FBI están entrenados para leer las microexpresiones. Antes, el lenguaje corporal de mi cliente, su tono y sus microexpresiones decían: «Me quiero, haz esto por mí». Ahora, según su esposa, decían: «Te quiero y te valoro». Punto. No estaba tratando de cambiar su comunicación no verbal, por supuesto... Aquella era la evidencia del cambio interno.

Hicieron una ceremonia de compromiso, y él se disculpó por todos esos años de sospechar de ella y le dijo: «No se trataba de ti. Era yo». Lograron reconstruir su confianza.

Ahora le dice a todo el mundo que sabe que hay otra forma de vivir, y que vivir según la ley de lo interno es lo más importante de su vida. Me dijo: «¿Sabes?, cuando lo pienso, en realidad no es más que sentido común. En lugar de hacer las cosas de manera que evitáramos discutir o que ella me tratara de cierta manera, hago las cosas por ella al cien por cien, solo porque la amo. Lo que hago no tiene nada que ver con el equilibrio o con cómo me tratará o pensará en mí. Tenemos una relación ahora que es incluso mejor que nuestros primeros seis meses de matrimonio, y nunca le pedí que cambiara nada. Pero lo que yo cambié lo cambió todo».

El hecho de que tendemos a ver en los demás los problemas negativos que tenemos dentro de nosotros mismos es un axioma psicológico común. Lo que odias de otra persona puede ser solo un reflejo de la toxicidad de tu propio corazón. Cuando tu toxicidad interna se cura, cambia la forma en que ves la situación. Lo que solía ser algo por lo que no estabas dispuesto a pasar se convierte en algo que quieres. Si tu corazón es muy tóxico, podrías encontrar algo que odiar en la mismísima Madre Teresa. Ten cuidado con cómo juzgas a los demás y cómo actúas, hasta que estés seguro de que tu propio corazón está curado.

Otra clienta, una mujer de treinta y cinco años, también tenía un problema de confianza. Se había divorciado recientemente de su marido, y estaba totalmente destrozada. Parecía ser una de esas personas dulces, inocentes y amables que te hacen preguntarte cómo alguien podría dejarla.

Cuando le pedí que me hablara de su educación, me enteré de que le inculcaron que solo había dos tipos de personas: buenas o malas, y que tenías que ser bueno o irías al infierno y tu vida se desmoronaría. Una larga lista de normas determinaba si era una buena o una mala chica, lo que tenía que ver con su forma de vestir, sus creencias religiosas, cuánto maquillaje podía ponerse, lo que le estaba permitido hacer con los chicos, etc.

Conoció a un hombre y se casó. A partir de ahí su mayor prioridad pasó a ser complacer a su marido y ser una buena madre, para poder ser una buena chica. Pese a lo mucho que hacía por los demás, en realidad lo hacía por ella, esas acciones potenciaban su autoestima y reafirmaban su identidad. Al final, terminó frustrándose: naturalmente no podía hacerlo todo bien, pero en cuanto hacía algo malo o su esposo se irritaba con ella, se sentía como una mala chica.

A los pocos años de casados, su marido tuvo una aventura, y eso la destrozó. Experimentaba ansiedad y depresión y no quería tener nada que ver con otros hombres. Después de lo que le pasó, sintió que nunca más podría confiar en otro hombre.

Le expliqué la ley de lo interno y de lo externo. La ciencia y la teoría tenían sentido para ella, pero recuerdo, como si fuera ayer, que cuando le dije que eligiera la ley de lo interno empezó a llorar. Entonces, le pregunté:

–¿Es que no quieres volver a amar nunca más en tu vida?

–Sí, eso es precisamente lo que más quiero en este mundo –dijo–, ¡pero no puedo confiar en nadie!

–¿Por qué no?

–Porque podrían hacerme daño.

En otras palabras, porque no podía controlarlos.

Para ella, lo más difícil de vivir según la ley de lo interno era renunciar al control. Era como si le hubiera pedido que agarrara unos alicates y se arrancara los dientes.

Fue un proceso largo y difícil. Tuvimos que hacer gran cantidad de ingeniería de memoria y de trabajo energético para sanar toda la negatividad que se había acumulado en su corazón desde la infancia y el sentimiento de que necesitaba controlar cada aspecto de su vida para tener algo de autoestima. También descubrimos mucha rabia y enojo.

Luego, al cabo de unos tres meses, consiguió renunciar al control y escoger la ley de lo interno. A partir de ahí fueron tres meses más de ir y venir entre la ley de lo externo y la ley de lo interno, de intentarlo, recaer y volver a intentarlo.

Finalmente, después de unos seis u ocho meses, sus recuerdos se curaron, y consiguió hacer el cambio por completo. Se convirtió en la chica dulce y amable, por dentro y por fuera, que supe que era cuando entró en mi consulta por primera vez.

La vi hace unos meses, unos años después de haber trabajado juntos. Ahora tenía una relación con un chico agradable y cariñoso, y estaba radiante.

Me dio un abrazo y me dijo: «Esto es lo único que he encontrado que es un milagro garantizado para todo aquello a lo que lo aplico. Incluso mis circunstancias externas han empezado a mejorar como nunca lo habían hecho, por más que me esforzara antes en conseguirlo. La única diferencia es que ahora mcjoran sin que yo intente hacer nada».

Ese es el resultado típico de la ley de lo interno.

Espero que entiendas que la clave de todas estas situaciones no era cambiar las circunstancias externas. No digo que no sea necesario o que no debas cambiarlas. Si los clientes estaban en situaciones de abuso, les decía que salieran de ahí, y normalmente lo hacían. Tan solo digo que la mayoría hace las cosas al revés: si intentas cambiar tus circunstancias externas primero, puede que te enfrentes contra ti mismo, porque probablemente no serás capaz de hacerlo.

Si pudiera resumir en una palabra en qué consiste la ley de lo interno en acción, diría que es *empatía*. Por empatía no me refiero a sentir el dolor de otro porque su dolor te afecta. Me refiero a ser capaz de ponerse en el lugar de alguien cuya experiencia no tiene nada que ver contigo. En vez de seguir la regla de oro –tratar a los demás como quieres que te traten a ti mismo– eres capaz de seguir la regla de platino: tratar a los demás como ellos *quieren* que los traten.

EJERCICIO

¿Qué ley sigues, la ley de lo externo o la ley de lo interno?
He descubierto que a muchos les cuesta saber en cuál de ellas viven, porque casi todo el que vive bajo la ley de lo externo ha hecho también todo lo posible por incorporar el amor a ese sistema. Recuerda los resultados de la ley de lo externo. Si te empeñas en elegir el amor mientras estás bajo esta ley, terminarás viviendo en un estrés constante y llegará el momento en que te romperás por tu eslabón más débil.
Además, dos personas que vivan según leyes diferentes pueden verse y actuar exactamente igual... hasta que algo falle.
Aquí tienes una forma de saber por qué ley te estás rigiendo: ¿eres capaz de ponerte en el lugar de otro y tratarlo como quiere que lo traten, aunque eso no te beneficie directamente o pueda suponer un inconveniente para ti? En otras palabras, ¿eres capaz de empatizar con alguien aunque lo que le pase no te afecte en absoluto? Si no es así, es probable que vivas de acuerdo con la ley de lo externo.
Si ese es tu caso, ¿recuerdas haber elegido esa ley?
Podría haber ocurrido de un par de maneras: tal vez hubo un momento de tu vida en el que, por dolor, aburrimiento o deseo de placer, violaste tu propio sistema de creencias, y repetir continuamente esa acción prohibida para evitar el dolor o conseguir algún tipo de placer se convirtió en un círculo vicioso.
O tal vez te pasó como a mí, e hiciste una especie de voto al estilo *Lo que el viento se llevó*: «A Dios pongo por testigo de que nunca más pasaré hambre». «No volveré a estar gordo». «Nunca más me lastimará nadie». O en lugar de elegirlo, ¿seguiste usando el programa con el que venías de nacimiento, el que representaban tus familiares y con el que te sentías más o menos cómodo?

Terminemos nuestra explicación del gran fallo de la memoria. Si has elegido la ley de lo externo, como la mayoría de la gente y yo mismo, el trastorno no termina ahí. Vivir bajo esta ley de hecho te coloca en un estado similar a un cierto grado de *shock* fisiológico, en el que no puedes utilizar tus mejores habilidades de decisión. ¡No es de extrañar que te cueste tanto hacer lo que sabes que te conviene! Y ese es el tema del siguiente capítulo.

Capítulo 5

Por qué eres incapaz de hacer lo que te conviene

Después de hacer ese voto de que nadie se burlaría de mi apariencia nunca más, elegí buscar el placer y evitar el dolor, y me comprometí con la ley de lo externo: hice exactamente lo que dije que iba a hacer. Y fue horrible. Como mencioné en el capítulo anterior, durante los siguientes veinte años de mi vida, entrené diariamente hasta llegar a correr de diez a veinte kilómetros, haciendo de quinientas a mil sentadillas y de cien a doscientas flexiones de brazos, día tras día independientemente de cualquier tipo de circunstancia. Controlaba lo que comía. Hice lo que pude para eliminar el acné.

Antes de eso, las chicas guapas no me prestaban ninguna atención. En cambio, tras poner en marcha mi programa, comencé a salir con las animadoras de los equipos y con las reinas del baile de las ceremonias de graduación. Pero la motivación no podía estar más equivocada.

Mi fijación con el peso y la forma física se convirtió en una adicción tremenda, una obsesión, en realidad. Todos los días iba al baño, me subía la camisa y me miraba en el espejo: *«¿Tengo grasa* en alguna parte? ¿Hay algo que sobresalga por el cinturón aunque sea un poco?». Este examen me lo hacía aproximadamente de seis a ocho veces al día. Creo que era prácticamente anoréxico.

Si tenía un día muy ajetreado y parecía que no iba a poder correr esa noche, bueno, casi me entraba el pánico. «¡Me voy a poner gordo!», me repetía una y otra vez. Bien, está claro que no iba a ponerme gordo por perder un día, ¡sobre todo después de haber corrido cuarenta y ocho kilómetros en los últimos cuatro días y de controlar todo lo que comía!

Por regla general, al día siguiente me mataba de hambre para tratar de compensarlo, y tal vez corría veinticinco kilómetros en lugar de una media de entre diez y veinte. Sin embargo, me seguía pareciendo poco, lo que no tiene ningún sentido, porque era más que suficiente. Pero si fallaba, aunque fuera un solo día, probablemente me llevaría diez días sentir que lo había compensado.

Sabía que era adicto. Lo odiaba, pero no podía dejar de serlo.

Era adicto a la recompensa de todo ese sacrificio.

También estaba atrapado en un ciclo de inferioridad y superioridad, que siempre viene con la ley de lo externo. Por un lado, me angustiaba volver a ser gordo. De verdad sentía que era una cuestión de vida o muerte, y eso me tenía en un constante estado de ansiedad, adicción o inferioridad. Por otro lado, si me iba bien, tenía una sensación de superioridad. Pero date cuenta de que mi definición de «gordo» era totalmente ridícula: veinte gramos más de lo que pesaba ayer.

Siempre hundido o eufórico. Nunca estaba en paz.

Conozco gente hoy en día que vería esa situación como un éxito. Alcancé mi objetivo. Pero todo el mundo que conozco que lo interpretaría de esta manera se siente fatal en alguna área de su vida, y evalúa su propia vida de acuerdo con factores externos.

Por supuesto, no digo que hacer ejercicio y vigilar lo que comes sea algo malo. Cuando me di cuenta de que quería cambiar mi aspecto, podría haber dicho: «¿Sabes qué? Voy a ponerme en forma. Y creo que seré más feliz, porque es bueno para mí. Tal vez la gente deje de burlarse de mí, pero esa no es la razón principal por la que lo hago. Y si me salto un día, pues me lo salto. No tiene importancia». Podría haber hecho cosas muy parecidas, pero dándole prioridad a cultivar un estado interno de amor, y probablemente así habría obtenido resultados externos aún mejores, y además habría estado en paz.

Pero no lo hice. No fui capaz de hacerlo. Hope te lo resumiría en dos segundos: «Era una obsesión. No era sano. Se lo tomaba demasiado a pecho y lo hacía sin ninguna alegría». Claro que me gustaba salir con chicas bonitas, pero siempre tenía esa ansiedad y adicción subyacentes que me impedían disfrutarlo como podría haberlo hecho.

Más tarde, tuve que hacerme un doble reemplazo de cadera. ¿Adivinas por qué? Me había castigado el cuerpo a muerte, casi literalmente, por ese terror extremo a que se burlaran de mí, a que me insultaran y a que las chicas no quisieran tener nada que ver conmigo, y a lo mucho que todo eso dolía.

Presta atención a por qué deseas lo que deseas y cómo te hace sentir la idea de conseguirlo. Yo conseguí exactamente lo que deseaba, solo que no esperaba las consecuencias que eso acarrearía. Pensé que estaba tomando las mejores decisiones posibles. Lo que ignoraba era que en realidad estaba viviendo en una fantasía, una simulación basada en el miedo creada por falsos recuerdos, y que mi respuesta de supervivencia controlaba todo lo que pensaba, creía, sentía y hacía. No podía conectar con la parte de mí que sabía qué era lo que me convenía de verdad, porque en mi dolor me negaba a escuchar.

Sin embargo, eso fue solo el comienzo. A los veintitantos años, todas las áreas de mi vida comenzaron a desmoronarse, entre ellas mi salud, y parecía que no podía hacer nada para arreglarlo.

Hope y yo nos conocimos en la universidad, empezamos a salir justo después de graduarnos y nos casamos un año más tarde.

Estar casado es una de las experiencias más difíciles que he vivido. Un consejero prematrimonial increíblemente sabio que conozco me contó una vez que a todos sus clientes les dice lo siguiente acerca del matrimonio: «Dios escoge a la persona perfecta del mundo para hacerte polvo».

Me contó que cada vez que decía eso, exclamaban divertidos: «¡Ja, ja, esa sí que es buena!». Y él les decía: «No estoy bromeando. Voy totalmente en serio». Entonces le decían algo como: «Sí, claro, por supuesto que lo sé. El matrimonio es muy duro. Todo el mundo lo sabe».

Luego se iban, y él se quedaba pensando: «No tienen ni la más remota idea».

Me dijo que era muy predecible. Que normalmente, al cabo de unos seis meses, la esposa lo llamaba o iba a verlo y le decía: «¿Cómo lo supo?». Ahora, medio año más tarde, ella tenía la impresión de que su marido la estaba haciendo polvo. Y él pensaba lo mismo de su esposa.

La doctora Gale Napier, brillante terapeuta con la que hice una de mis prácticas doctorales, dijo que cuando dos personas se casan, cada una empuja su carrito de la compra lleno de basura invisible por el pasillo. Nadie lo ve ni lo huele ni nada. Es completamente invisible. Luego, al cabo de unos seis meses, empieza a hacerse visible. Empieza a apestar y a gotear. Tu pareja dice: «¿Qué diablos es eso? No tenía ni idea de que traías esto encima». Y tú piensas: «¿Cómo vamos a lidiar con esta carga? No esperaba nada así».

Eso fue exactamente lo que nos pasó. Una gran parte del problema fue la depresión de Hope. La parte restante es que yo era tonto.

Cuando era niño, creo que mi madre, probablemente debido a mi sensibilidad y a mis problemas de aprendizaje, sentía un poco de lástima por mí... especialmente cuando llegué al instituto y los niños se burlaban de mí, porque mis dos hermanos mayores eran muy populares y guapos. Ella empezó a trabajar de cocinera. Nunca he sabido cuadrar el saldo de un talonario. Yo giraba cheques sin fondos; ella se encargaba de arreglarlo. Se encargaba absolutamente de todo. Puedes imaginar cómo era yo cuando me casé con Hope.

Por ponerte un ejemplo: siempre me gustaron los deportes; jugaba a muchos, los veía siempre y era un gran aficionado a todos. A Hope la educaron a la inversa, le inculcaron que los deportes eran una estupidez e incluso que no eran buenos, ya que siempre hay un perdedor. Ni le gustaban los deportes ni los practicaba.

Al poco de casarnos, pasaba las tardes como lo había hecho siempre. Me preparaba un té dulce y agarraba una bolsa de patatas fritas, subía las escaleras y ponía el partido de fútbol americano. Mientras yo lo estaba viendo, Hope trabajaba como una esclava en la cocina durante dos horas preparando una maravillosa y elaborada cena de domingo. Así es como nos criamos y aquello era también algo habitual en la zona en la que crecimos. Cuando el ajetreo de las ollas y sartenes era muy fuerte, le gritaba: «Oye, cariño, ¿podrías hacer menos ruido? Estoy tratando de ver el partido».

Cuando llegaba la hora de la cena, comía en siete minutos, tomaba más té dulce y patatas fritas, y me volvía a ver el partido. Terminaba la cena ella sola y luego comenzaba la hora de la limpieza. Normalmente le pedía en una o dos ocasiones más que procurara no hacer ruido.

Al terminar con la cocina, empezaba a pasar la aspiradora. Eso me molestaba mucho porque el ruido de la aspiradora no me dejaba oír, y recuerdo con claridad cómo le decía: «Cariño, ¿puedes hacer eso en otro lugar o en otro momento, por favor? Estoy tratando de ver el partido».

Ahora, cuando lo recuerdo, lo veo como si se tratara de otra persona. ¿Cómo podía ser tan imbécil? Tomarme las cosas así y actuar de esa manera es tan ridículo..., si tan solo hubiera pensado durante treinta segundos: «¿Qué sentiría yo en esta situación si fuera Hope?». Me habría enfurecido. Pero eso jamás se me ocurrió; como me había criado así, pensaba que aquello era lo normal.

Poco a poco, el hecho de que ella estuviera deprimida y yo fuera tan tonto iba añadiéndole cada vez más presión a todo. En el transcurso de dos años lo que al principio no eran más que cosas insignificantes se convirtieron en problemas importantes. Uno de ellos fue que mi madre se estaba muriendo de cáncer de hígado. Otro que metí a mi familia en un enorme agujero financiero, porque si quería algo, lo compraba sin dudar, y estaba acostumbrado a que mis padres se ocuparan de ello si me metía en problemas.

Cuando tenía unos veinte años, me hacía constantemente preguntas como:

- «¿Cómo podría sentirme mejor y tener más energía?». (Estaba agotado todo el tiempo y sufría mucho de reflujo ácido y de migrañas).
- «¿Cómo puedo ganar más dinero?». (Estaba a punto de arruinarme).
- «¿Cómo puedo conseguir que mi esposa sea más cariñosa?». (No quería tener relaciones sexuales lo suficientemente a menudo para mí y me parecía que pasaba mucho tiempo irritada conmigo).
- «¿Cómo puedo labrarme una gran carrera y no limitarme a aguantar un trabajo que no me gusta durante treinta años?».

Pero cuanto más buscaba las respuestas, más empeoraba todo. Me sentía cada vez más estresado, cada vez peor física y emocionalmente, y cada vez más distante de Hope. Gasté el dinero que no teníamos en seminarios, programas y libros, pero siempre terminaba igual: no era capaz de hacer lo que me pedían, o lo hacía pero no veía los resultados prometidos.

Al principio, me enfoqué en lo que se enfoca la mayoría de la gente: «Yo soy el problema. Parece que todos los demás logran tener éxito en todas estas áreas. Pero yo no puedo, así que debo de tener algo malo». Ya lo sospechaba por los problemas con los que había tropezado de niño: no estar a la altura de mis hermanos, suspender en casi todos los cursos hasta la universidad y que se burlaran de mí en el patio de la escuela por ser bajo y gordo. Y solía meterme en problemas.

Cuando llevábamos casados unos dos años, los dos sentíamos mucho dolor. Mi madre acababa de morir y la depresión de Hope estaba en su peor momento. Fue entonces cuando Hope me dijo que quería el divorcio y me pidió que me fuera. Yo no quería divorciarme, pero también era infeliz en el matrimonio. Había tocado fondo.

Había perdido la salud, el dinero, la paz mental, y ahora mi matrimonio.

¿Por qué no podía hacer lo que era mejor para mí y para mis seres queridos?

LA QUÍMICA DEL BIEN Y EL MAL

Hay por lo menos dos razones por las que bajo la ley de lo externo es prácticamente imposible hacer lo que más nos conviene en nuestras vidas, ya sea en lo referente a citas, matrimonio, crianza de los hijos, salud, adicciones, carrera, finanzas o solucionar nuestro mayor problema. La primera tiene que ver con la química del bien y el mal.

Dependiendo de su significado, nuestros recuerdos desencadenan uno de los cuatro estados químicos:

1. **Miedo.** Si haces algo que tus recuerdos te dicen que es peligroso o incluso si simplemente te imaginas haciéndolo, tu cerebro le indica al hipotálamo que libere cortisol, adrenalina y dopamina: es hora de correr, pelear o esconderse; y eso lleva a toda esa lista de resultados negativos a los que me he referido en los últimos capítulos.
2. **Neutro.** Si haces o imaginas algo que no desencadena un recuerdo de peligro, pero que tampoco desencadena necesariamente un recuerdo de amor, tu cerebro le indica al

hipotálamo que puede soltar las riendas, y podemos utilizar razonablemente nuestra mente consciente y nuestra conciencia. La conciencia, nuestra brújula de amor, se activa automáticamente cuando nuestra reacción de vida o muerte no está activada. Contiene la ley del amor y la moralidad, que también está programada en el corazón, y nos ayuda a saber cómo elegir el amor en cualquier situación. Así es como nuestro inconsciente puede ayudarnos a hacer lo que necesitamos hacer.

3. **Amor.** Si haces o imaginas algo que desencadena un recuerdo basado en el amor y no en el miedo, tu cerebro le indica al hipotálamo que se relaje y libere sustancias químicas que conducen al amor, la alegría, la paz, la sensación de poder, etc., lo cual nos lleva a esa lista de resultados positivos a los que me he estado refiriendo.

Ahora bien, hay una cuarta situación que surge cuando te enfrentas a la decisión de hacer algo que sabes que no debes hacer, pero que tienes muchas ganas de hacer, ya sea comerte un helado o una onza de chocolate, tomar ese segundo o tercer trago, ver media docena de episodios de una serie de televisión, coquetear cuando estás casado o robar bolígrafos en el trabajo.

4. **Oleada.** Si haces o te imaginas haciendo algo placentero durante un largo período de tiempo que *crees que está mal*, tu cerebro le dice a tu hipotálamo que libere *todas* las sustancias químicas del amor y el miedo:

- Dopamina.
- Norepinefrina.
- Oxitocina.
- Serotonina.
- Endorfinas.

Esta oleada de sustancias químicas equivale a una sobredosis de drogas, en la que se pierde el control de las acciones. Es absolutamente abrumadora y a menudo conduce a la adicción.

Los investigadores descubrieron este fenómeno al estudiar la pornografía en Internet. Notaron que cuando los participantes veían la pornografía *y además creían que era algo malo*, experimentaban este tsunami químico. Esto no sucedió con esa fuerza en quienes veían pornografía y *no* creían que fuera malo hacerlo.[1]

Me recuerda un dicho de la Biblia: «Si haces algo creyendo que es malo, para ti lo será».

Para mí, esta es una afirmación asombrosa. Si crees que guardarte un billete de cien dólares que encuentras en la acera está mal y lo haces, tu cuerpo tendrá una reacción química que está en el mismo espectro (aunque obviamente mucho menos acentuada) que si cometieras un asesinato. Lo que la sabiduría antigua decía es cierto, ahora lo sabemos basándonos en la química.

Pero si hacemos algo placentero que creemos que está mal, obtenemos *todas* las sustancias químicas. Eso es lo que crea la adicción. Continuando con el ejemplo del porno en Internet, como resultado de la oleada de químicos liberados, la persona siente energía física y no física, deseo, una forma de realización e incluso algo parecido al amor. Sin embargo, normalmente después del momento de la liberación, los sentimientos y pensamientos cambian casi inmediatamente a la culpa, el arrepentimiento, el desprecio por uno mismo, etc.

Muy a menudo el individuo tendrá que hacer algo más para hacer frente a estos nuevos problemas. La razón que lo llevó a ver porno fue lidiar con un conjunto diferente de problemas: aburrimiento, deseos insatisfechos, liberación del estrés, etc. Luego, cuando el segundo conjunto de problemas disminuye, el primero suele regresar. El resultado es un círculo vicioso que lo mantiene atrapado en un bucle. Ha desarrollado una dependencia de las sustancias químicas que se liberan en su interior. Además, ahora tiene recuerdos de determinadas personas (las que ha estado viendo) que llevan etiquetas de amor (bueno) y de culpa (malo).

¿Qué es lo que sucede? Que, por muy fuerte que seas, terminas abrumado. Una vez que cruzas esta raya, te cuesta dar marcha atrás. Cuando imaginas, durante bastante tiempo, que te atreves a hacer algo que crees que es malo para ti, te conviertes en una marioneta de tus propias sustancias químicas y señales eléctricas. Esto es mucho peor que el miedo. La combinación es tan potente que una vez que llegas a cierto punto, te resulta casi imposible resistirte; a todo el mundo le sucede. En mi opinión, aquí está el origen del acoso sexual y físico, y de todo el odio y la violencia que vemos diariamente. Gente buena que no puede hacer lo que cree que debe y es incapaz de dejar de hacer lo que sabe que no debe hacer. Y como no somos conscientes de esta marea química interna que nos empuja a actuar, tendemos a culpar a nuestras circunstancias externas y a racionalizar nuestras decisiones.

Hace muchos años hice el «Recorrido de Hulk»* en los Universal Studios, y fue ¡increíblemente emocionante! Pero no tenía nada que ver con la tremenda fiebre química que habría tenido si me hubiera imaginado durante un largo período de tiempo que hacía algo que para mí estaba mal. No es solo el porno en Internet, ni mucho menos, sino cualquier cosa que creyera que fuera placentera pero mala. Para mí, podría ser tomarme un refresco Dr Pepper. Para Hope, comer chocolate. Cualquier cosa que esté en tu lista de esos placeres que te hacen sentir culpable. Cuanto más fuertes sean las emociones que te provoca el «pecado», más fuerte será el tsunami químico que se genera.

Este fenómeno suele ocurrir cuando tu cerebro está en el estado de miedo..., cuando estás viviendo bajo la ley de lo externo. Ya estás, de por sí, en un estado inestable y doloroso, así que buscas placer o una distracción, aunque sepas que está mal. Eso no

* N. del T.: Una atracción parecida a una montaña rusa de dimensiones gigantescas.

significa que la gente que vive bajo la ley de lo interno no haga nunca nada excitante o ilícito; es solo que no sienten la misma oleada de estimulación que probablemente haría que el comportamiento se reforzara y fuera mucho más difícil de evitar la próxima vez. Cuando el miedo está bajo control, tu inconsciente prefiere que elijas el mal en lugar de elegir el dolor, porque nuestra programación básica de supervivencia basada en el miedo es buscar el placer y evitar el dolor. Y cuando vives según la ley de lo externo, especialmente si eres algo perfeccionista, piensa en cuántas cosas se consideran «malas» y cuántas veces al día estás activando este tsunami químico.

Según el doctor Daniel Amen, los recuerdos reactivados provocan la misma reacción química que el hecho original, por lo que se experimenta la misma liberación de químicos incluso cuando simplemente se imagina o recuerda haber hecho esa cosa incorrecta pero placentera.

De hecho, antes de hacer algo malo, siempre lo imaginas primero en tu simulador de experiencia en la corteza prefrontal. Lo imaginas como algo positivo (o al menos placentero); de lo contrario, no lo harías. Pero tu simulador de experiencias te miente; como dijo Dan Gilbert, ¡a la mayoría se nos da fatal predecir cómo serán nuestras experiencias! Al mismo tiempo sabes que eso es malo para ti, lo que desencadena la liberación de cortisol. A pesar de todo, lo haces, por la imagen placentera y las sensaciones –producidas por las sustancias químicas– que estás experimentando mientras lo imaginas. La adición de cortisol, dopamina y oxitocina magnifica la experiencia química, y rápidamente llegas a un punto en el que ya no puedes dar marcha atrás.

Así que en esencia estás experimentando lo «malo» y lo «bueno» al mismo tiempo, por eso se crea una reacción tan intensa. Esta sobredosis química puede comenzar a destruir los efectos positivos de la oxitocina, incluso de tus propios recuerdos amorosos, asignándole la etiqueta de «amor» a algo que en realidad es nocivo para ti, con lo cual cambia literalmente tu definición inconsciente de amor. Si durante un acontecimiento se libera adrenalina, este se considera como algo que da miedo. En cambio, si se libera oxitocina, lo consideramos como tierno o bueno.

Aquí hay otro ejemplo. Cuando era niño, la serie de televisión *Dallas* era extraordinariamente popular. Cada semana llegaba un nuevo episodio lleno de mentiras, traiciones, infidelidades, conspiraciones y confabulaciones. Hoy en día hay docenas de series que encajarían en esa categoría. Mi madre era absolutamente adicta a *Dallas*. No podía perderse un episodio. Cada vez que alguien le preguntaba sobre ello, decía: «Sé que no debería verlo, pero tengo que ver, como sea, la siguiente canallada de J. R. y reírme».

Así que cada semana, se retiraba a su dormitorio para ver *Dallas* sola. Cuando éramos niños, se nos prohibía verla, y mi padre era muy estricto y religioso, así que no quería tener nada que ver con la serie. Aunque a los niños nos hacía gracia (a mi padre la verdad es que no), mi madre creía que no debía verlo, y estoy convencido de que experimentaba ese tsunami cada semana, lo que la mantenía en ese ciclo adictivo.

Según la investigación, lo que importa es lo que crees sobre ello. Así que mi consejo es que si decides tomarte medio kilo de helado, ¡disfruta cada cucharada! Algunas de las personas más enfermas que he visto están tan controladas que nunca se permiten un capricho, lo que puede ser como ponerle una tapa a una olla hirviendo. Por supuesto, hay que tratar de mantener un equilibrio general. Pero la cuestión es tratar de vivir haciendo lo que crees que es correcto, y cuando te equivoques, hacer las paces con Dios y con los demás y perdonarte a ti mismo.

Sin embargo, esto es muy difícil si estás en el sistema de la ley de lo externo. No solo tienes una lista extremadamente larga de cosas que son «malas», sino que también vives constantemente en un estado de miedo, lo que significa que estás programado para darle prioridad a la búsqueda del placer y evitar el dolor por encima de tus consideraciones sobre lo que está bien y lo que está mal.

¿Cuántas veces al día haces lo que crees que está mal solo porque es placentero y libera esta sobredosis química en tu sistema? ¿Cómo puedes elegir lo que te conviene, en estas circunstancias? ¡Estás destinado a fracasar una y otra vez!

UN ESTADO DE *SHOCK*

Además de la constante sobredosis química que recibimos al hacer de forma sistemática algo malo que resulta temporalmente placentero, elegir la ley de lo externo también nos impide utilizar las partes de nuestro cerebro que, para empezar, saben lo que nos conviene.

Cuando elegimos la ley de lo externo basada en el miedo, básicamente nos situamos en un estado constante de supervivencia. El cerebro sabe que nuestro inconsciente está mucho mejor equipado que el libre albedrío consciente para ayudarnos a sobrevivir. La diferencia de velocidad entre el inconsciente y el consciente es como la diferencia entre la supercomputadora de hoy y la computadora de primera generación de los años cincuenta. En otras palabras, si la supervivencia es nuestro objetivo, tratar de sobrevivir con nuestro libre albedrío es un suicidio. Nos haremos daño, y tal vez nos maten. La realidad es que si tu capacidad de reacción se limitara al tiempo de respuesta de tu mente consciente, no tendrías tiempo para evitar prácticamente ningún accidente de coche. Afortunadamente, en estas situaciones, tu inconsciente toma el control por la fuerza, se impone a tu mente consciente y pisa el freno antes de que ni siquiera te des cuenta.

Para bien o para mal, nuestra programación no nos permite tratar estas situaciones conscientemente. Esto es genial cuando se trata de un accidente de coche...: te salva la vida. Pero cuando todo en nuestra vida está impulsado por el miedo, el inconsciente se convierte en nuestro mejor conductor. Así que cuando elegimos la ley de lo externo, nuestra mente inconsciente pone la parte de supervivencia en el asiento del conductor y ordena pensamientos, sentimientos, comportamientos y química cerebral basados en el miedo. No podemos acceder fácilmente a la conciencia ni utilizar una gran parte de nuestra mente consciente. En otras palabras, tu inconsciente dice: «Sal del asiento del conductor y ve a sentarte atrás; yo conduzco».

La mejor analogía que se me ocurre es estar en un estado de *shock*. Digamos que Linda sufrió un accidente de coche. Tiene un corte en la cabeza y algunos rasguños en los brazos. Aparte de eso, está ilesa, pero el coche ha quedado destrozado. Está sentada a un lado de la carretera, y el paramédico viene y empieza a hablarle, pero ella no responde en absoluto.

Como el paramédico está entrenado, dice: «¿Linda? ¿Linda? ¿Linda? ¿Te llamas Linda? ¿Vives en Míchigan? ¿Tu marido se llama Tom?». Aplaude delante de sus ojos. Tal vez le dé algunas sales aromáticas. Le dice: «Bien, Linda, estás en *shock*. Estás bien. Vamos a cuidarte».

Bueno, ¿qué pasa ahí? Pues que Linda no está. Su mente de supervivencia inconsciente se ha apoderado de ella, y en este caso, se la ha llevado. La ha escondido en su interior. No porque ella lo haya elegido, sino porque el inconsciente se lo ha ordenado.

Este es un ejemplo extremo de lo que hace constantemente la mente en mí y en ti cada día. Basándose en el dolor que experimentamos y la elección que hemos hecho sobre el sistema de bueno/malo que elegimos y por el que vamos a vivir, el inconsciente toma el control y proyecta en nosotros sus construcciones mentales. Esto puede funcionar a corto plazo, pero muy a menudo es perjudicial a largo plazo. No cuentas con las más altas habilidades de tu conciencia y tu mente consciente, porque tu inconsciente está enfocado en la supervivencia física.

Así que eso es lo que hace el inconsciente cuando terminas en la ley de lo externo, te mantiene vivo, aunque la forma en que lo hace no sea siempre la mejor para ti, y aunque tenga que engañarte para hacerlo.

La cuestión principal es que, en realidad, debido al fallo de la memoria que hemos estado describiendo en los últimos capítulos, casi todo el mundo pasa la mayoría de sus días en un estado de *shock* leve, y su mente inconsciente ha tomado el control parcial de su mente consciente. Ahora, en lugar de ver las cosas como son, sus experiencias se filtran a través de una lente en constante estado de alerta que prefiere que vivas con un exceso de protección a ser excesivamente vulnerable. Y los pensamientos y sentimientos que surgen de ella son siempre negativos.

Peor aún, tu mente de supervivencia te ha engañado para que creas que tienes el control, así que crees que, realmente, estas decisiones las tomas tú y que están totalmente justificadas. Lo cierto es que es como si estuvieras gastando una gran cantidad de energía tratando de racionalizar a todas horas por qué crees que la Tierra es plana, a pesar de lo que dicen.

¿Y qué sucede si, mientras estás en este estado, quieres seguir una nueva dieta y ponerte en forma? ¿QUÉ ESTÁS DICIENDO? ¿Empezar una nueva carrera para hacer lo que te gusta o tener más éxito? ¡JAMÁS! ¿Pasar página y comenzar a darles prioridad a las relaciones sanas para poder experimentar más amor, alegría y paz en tu vida? ¡NI SE TE OCURRA! Solo tienes que rellenar el espacio en blanco con cualquier cambio importante, positivo y duradero que quieras hacer..., y obtendrás una respuesta que dice RESPUESTA INCORRECTA, ¡GRACIAS POR JUGAR! Al menos a largo plazo.

¿Por qué? Porque cada una de esas decisiones requerirá dolor e incomodidad a corto plazo para, a la larga, ganar. Esto sucede en todo crecimiento positivo, pero el cerebro de la supervivencia no es capaz de aceptarlo. En su programación el dolor es igual al peligro, lo que equivale a la muerte. Y el placer es igual al bien y la felicidad. Pero eso es mentira. Llegará un momento en que tu inconsciente decidirá que el dolor temporal asociado con una dieta, o una nueva rutina de ejercicios, o la curva de aprendizaje de un nuevo trabajo te «está matando», y te ordenará que te comas un paquete de galletas, veas horas de telebasura, regreses a ese trabajo sin futuro o vuelvas a vivir para el trabajo. Te dirigirá a algo que a corto plazo es placentero o disminuye el dolor, lo que la mayoría de las veces te lleva a un círculo vicioso (hábito o adicción).

Pero, por favor, presta atención a esto y tenlo claro: *¡no es culpa tuya!* Tu mente inconsciente se ha apoderado de tu toma de decisiones debido al fallo de la memoria en tu cerebro y tu sistema nervioso que se ha ido produciendo a lo largo de miles de años y que los científicos acaban, prácticamente, de descubrir. Naciste con ese trastorno, como el resto de los seres humanos. Y ese fallo de la memoria no hace más que empeorar con cada generación.

¡Lo más irónico de todo es que si viviéramos en un sistema regido por el amor, el hecho de que casi nunca podamos hacer lo que nos conviene apenas nos molestaría! ¡Solo nos molesta porque hemos elegido el sistema de supervivencia!

Aproximadamente el tres por ciento de las personas pueden vivir por su cuenta siguiendo lo que creen que es correcto y mejor. Por cualquier razón, no están llenas de esa «basura» inconsciente que tenemos la mayoría. Si formas parte de ese grupo, te habrás dado cuenta. Tiendes a pensar y actuar de forma positiva, y cuando quieres cambiar algo, no te resulta difícil hacerlo. Te recuperas del dolor rápidamente y es muy probable que (a tu manera) tengas éxito.

En cuanto al resto, hemos perdido la capacidad de hacer sistemáticamente lo que sabemos que es mejor y de perdonarnos cuando no lo hacemos, por más que nos esforcemos en intentarlo.

LA ILUSIÓN DEL LIBRE ALBEDRÍO

Esto es más o menos lo que los investigadores llevan diciendo durante las últimas décadas, pero nadie les ha prestado mucha atención porque no creo que, en realidad, nadie quiera creerlo. Recientemente, *The Atlantic* publicó un artículo sobre las implicaciones de esta investigación, titulado «No existe el libre albedrío».[2] En él se hace una crónica de la investigación que comenzó en el siglo XIX, y especialmente en las últimas décadas, que ha determinado que nuestras acciones no son el resultado de nuestra libre elección consciente, sino de la actividad cerebral subconsciente e inconsciente.

Cuando los investigadores dicen que no tienes libre albedrío para elegir tus pensamientos, sentimientos y acciones, lo que en última instancia están diciendo es que careces de la capacidad de elegir el mejor, más feliz y más exitoso curso de acción para ti mismo y para tus seres queridos. ¡Eres, en esencia, casi como una marioneta de madera que cree que es una persona real! Uno de los investigadores entrevistados en el artículo de *The Atlantic* declaró que aunque la evidencia es inequívoca, sería mejor que nadie la conociera. Si sabes algo sobre la ciencia y los investigadores, sabes lo ridícula que suena esa afirmación. «No informar a nadie sobre mi descubrimiento, el trabajo de mi vida, ¿estás loco?».

¿Por qué querrían ocultarlo? Porque, al menos por lo que saben los investigadores, no hay nada que puedas hacer al respecto, y basándose en estudios posteriores, también saben que si pensaras que no tienes el libre albedrío para cambiar tu vida, disminuiría enormemente tu felicidad y satisfacción, e incluso podría hacer que te rindieras.

Sin embargo, la idea de la ilusión del libre albedrío no es nada nuevo: la publicación de la revista *National Geographic* «Your Brain: A User's Guide» (2012) [Tu cerebro: guía del usuario], lo llama la «ilusión de la intención», y cita investigaciones que muestran que un pico eléctrico en la mente inconsciente pone en marcha acciones antes de que ocurra cualquier actividad en la mente consciente.[3] Otros estudios han identificado el importante papel que el nervio vago –controlado por nuestro inconsciente– tiene en nuestros pensamientos, emociones y comportamientos.[4]

Una vez le pregunté al doctor William Tiller lo que creía que era lo más importante, basándose en sus décadas de investigación y pruebas de laboratorio, y me dijo que «la intención». Quise saber si creía tanto en la intención inconsciente como en la consciente.

Su respuesta fue: «Por supuesto, y normalmente tu intención consciente no funciona hasta que sanas la intención inconsciente que te está limitando».

Hace muchos siglos, los manuscritos de la sabiduría antigua describían el mismo fenómeno en un lenguaje diferente: «No hago el bien que quiero, sino que sigo haciendo el mal que no quiero».[5] Eso lo dijo el apóstol Pablo, una de las figuras religiosas más famosas de la historia. El otro día almorcé con un amigo y me dijo: «¿Por qué sigo haciendo lo que no quiero y no soy capaz de hacer lo que quiero?». La mayoría seguimos haciéndonos esa pregunta hoy en día. En un grado diferente, esto es también lo que el famoso escritor Stephen R. Covey llamó «la tiranía de lo urgente», que es por lo que nos cuesta tanto darle prioridad a lo que sabemos que en última instancia es lo más importante. Todos hemos experimentado el simple hecho de no tener el control total de nuestros pensamientos, sentimientos y acciones. Lleva muchísimo tiempo sucediendo y solo recientemente la ciencia ha logrado explicar cómo sucede.

Así que, si todo esto es cierto, ¿qué sugieren que hagamos los investigadores? Bueno, los que creen que es mejor ocultar la verdad están diciendo básicamente que deberíamos actuar como si tuviéramos una especie de placebo: la creencia en la ilusión de que nuestra mente consciente y nuestra intención consciente están a cargo de nuestras acciones (aunque la ciencia diga lo contrario). ¡Así no nos autodestruiremos del todo mientras vivimos nuestra vida ya de por sí disfuncional y conflictiva! En otras palabras, deberíamos creer y vivir una mentira, porque es lo mejor que podemos hacer. Efectivamente, eso es lo que significa *placebo* en este caso: creer algo que no es verdad. Y eso es exactamente lo que la mayoría de los autores y expertos en desarrollo personal nos dicen que hagamos (sean o no conscientes de ello). Nos dicen que para vivir una vida con sentido y propósito, todo lo que tenemos que hacer es decidir lo que creemos que es más significativo, hacer un plan para vivir de esa manera y luego usar nuestra mente consciente y nuestra fuerza de voluntad para seguir el plan. Nos piden que creamos la mentira de que nuestra mente consciente es más fuerte que nuestro inconsciente y que podemos tomar el control de nuestros pensamientos, sentimientos y acciones. Si recuerdas *Matrix*, es como si nos pidieran que tomáramos otra píldora azul y nos quedáramos en el mundo de la ilusión.

Nuestra otra opción, según los expertos, es reducir en gran medida nuestra definición de libre albedrío, aceptar que nuestro inconsciente dirige nuestras vidas de manera muy similar a otros mamíferos y aprovechar al máximo el limitado libre albedrío que tenemos.[6] Solo hemos de aprovechar al máximo la vida en modo de supervivencia. Por eso algunos expertos han empezado a centrarse en ayudarnos a adaptarnos al estrés o a encontrar sus efectos positivos.[7] Y algunos estudios han descubierto que lo que creemos sobre el estrés –nuestra actitud ante el estrés– puede contrarrestar positivamente algunos de sus efectos negativos.

Esto parece algo maravilloso, pero una vez más, en realidad se sabe desde hace mucho. Estos estudios simplemente están probando aún más el efecto placebo. El efecto placebo, o el poder de creer que algo funcionará (o no), ha sido bien conocido durante décadas. Cuando crees que algo tendrá un efecto positivo en ti, su efecto positivo real aumenta significativamente para alrededor del treinta por ciento de las personas, pero normalmente solo durante poco tiempo. En otras palabras, tiene un efecto positivo limitado durante un tiempo limitado. Lo único que es diferente es la actitud de la ciencia sobre el efecto placebo: ¡algunos científicos están empezando a verlo como algo positivo en lugar de como algo que les avergüenza y que no pueden explicar!

Lo que no ha cambiado es el efecto negativo que el estrés tiene sobre nosotros. Lo que los investigadores llaman los efectos positivos del estrés, que resultan cuando el estrés se ve desde una perspectiva positiva, son simplemente una combinación bioquímica de una creencia positiva (placebo) más la presencia negativa del estrés. Por ejemplo, el estrés puede volverte más productivo, y por lo tanto, hacer que obtengas un aumento y todas las cosas que vienen con más dinero. Esto puede ser cierto durante un corto período de tiempo, pero aún tienes todos los efectos negativos del estrés, como la sobredosis de cortisol y el bajón posterior, el sistema inmunitario deprimido, el sentirse atontado, la reducción de la creatividad, etc. Por si fuera poco, investigaciones recientes han demostrado que el cortisol también se ha relacionado con el encogimiento del cerebro y los problemas de memoria.[8]

Si quieres un alivio del estrés auténtico y duradero, tienes que preguntarte: «¿Por qué iba a conformarme con un efecto positivo limitado durante un tiempo breve?». Las sustancias químicas positivas del amor te ofrecen todos los resultados positivos sin ninguno de los negativos. ¿Por qué no reducir o eliminar el estrés por completo y experimentar una transformación total y a largo plazo, para que tu vida siga mejorando? ¿Por qué no deshacerte de la fuente de estrés para empezar, especialmente si se basa en una mentira interna?

Creo que estos investigadores han hecho un trabajo maravilloso y que están tratando de ayudar a la gente. También creo que su objetivo es sacar lo mejor de la situación porque dan por hecho que no es posible eliminar la fuente de estrés. Pero sí se puede. La diferencia entre una vida de placebo, donde un poco de amor interno y verdad se mezcla con mucho miedo interno y falsedad, y una vida basada en el amor y la verdad es como la diferencia entre una vela y el sol.

Lo que he estado describiendo como el gran fallo de la memoria es la razón por la que muchos expertos dicen que «la gente no cambia». No estoy de acuerdo con esa afirmación, pero somos muy pocos los que pensamos así. Cambiar los patrones negativos a largo plazo ya no tiene por qué ser algo fuera de lo común. En lugar del noventa por ciento de fracaso que hemos tenido en el pasado, creo que podemos tener un noventa por ciento de éxito. Pero antes de mostrarte cómo puedes dominar estos patrones internos destructivos, resumamos lo que hemos visto hasta ahora.

Capítulo 6

Un resumen del gran fallo de la memoria

Hemos cubierto mucho material hasta ahora, y sé que puede ser bastante abrumador. Pero espero que también encuentres algo de alivio en esto. Has nacido para vivir una vida de amor, alegría y paz, y ya tienes en tu interior todo lo que necesitas para crearla. Si siempre has tenido problemas para hacer en cualquier área de tu vida lo que sabes que te conviene, ahora entiendes que es por ese gran fallo de la memoria del que he hablado en esta primera parte.

Creo que, como resultado de este trastorno, cuando tu corazón (que incluye el inconsciente, el subconsciente, el espíritu consciente y el hemisferio derecho del cerebro) interpreta datos a través de la lente de tus recuerdos, los hace pasar por un esquema compuesto por las siguientes tres preguntas. Pero recuerda que no busca la verdad, sino las definiciones internas de la verdad de tus recuerdos, que muy bien pueden ser falsas. Estas son las preguntas:

1. ***¿Estás seguro o en peligro?*** No es solo una cuestión de si estás seguro, es si te *sientes* seguro o no, física o no

físicamente. Si sientes que estás en peligro, lo demás no importa; tu corazón comienza a pulsar ciertos botones para que no puedas utilizar tu córtex prefrontal ni tu conciencia; tu mecanismo de supervivencia toma el control, y te inundan las sustancias químicas del miedo. Fin de la historia.

Si estás a salvo, tu cerebro pasa a la siguiente pregunta.

2. ***¿Qué ley estás siguiendo?*** Si es la ley de lo externo, tus pensamientos, sentimientos y sustancias químicas cerebrales tienen como único propósito mantenerte vivo físicamente y con toda la comodidad posible. Ahora, hacer lo correcto para ti es, personalmente, una cuestión de vida o muerte; presiona el botón para activar un simple estímulo/respuesta, recompensa y castigo. Si haces algo que crees que es correcto, puedes sentir un falso orgullo, o simplemente que evitaste el castigo. Pero en cuanto haces algo que crees que está mal, comienzan a pulsarse una nueva serie de botones: el botón de la culpa, el botón de la vergüenza, el botón de la insignificancia y el botón de la doble vida.

Y a continuación se pasa a la siguiente pregunta.

3. ***¿Quién eres?*** Si tu respuesta anterior fue la ley de lo externo, tu corazón empieza a pulsar los botones de identidad asociados, como «tu valor depende de lo que haces y no haces, de lo que tienes y no tienes». Si vivieras de acuerdo con esta ley, raramente creerías que tienes talento y eres único y que tienes mucho que ofrecer al mundo (o si lo hicieras, esa creencia iría acompañada de arrogancia). Estarías atrapado en el ciclo de superioridad e inferioridad,

juzgándote a ti mismo sobre la base de cómo te comparas con los demás.

Si tu respuesta a la primera pregunta fue que estás a salvo, y a la segunda fue la ley interna, tu corazón pulsa botones que se basan en tu auténtica identidad, como: «¡Eres una gran persona! Tienes talento. Eres valioso. Tienes todo lo que realmente necesitas. Eres único en tu clase». Puedes hacer lo que necesitas hacer en la vida y saborear plenamente tus experiencias. Puedes recuperarte de las vivencias dolorosas. Puedes confiar y creer que las cosas saldrán bien. (Las preguntas uno y dos suelen ir juntas, tanto las positivas como las negativas).

Luego, tras pasar por ese esquema de las tres preguntas, tu corazón comienza a aplicar a tu situación actual la ley que has elegido. Si has elegido la ley de lo externo, tu corazón dice: «Bien, es tu elección», y empieza a mandar miedo y todas las cosas que lo acompañan. Somos libres de elegir la ley que queramos, pero una vez que elegimos, el sistema decide lo que sentimos, al menos hasta que hagamos una elección diferente, si es que lo hacemos. El primer botón que presiona es el del estrés, porque tienes que hacerlo todo perfectamente para estar bien, o porque ya hayas renunciado a hacerlo, porque lo has intentado muchas veces y no puedes (eso es lo que me pasaba a mí). El propósito del estrés es mantenerte físicamente vivo un día más.

Si eliges la ley interna, tu corazón presiona botones totalmente diferentes. Te preguntaría: «Bien, en esta situación, ¿cómo podrías disfrutar haciendo algo, aunque antes te resultara desagradable? ¿Qué es lo correcto ahora mismo? ¿Cómo puedes priorizar las relaciones en esta situación? ¿Cómo puedes hacer lo que sea que estés haciendo desde un estado de amor durante los próximos treinta minutos? ¿Qué puedes hacer para mejorar el mundo y tu propia familia, cómo puedes cambiar para mejorar en la medida de lo posible y ser feliz?».

¡Nada de esto estaría siquiera en la pantalla del radar de tu inconsciente si eligieras el sistema externo! Ahora bien, podría estar en la pantalla del radar de tu *consciente*...; podría ocupar por completo los pensamientos de tu mente consciente. Sin embargo, tu inconsciente estaría esforzándose continuamente en sabotear tus mejores intenciones, que es por lo que te cuesta hacer habitualmente lo que te conviene en las áreas importantes de tu vida y por lo que sigues haciendo lo que sabes que te perjudica.

Tu corazón pasa cada día por esa secuencia de tres pasos en un nanosegundo cada vez que se enfrenta a una nueva experiencia. Casi todo el mundo se queda atascado en la primera pregunta, porque sus recuerdos son muy defectuosos y nunca se sienten completamente seguros. Pero incluso si logras superarla, normalmente la segunda te atrapa, ya que la gran mayoría se rige por la ley equivocada, y por lo general cree que es la única ley que existe.

En términos de nuestro estado interno y nuestra composición química corporal, este fallo de la memoria es similar a lo que sucedería si el cuerpo de bomberos local apareciera en tu casa ¡cada vez que enciendes el fogón! Así que siempre que empezaras a cocinar la cena, los bomberos se presentarían con las sirenas a todo volumen para sacaros a todos de la casa.

Ahora bien, si eso sucediera en tu casa, ¿dejarías de cocinar y evitarías el fogón a toda costa? ¿Comprarías protectores de oídos para ti y tu familia y usarías el fogón todo lo que pudieras aguantar (pero a pesar de tus esfuerzos, acabarías pidiendo más comida para llevar de la que sería recomendable para tu salud)? ¿Meditarías durante horas cada mañana para que el ruido no te molestara tanto? ¡No! Pensarías: «Dios, esa alarma de fuego funciona fatal» y la arreglarías o la reemplazarías. Solo harías algo de lo anterior si creyeras que la alarma de humos no se podía arreglar.

Eso es exactamente lo que está pasando con nuestra respuesta de supervivencia o vida-o-muerte. Claramente funciona mal, pero no hacemos nada para arreglarla. Solo damos por hecho que nos sentimos como nos sentimos porque nuestras alarmas rotas no se pueden arreglar, o que nuestro estrés constante es normal. Únicamente intentamos pasar cada día lo mejor que podemos en lugar de detenernos a pensar si sería posible una mejor manera de vivir.

Hacemos ejercicio como locos, tomamos suplementos y comemos alimentos ultralimpios para ayudar a contrarrestar los efectos negativos que está teniendo en nuestros cuerpos la liberación de cortisol a largo plazo. O nos damos por vencidos. Meditamos durante horas al día para encontrar algún alivio a nuestros pensamientos y sentimientos enloquecidos por el estrés. También podemos elegir beber, tomar drogas o adoptar comportamientos extremos (pero no saludables) que nos proporcionen una ráfaga de placer durante un corto período de tiempo. Y todo para hacer frente a algo que nunca deberíamos aguantar, sino que *hay* que arreglar, ¡como la alarma de incendios o el agua que inunda el suelo!

Hemos perdido la conexión con nuestro sentido y propósito porque nuestras acciones están gobernadas por el instinto de lucha o huida: estamos huyendo del dolor de nuestra alarma de incendios interna que funciona mal, o bien buscamos cualquier placer que pueda permitirnos escapar de ese dolor temporalmente.

Piensa que fuimos creados para vivir de una manera muy distinta: nacimos con una alarma interna de incendios que debía saltar solo durante las verdaderas emergencias. Si hubiéramos crecido viviendo principalmente en el amor, la alegría y la paz, esperando lo que sea que el día nos depare, y luego de la nada la alarma de incendios interna de todos empezara a funcionar mal como sucede ahora, ¡habría un pánico mundial! Lo consideraríamos una de las peores pandemias que han golpeado a la raza humana, porque todos recordaríamos lo que es tener nuestra mente consciente y nuestra conciencia en una buena armonía con el inconsciente y las acciones positivas que fluyen naturalmente de ese estado la mayor parte del tiempo. Pero como este fallo de la memoria se ha ido fraguando gradualmente durante miles de años –como la rana en una olla de agua que se calienta lentamente y que nunca se da cuenta de que está siendo hervida hasta la muerte– todos pensamos que es normal, porque todos los que nos rodean están viviendo así, también. Sin embargo, la tragedia de lo bajo que hemos caído es la misma.

Solo al final de nuestras vidas miraremos hacia atrás y pensaremos: «¿Cómo terminé aquí? Si tan solo pudiera tener otra oportunidad en mi vida...».

Hay otro camino.

En el capítulo uno mencioné que el hemisferio izquierdo del cerebro tiene una función muy importante. Esta es: la función más importante de tu hemisferio izquierdo es permitirte en cualquier momento elegir comprometerte con la ley de lo interno.

Esta es la elección más importante. Si consigues tomarla, lo consigues todo.

Independientemente de cómo hayas vivido hasta este momento, hoy mismo sigues teniendo la opción entre priorizar lo que te beneficia y lo que te da placer en el momento, o comprometerte completamente con el amor, sin importar el dolor, el placer o los resultados finales. ¿Qué significa esa elección? Significa que «incluso si no obtengo placer y obtengo aún más dolor, me comprometo a amar en el momento presente lo mejor que pueda, pase lo que pase. Estoy totalmente decidido, sin ninguna reserva, sin plan B, ni red de seguridad, para siempre, tanto si consigo lo que quiero como si no».

Antes de que un cohete despegue, hay dispositivos de seguridad que lo bloquean para impedir que despegue accidentalmente antes de que todo esté listo. Una vez que comienza la cuenta atrás, y el control de la misión llega a cero, se liberan esos dispositivos y el cohete despega, tal como fue diseñado para hacer.

Tu vida es como ese cohete, y los dispositivos de seguridad de tu corazón mantienen tu vida bloqueada. Tienen que bloquearte hasta que tu mente consciente se desarrolle lo suficiente como para poder elegir realmente entre la ley de lo interno y la ley de lo externo. Mientras el cohete esté en tierra, no morirás; en cambio, podrás morir en cuanto salga lanzado por los aires a miles de kilómetros por hora; por eso tu corazón prefiere mantener el cohete en tierra a menos que confíe en que haya un buen plan de vuelo, que es cuando puedes despegar y volar.

Para comprometerme con la ley interna, tengo que renunciar a obtener un determinado resultado en mi vida. ¿Qué resultado? Cualquiera de ellos. ¿Me querrán o me despreciarán? ¿Seré rico o pobre? ¿Popular o impopular? ¿Tendré buena salud o dolores crónicos? ¿Le gustaré a la gente o no? ¿Deberé trabajar mucho o lo tendré fácil? He de dejar de tratar de controlar los resultados. Eso ya no me corresponde. El que está a cargo de todo ahora es el amor, y el amor es un millón de veces más poderoso que yo. Mis clientes que tomaron esta decisión me han dicho infinidad de cosas: «¡Ya no tengo cáncer!», «Gano más dinero del que nunca soñé». «¿Cómo pasó todo eso?».

Esta es mi opinión de cómo sucede. Creo que el propósito de esta vida es elegir el amor sobre el miedo. Eso es todo. ¿Elegiré el amor o el miedo? Eso depende de mí. Cada día cuando me despierto, es otra oportunidad para decidirme por lo que constituye la esencia de mi vida. Otro día que tengo la oportunidad de elegir el amor en lugar del miedo.

Tu corazón está constantemente pendiente de lo que eliges.

Así es como creo que lo hace. Tu corazón sabe que la energía del amor es un millón de veces más poderosa que tu esfuerzo consciente. Por esa razón, el amor es lo único más importante que la supervivencia física. Hasta que elijas darle prioridad al amor por encima de todo, lo único que importa será evitar la muerte, porque, con suerte, vivirás un día más y tendrás otra oportunidad de elegir el amor. Cuando lo haces, la muerte ya no es primordial, sino secundaria. Y entonces es cuando todo cambia. Si tomas esa decisión por ti mismo, esto es lo que hace tu corazón. Anuncia: «*¡Atención!* ¡Ya lo ha entendido! ¡Quitad los dispositivos de seguridad! ¡Dejadle volar!».

Cuando nos comprometemos con la ley de lo interno a hacer lo mejor para vivir en el amor este momento sin importar los resultados, nos liberamos de nuestros mecanismos de seguridad, y nuestra vida logra despegar.

¿Por qué? Porque ahora es seguro hacerlo. Finalmente te has dado cuenta de lo que es más importante en la vida, y tu corazón lo sabe.

¡Has ganado la vida!

Cuando haces esto, recuperas el acceso a tus mejores recursos –tu conciencia junto con tu mente consciente– y empiezan a hacer aquello para lo que están diseñados: producir resultados aparentemente milagrosos en los que todas las partes salen siempre ganando.

Eso me sucedió a mí. Después de que Hope me echara de casa, lo tiré todo por la borda. Le dije a Dios: «Ya ni siquiera sé si existes». Empecé a leer todos los textos religiosos que logré conseguir y a preguntar a quienes llevaban décadas estudiándolos lo que enseñaban. Busqué gente sabia y le hice un sinfín de preguntas. Empecé a rezar y a meditar como jamás lo había hecho.

Eso me llevó al giro espiritual más profundo de mi vida, del que también escribí en *El código del amo*r. Una noche, a altas horas, sentí que Dios me dijo (no como una voz externa audible, sino en forma de pensamiento en mi mente): «No solo no amas a Hope, es que ni siquiera sabes lo que es el amor».

Eso fue todo lo que escuché. Quería más, pero eso fue todo lo que conseguí.

De manera que fui a la biblioteca y busqué la definición de amor en todos los diccionarios, libros de texto y textos religiosos que pude encontrar. Hablé con líderes religiosos, gente a la que respetaba, incluso con un abogado que conocía.

Al final me convencí de que la voz tenía razón. Comprendí que para mí todo era sexo, comida, diversión, mientras que Hope hacía lo posible para proporcionarme todo eso. En aquel momento llegué a la conclusión de que el amor significaba estar totalmente comprometido con la relación, contra viento y marea.

No vivía ni muchísimo menos así. Lo estaba viviendo más bien como si se tratara de un negocio. Para amar de verdad a Hope, tendría que renunciar al control.

Y fue entonces cuando conocí a Larry Napier, el hombre que se convertiría en mi mentor espiritual a partir de ese momento y que comenzó a enseñarme sobre las dos leyes.

De noche tenía sudores y terribles pesadillas porque la ley de lo externo estaba muy arraigada en mí. Era muy fuerte. Sus tentáculos estaban en cada parte de mi ser. Era casi como estar poseído.

Toda mi vida había creído únicamente en la ley de lo externo. No era una elección; era la realidad. Para vivir con éxito, tienes que averiguar cómo hacer las cosas bien, forjarte un plan, y esforzarte todo lo posible para que ese plan funcione. No dejaba de pensar: «Esta ley no es negociable. Decir que puedo elegir la ley de lo interno es como decir que elijo que la Tierra sea plana. ¡Se pueden elegir algunas cosas, pero eso no!».

Bien, al cabo de unas seis semanas llegué a saber –no a creer, sino a *saber* de verdad– que la ley que Larry me había estado enseñando era real, y la elegí conscientemente.

Sucedió una noche en la que sentí que Dios me lo pedía, ahora que sabía lo que era realmente el amor –sin red de seguridad, sin plan B y sin ninguna reserva–, ¿elegiría amar a Hope ahora, aunque nada cambiara en nuestra relación? No respondí de inmediato. En ese momento, ella quería el divorcio. Esto significaba que elegir el amor podía implicar amarla si se casaba con otro y tenía hijos con otro hombre. ¿De verdad estaba dispuesto a hacer eso?

Pero finalmente, después de unos días de pensar y rezar, pude decidir. Sí, amaría a Hope de esa manera. Al cien por cien. Sin ataduras, *para siempre*. Y lo decía desde el fondo de mi corazón.

Esa es la elección que mi corazón estaba esperando. Fue entonces cuando salí del *shock* y pude utilizar la totalidad de mi mente consciente no solo para saber qué era lo mejor, sino para tener el poder de hacerlo.

También fue entonces cuando deshice el voto de vida autodestructivo que había hecho de niño. Fue como si alguien extrajera un programa de *software* y pusiera otro. No me costó ningún esfuerzo. Era casi como si me observara a mí mismo en tercera persona y pensara: «Vaya, ¿cómo ha ocurrido eso?».

Una de las cosas más geniales que pasan cuando te comprometes con el amor es que tu corazón, por primera vez, deja a un lado tus recuerdos erróneos basados en el miedo y prioriza tus recuerdos basados en el amor. Me sentí como un niño otra vez, experimentando el amor y la felicidad como antes de que empezara a ir a la escuela, aunque como un adulto capaz de razonar.

Aproximadamente a las seis semanas de que Hope me echara de casa, empezamos a salir juntos otra vez. Me dijo después que supo que había cambiado desde el primer momento en que me vio. Tuvimos una ceremonia de compromiso, más enamorados que nunca, que es como ha sido desde entonces. La amé con una pasión que nunca había sentido en mi vida, y ella sentía lo mismo por mí. Nos abrazábamos y besábamos todo el tiempo. Fue absolutamente maravilloso.

Después de pasar por todo eso, estaba seguro de que lo que tenía ahora era como una varita mágica y, entusiasmado, se lo enseñé a todos mis clientes; ¿y sabes lo que pasó? A ninguno le sirvió.

¿Por qué? Porque intentaban conseguirlo con su fuerza de voluntad, tratando de controlar los resultados. En otras palabras, querían comprometerse con el amor, pero siguiendo las reglas de la ley de lo externo, lo cual nunca funcionaría.

Entonces comprendí que no todo el mundo experimenta esta anulación instantánea del voto de vida autodestructivo. Durante los siguientes años, diseñé un proceso paso a paso que funcionó con prácticamente todos mis clientes.

¿Por qué sufrí este tipo de cambio espontáneo, mientras que muchos de mis clientes necesitaban un proceso más mecánico para transformar sus recuerdos?

Creo que es porque toqué fondo. De hecho, muchas personas con las que he hablado tienen una transformación espontánea como esta al tocar fondo en la vida. Sin embargo, tal vez no habría tenido que llegar a ese extremo si hubiera conocido este tipo de proceso mecánico antes.

Eso es lo que he visto con mis clientes: cuando usan la técnica de la ingeniería de la memoria, pueden cambiar espectacularmente sin necesidad de tocar fondo.

Y por eso escribí este libro: para que *tú* no tengas que tocar fondo. Porque he visto a muchos clientes recuperar su libre albedrío, sanar sus recuerdos y vivir esa vida extraordinaria que les corresponde vivir a sus corazones, mentes, cuerpos y espíritus.

Tu reacción constante de estrés puede ser habitual hoy en día, pero *no es normal*. Es un trastorno, pero ese trastorno se puede arreglar, y eso es lo que aprenderás a hacer en la segunda parte.

SEGUNDA PARTE

LA TÉCNICA DE LA INGENIERÍA DE LA MEMORIA

Capítulo 7

Medicina energética básica

Antes de explicar detalladamente la técnica, necesitamos hablar de dos conceptos fundamentales: la *medicina energética* y la *ingeniería de la memoria*.

Un día, cuando estaba almorzando con mi amigo el doctor William Tiller, antiguo jefe del Departamento de Física de la Universidad de Stanford, le hice una pregunta:

–Toda mi vida he oído hablar de la famosa ecuación de Einstein, E es igual a MC al cuadrado, pero sigo sin entenderla. ¿Qué significa realmente?

–Bueno, Alex –dijo–, la verdad es que es muy sencillo. A un lado de la ecuación está la energía, y al otro lado está todo lo demás.

En el universo todo se reduce a la energía. La famosa cita del doctor Tiller, basada en su trabajo en Stanford, es: «La medicina del futuro consistirá en el control de la energía del cuerpo».

La *medicina energética* se basa en el reconocimiento de que todo está hecho de energía. Por debajo de todo lo que podemos sentir y medir, hay un patrón de energía subyacente que lo crea y que tiene una determinada frecuencia energética. Eso incluye no solo nuestros cuerpos físicos, sino también nuestros pensamientos, sentimientos y experiencias. La medicina energética significa sencillamente usar, ajustar y modificar la energía que causa cualquier problema humano, ya sea emocional, intelectual, físico, espiritual o todos ellos, para crear un efecto positivo.

Albert Szent-Györgyi, doctor en medicina galardonado con el Premio Nobel, dijo: «En todas las culturas anteriores a la nuestra, la curación se conseguía mediante el movimiento de la energía en el cuerpo del paciente». Esto puede resultarnos difícil de creer, pero es absolutamente cierto. El campo de la medicina energética se remonta al menos al 1500 a. C.

Puede que pienses: «Bien. Si eso es verdad, ¿cómo es que nunca he oído hablar de esa medicina? ¿Qué pasó?». Para empezar, has oído hablar de ella, pero no la llamarías medicina energética. Tomografías, resonancias magnéticas, litotricia para cálculos renales, yoga, taichí, acupuntura, *reiki* e incluso algunas formas de meditación son todas técnicas de medicina energética.

También es cierto que la medicina energética (que incluye lo que muchos llaman psicología energética) ha resurgido espectacularmente en los últimos veinte años. Los códigos de curación son una técnica de medicina energética, y cuando escribí mi primer libro sobre ellos en 2001, la medicina energética estaba tan alejada de la corriente principal como puedas imaginar. En 2007, el doctor Oz predijo que la medicina energética sería la próxima gran frontera de la medicina. Creo que su predicción se está haciendo realidad en este preciso momento. De hecho, me han dicho que es el área de más rápido crecimiento en todo el ámbito de la salud. ¿Por qué? Por tres razones: funciona, es barata y carece de efectos secundarios.

Mi ciudad, Nashville, es un buen ejemplo. Cuando empecé con los códigos de curación, trabajábamos en mi sótano. Al principio, cuando le contaba a la gente de Nashville lo que hacía, decían algo así como: «Oh, ¡qué interesante!», y enseguida cambiaban de tema. Más o menos en esa misma época, cuando compartía lo que hacía con gente de California, Europa y Asia, decían: «Oh, eso es realmente estupendo. ¿Cómo podemos aprender más sobre ello?».

Hoy en día, tenemos clientes en los cincuenta estados y en ciento setenta y dos países, prácticamente todos como resultado del boca a boca. Ahora cuando comparto con la gente de Nashville lo que hago, responden: «Guau, ¡qué interesante! ¿Cómo puedo aprender más sobre eso?». ¡Es verdad que los tiempos están cambiando!

Hace poco tuve una conversación con un grupo de *millennials* (el grupo de edad de mis dos hijos). Para mi sorpresa, me dijeron que, en su grupo de edad, la «energía» forma una parte de sus conversaciones diarias. No es tanto «reza por mí» o «envíame algo de amor» como «envíame un poco de buena energía». Me contaron que casi todos sus conocidos veían la curación y el trabajo energéticos como algo muy positivo y aceptado. Pensé: «¡Qué maravilla!». No tenía ni idea de que esto estuviera tan presente entre los grupos de edad más jóvenes.

La medicina energética se está volviendo más común cada día. La Asociación Estadounidense de Psicología aprobó recientemente que la Asociación para la Psicología Energética Integral patrocinara créditos de educación continua, y los expertos también creen que es inminente la aprobación que permite usar estas técnicas en la práctica profesional, con cobertura de seguro. En una reciente final de la NBA, vi que los jugadores de baloncesto profesionales tenían sus propios acupuntores y otros especialistas en energía. Habitualmente se ve a la gente llevando bandas energéticas en sus brazos. Hoy en día, la medicina energética está afectando positivamente a la gente a nivel global, y lleva miles de años haciéndolo.

UNAS PALABRAS SOBRE LOS ESTUDIOS DOBLE CIEGO

Algunas personas siguen resistiéndose a aprender más sobre la medicina energética porque no existen suficientes estudios científicos doble ciego que «la demuestren». Y esto es así, a pesar de que la medicina energética se lleva utilizando en todo el mundo desde hace miles de años y de que ayuda diariamente a los pacientes, a menudo cuando no hay nada más que funcione, y aunque cada vez haya más estudios que demuestren su eficacia.

Anteriormente, expliqué en este libro mi postura sobre los estudios doble ciego. Me gustaría dedicar unos minutos a revisar brevemente cómo los experimentos doble ciego se convirtieron en el supuesto test de referencia del estudio científico. Todo comenzó con las plagas y las pandemias de viruela, cuando morían miles e incluso millones de personas y nadie podía hacer nada al respecto. Entonces descubrieron que una vacuna, un producto químico, podría detenerlas.

Antes de eso, como dijo Albert Szent-Györgyi, la curación se lograba en gran medida con sustancias naturales y transformando la energía. Entonces, ¿por qué desechamos la medicina natural basada en la energía cuando había funcionado tan bien durante siglos, hasta el punto de que hoy en día parece extraña, marginal y pura superstición?

Creo que fue a consecuencia del miedo. Es razonable: cuando esas enfermedades horribles nos estaban atacando, todo el mundo reaccionaba con miedo y pánico. Todos temían que su familia se contagiara de la peste negra, o que su hijo enfermara de viruela. De repente, el campo de la medicina se centró por completo en el análisis de productos químicos para tratar la enfermedad. Con el tiempo, los productos farmacéuticos reemplazaron totalmente a la medicina energética como atención sanitaria básica. Y el estudio doble ciego se convirtió en la prueba de referencia para asegurarse de que el producto químico hiciera lo que se suponía que debía hacer y que sus beneficios superaran sus efectos secundarios negativos.

Creo que esas vacunas fueron descubrimientos maravillosos que salvaron vidas. Cuando tu vida está realmente en peligro tienes que aplicarlas. Pero en referencia al campo de estudio, opino que han pagado justos por pecadores. Se ha producido un desequilibrio excesivo y nos hemos olvidado de que la medicina natural basada en la energía funcionó muy bien durante miles de años y de que su uso apenas provoca lesiones o muertes.

Con el espectacular resurgimiento de la medicina energética, creo que estamos avanzando en una dirección positiva de mayor equilibrio.

Una vez más aclaro que no estoy en contra del método científico, de los estudios doble ciego ni de la medicina convencional. Pero en el campo de la salud natural y energética se tratan muchas materias para las que no existen pruebas médicas. Muéstrame la prueba médica que mide si he llegado a eliminar la baja autoestima provocada por el recuerdo de mi padre pegándome. No existe.

Así que en lugar de buscar un estudio doble ciego para probar algo, también busco en otras fuentes la evidencia de la verdad que aún no ha sido probada:

1. **Textos antiguos.** Los antiguos textos religiosos y filosóficos están llenos de sabiduría; solo que no hemos podido probar mucho de ello todavía. Así que empiezo preguntando: «¿Qué dicen los antiguos?». Esos hombres y mujeres no tenían teléfonos inteligentes, ni televisión, ni Internet. Se reunían y pasaban horas sentados hablando de los asuntos que acontecían en su día a día. Sus científicos y expertos médicos no solo se ocupaban de los productos químicos; de hecho, no tenían acceso a la mayoría de los medicamentos que tenemos hoy en día. Le sacaban todo el partido que podían a observar cómo funcionaba la mente y cómo podían utilizarse los recursos naturales de los que disponían para curar y aliviar el dolor del paciente.
2. **Evidencia científica o anecdótica creíble.** Aquí sigo el consejo de Jimmy Netterville: si no hace daño y funciona de forma bastante consistente, ¡hazlo! Cuando la gente

experimenta una mejoría duradera o un verdadero alivio del sufrimiento, es importante prestar atención a lo que hicieron, aunque no entendamos completamente cómo funciona. Y, por favor, si has tenido esa experiencia, cuéntamela, para que pueda comunicárselo a mis seguidores.

3. **Que resuene con mi corazón.** Para explicar esto necesito tomarme un poco más de tiempo. El doctor Lipton llama a esta experiencia de resonancia una «vibración» que casi siempre es correcta. Es lo que sucede en la fracción de segundo antes de que tu pie pise el freno para evitar un accidente: tu cuerpo percibe una información que tu mente consciente desconoce, tu cerebro envía una señal eléctrica a la pierna derecha para indicarle que levante el pie del acelerador y lo ponga en el freno, y así evitas chocar contra el coche que acaba de parar delante de ti, antes de que seas consciente de lo que está pasando. De hecho, esto ocurre siempre que tomamos una decisión: como mostró la investigación sobre la intención consciente, un segundo antes de que tomemos una decisión consciente, se produce un pico eléctrico en nuestro cerebro. Nuestro corazón ya había percibido y procesado una inmensa cantidad de datos antes de que fuéramos conscientes de ello y enviara esa señal eléctrica a la mente consciente para decirle lo que debe hacer. Creo que el cuerpo hace esto no solo en situaciones extremas, como al evitar un accidente de tráfico, sino también cuando se trata de modalidades de curación. En los comienzos de mi carrera, estudié con el doctor Savely Yurkovsky, que desarrolló una técnica llamada terapia de control de campos. El doctor Yurkovsky enseñaba que hay un «piloto» invisible en cada célula conectado a los pilotos de todas las demás células que existen, también conocido como el *super-quantum*. De algún modo son capaces de comunicarse entre sí de tal manera que la célula

actuará de forma impredecible para salvarse. Creo que este fenómeno es lo que explica esas historias reales que oímos sobre gente que sabe cosas que en teoría es imposible que sepan, lo que Einstein llamaba «acción a distancia» y lo que algunas personas denominan PES.* El hecho de que todas las células estén de algún modo conectadas no es una idea reciente. La mayoría de las religiones y corrientes espirituales antiguas llamarían a esto «espíritu». Por ejemplo, hay una cita de la Biblia que dice: «El mismo Espíritu da testimonio a nuestro espíritu de que somos hijos de Dios».[1] Si lees el contexto completo, verás que significa: «Sé algo que no tengo forma de saber, y a la fuente de ello la llamo Espíritu». Creo que lo que el doctor Yurkovsky denominó *superquantum* es otra forma de describir lo que Bruce Lipton llama «vibración», aquello a lo que las antiguas religiones y corrientes espirituales se referían como «espíritu», lo que muchos hoy en día conocen como «intuición», lo que Einstein describía como una «misteriosa acción a distancia», y lo que yo llamo «resonancia». En mi opinión, podemos entrenarnos para escuchar atentamente esa resonancia; cuando lo hacemos, adquirimos la capacidad de saber cuándo vamos por el buen camino.

4. **Resultados.** ¿Qué sucede realmente cuando lo pruebo? ¿Mejora algo, de forma sistemática, cuando se hace? ¿Empeora algo?
5. **Oración.** Esta es la fuente de pruebas más importante para mí. Hablo o «conecto» con un poder superior para expresar mi deseo de curación, de claridad, de paz, de orientación. A ese poder lo llamo Dios; otros pueden llamarlo Fuente, Buda, Alá, Espíritu o Poder Superior. También hay quienes hablan de acceder a tu intuición o a tu conciencia,

* N. del T.: Percepción extrasensorial.

> pero para mí esto no es lo mismo que conectarse al poder superior espiritual, que es donde los milagros son posibles. Cuando pides desde un espacio de serenidad, y escuchas con una mente clara, te sorprenderán las respuestas que recibes.

He comprobado que cuando estas cinco pruebas tienen resultados positivos, el remedio *nunca* es malo ni perjudica. Nunca.

Si lo que buscas es una prueba definitiva y cien por cien empírica de la medicina energética en estudios doble ciego, no va a poder ser. Actualmente no existen pruebas que puedan medir los efectos de esta medicina o incluso la parte de nosotros en la que funciona. ¿Funciona esta medicina energética para todas las personas cada vez que se aplica? No, pero tampoco hay ninguna otra medicina que lo haga. Mi esposa sufrió depresión durante doce años, y ninguno de los fármacos que le recomendó el médico, basándose en estudios clínicos, funcionó. Ninguno de los llamados medicamentos milagrosos que probó tuvo éxito con ella.

Como dije al principio del libro, tú y los tuyos podéis sacar partido de la medicina energética dentro de veinte años una vez que se pruebe científicamente su validez, o bien aprovechar sus beneficios ahora mismo. La razón por la que no es parte de la medicina convencional en este momento es que aún no somos capaces de medir de forma fiable los patrones de energía de la mente inconsciente, pero eso es solo porque no hemos desarrollado la tecnología adecuada. Como dijo el doctor Oz: «Estamos empezando a entender que las cosas que sabemos de corazón son verdaderas, pero nunca podremos medirlas». ¿Por qué dice «las cosas que sabemos de corazón son verdaderas»? Nueve de cada diez personas que experimentan las técnicas comprobadas de la medicina energética —como la ingeniería de la memoria que aprenderás en este libro— sienten la diferencia. La mayoría «siente» que esa técnica funciona en unos diez minutos. De corazón saben que está funcionando.

Pero no podrás experimentar esto solo leyendo acerca de ello. Tienes que hacerlo. Es la diferencia entre leer las palabras *vaso de agua* en un trozo de papel y beber un vaso de agua. O la diferencia entre ver una imagen del Gran Cañón y verla en persona. No se puede experimentar el Gran Cañón en toda su extensión a partir de una imagen. Es absolutamente imposible. Ahora bien, puedes experimentarlo un poco, puedes tener una idea de cómo te impactará, pero te aseguro que no se parece en nada a lo que sientes cuando llegas a ese punto de observación por primera vez en tu vida y ves el sol brillar en esos acantilados y el río Colorado corriendo en el medio. No hay manera de que puedas sentir eso solo con una imagen. La medicina y la psicología energéticas están viviendo un crecimiento espectacular debido a la experiencia de la gente, y es imposible que puedas evaluar eso si no lo vives.

Así que, si lo deseas, puedes investigar este tema todo lo que quieras por Internet, pero entiende que, como dijo el doctor Oz, realmente aún no contamos con dispositivos que puedan llegar lo bastante lejos o profundizar lo suficiente como para medir estas cosas. No obstante, tu corazón te dirá si funciona o no.

LA INVESTIGACIÓN EN LA MEDICINA ENERGÉTICA

Todo esto no quiere decir que no tengamos pruebas científicas de la medicina energética. En la primera parte mencioné la investigación del doctor Bruce Lipton en la Universidad de Stanford que mostró que los pensamientos, sentimientos y creencias (lo que él llamó el «ambiente» de una célula) cambian la fisiología.[2] Los pensamientos, sentimientos y creencias son formas de energía, y esa energía produjo cambios verificables a nivel celular.

Los estudios realizados para verificar que cambiar la energía transforma la fisiología son excesivamente numerosos para citarlos aquí.[3] Pero mencionaré un estudio realizado recientemente. Nuestra empresa, The Healing Codes ('los códigos de curación'), estaba en contacto con una empresa de agua que contaba con un equipo de análisis de aguas muy sofisticado y caro. Queríamos que nos ayudaran a hacer una prueba para ver si una frecuencia de energía no física se manifestaría de alguna manera medible en el reino físico. Hicieron pruebas independientes sobre el efecto que una frecuencia armónica particular tenía en la fisiología del agua. Específicamente, se les pidió que hicieran pruebas con el cobre, porque la Administración de Medicamentos y Alimentos (Food and Drug Administration, FDA) ha aprobado recientemente el cobre para destruir los microbios que causan el virus MRSA* y las infecciones por estafilococos. Ahora los hospitales están poniendo tiras de cobre en los mostradores, por ejemplo, para reducir las infecciones.

La empresa de aguas comenzó con una botella sellada de agua Dasani que, cuando se abrió y se probó, tenía cero partes de cobre por millón antes del experimento. Un dispositivo generador de frecuencias armónicas, sintonizado con la frecuencia armónica del cobre, fue colocado junto al agua. La segunda prueba mostró una lectura de cobre de dos partes por millón. Los expertos en agua recomiendan un nivel de 0,5 a 1,5 partes de cobre por millón en las piscinas para eliminar las algas, por lo que dos era una cantidad muy significativa y más de lo que se necesitaba para eliminar los microbios dañinos. El experto de la compañía de aguas describió la prueba como «extraña» y «un poco alucinante». De hecho, dijo: «Esto es imposible».

Ten en cuenta que el equipo de análisis del agua no comprueba la frecuencia armónica de nada, sino solo la presencia física y real del cobre. La conclusión fue que la frecuencia armónica producía cobre físico en el agua. Esto conmocionó tanto al técnico que intentó todo tipo de experimentos por su cuenta. Llenó una botella de agua con cobre físico real, la dejó reposar durante horas, la sacó y probó el agua: cero cobre. Una fuente de cobre no física (es decir, la frecuencia de energía del cobre) había creado cobre físico.

* N. del T.: *Staphylococcus aureus* resistente a la meticilina.

Cualquier cosa que cambie la frecuencia armónica funciona a nivel de la energía. Cambiar la energía cambió la fisiología del agua, y también cambia tu fisiología.

Hace unos quince años le compré a mi esposa, Hope, una docena de rosas porque la quiero y porque quería hacer este experimento. Le entregué diez rosas y me quedé con dos idénticas al resto.

Según el florista, las cultivó el mismo cultivador y las recogió el mismo día. Mi hijo Harry tomó las fotos y supervisó este experimento para asegurarse de que todo se hacía correctamente.

Recorté los tallos de las rosas y los puse en un vaso de agua limpia. Tomé un vaso en mi mano y recordé muy, muy intensamente el peor y más doloroso recuerdo de mi vida. De verdad, traté de volver a revivirlo, sintiéndolo todo de nuevo. Lo hice durante sesenta segundos. Luego dejé el vaso y no lo volví a tocar. Harry se aseguró de que no lo hiciera.

Tomé el otro vaso en mi mano y pensé muy intensamente en el mejor recuerdo de mi vida, el más feliz y lleno de amor. Intenté revivirlo todo de nuevo durante sesenta segundos. Dejé el vaso en el suelo y no lo volví a tocar. Después de cuarenta y nueve horas, aquí estaba el resultado:

Y siete días más tarde:

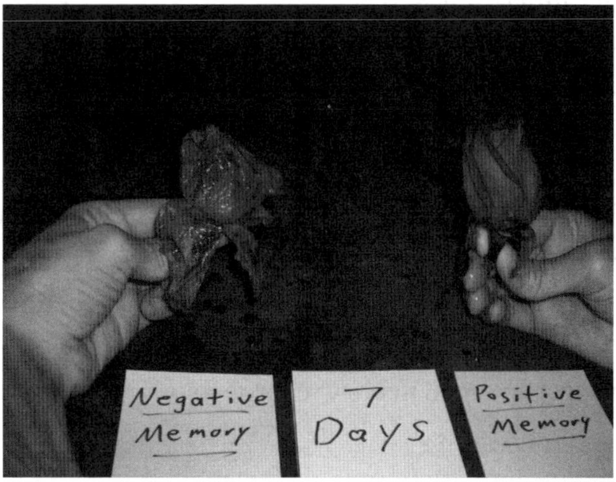

La primera vez que presenté estas fotos, alguien gritó desde el público: «Parece que esa tiene cáncer». La flor tenía grandes manchas negras por todas partes. Si la tocabas, era realmente viscosa. Nunca había visto una rosa tan viscosa como esa. Si sacabas la otra del agua, el agua se escurría y se secaba perfectamente.

Hope puso las diez rosas que le di en un jarrón con nutrientes vegetales que las hacen durar más. La rosa de la derecha tenía mejor aspecto que cualquiera de esas diez. Los sesenta segundos de recuerdo de la memoria positiva tuvieron literalmente un efecto curativo en ella y evitaron que envejeciera tan rápidamente.

Este experimento no es originalmente mío. Lo copié de alguien que lo hizo con fresas. El año pasado, un asistente a mi taller en Tokio leyó mi libro y lo hizo en casa con arroz blanco. Trajeron los resultados al taller: el arroz de un tazón todavía era completamente blanco. El otro era gris oscuro con manchas negras.

¡Esta profunda diferencia se produjo después de solo sesenta segundos de pensamiento negativo! ¿Puedes recordar algún día de tu vida en el que no hayas pensado en algo negativo durante al menos sesenta segundos? Para la mayoría de la gente, la respuesta es no. En mi caso, no ha habido un solo día en el que no pensara algo negativo durante, como mínimo, sesenta segundos.

La segunda idea que debes tener en cuenta, y también la más importante, es: ¿cuál de estos dos resultados quieres para tu hígado, tu cerebro o tu estómago? ¿Cuál de estos dos quieres para tus hijos, tu carrera o la relación más importante de tu vida?

No tiene nada de raro que enfermemos. Lo sorprendente, con todos los pensamientos y sentimientos negativos que pasan por nosotros, es que no enfermemos más a menudo. Nuestro sistema inmunitario y de curación hace un trabajo milagroso manteniéndonos tan sanos, a pesar de la involución de la memoria que nos afecta a todos.

MEDICINA ENERGÉTICA PARA LOS RECUERDOS: LA INGENIERÍA DE LA MEMORIA

Como aprendimos en la primera parte, nuestros recuerdos son la fuente de nuestras experiencias de vida: pensamientos, sentimientos, fisiología, comportamiento..., todo. En todo momento estás creando recuerdos nuevos de forma constante e instantánea, pero se filtran a través de tus recuerdos existentes de esa misma o similar experiencia y se construyen sobre ellos. La única manera de cambiar tu vida de raíz para mejor y de lograr que se mantenga así de forma duradera podría ser cambiar tus recuerdos.

Pero ¿qué hacemos para cambiarlos? Si todo es energía, nuestros recuerdos también están hechos de energía. Eso significa que necesitamos una solución que pueda cambiar la energía que ocasiona el problema. No se usa una llave de tuercas para lavarse los dientes. Ni un cepillo de dientes para cambiar las llantas. Hay que usar la herramienta correcta para el trabajo en cuestión. Y si tienes un problema de energía, necesitas una solución basada en la energía. Necesitamos un juego de herramientas o una máquina para cambiar recuerdos basada en la energía. Recuerda que los científicos han extirpado todas las partes del cerebro y los recuerdos siguen presentes, lo cual se debe a que no están hechos de carne y hueso, sangre o tejido, sino de energía, como los archivos del disco duro de tu ordenador, los mensajes de texto, la radio y la wifi. De hecho, los ordenadores fueron diseñados para funcionar como *nosotros* funcionamos.

La *ingeniería de la memoria* es una técnica específica de la medicina/psicología de la energía que se dirige a nuestros recuerdos originales. Y eso nos lleva al siguiente capítulo.

Capítulo 8

La ingeniería de la memoria: tienes que verlo para creerlo

La ingeniería de la memoria suena como algo salido de una novela de ciencia-ficción terrorífica. ¿A qué me refiero con este concepto?

LA HISTORIA DE LA CURACIÓN DE LOS RECUERDOS EN LA PSICOLOGÍA

El concepto de ingeniería de la memoria puede ser totalmente nuevo, pero la idea de usar los recuerdos para curar las afecciones humanas no lo es. De hecho, así es como empezó la psicología. Cuando Freud, el padre de la psicología moderna, veía a sus pacientes, les pedía que se acostaran en un diván, cerraran los ojos y contaran sus recuerdos durante horas. «Háblame de tu madre. Cuéntame cómo te sentías con ella». Se llamaba psicoanálisis, y normalmente duraba años.

En mi opinión, tras estudiar esta práctica en mi programa de doctorado y después de conocer a los colegas que la practican hoy en día (lo cual no es frecuente), el análisis concluye con éxito básicamente cuando el paciente no tiene nada más que decir. Lo ha expresado todo: ha hablado de cada pequeño impulso, cada pensamiento y sentimiento inapropiado, todo lo que pasó, todo lo que no pasó. Mediante los recuerdos ha hablado de toda su vida hasta quedar exhausto.

Si el paciente no había hablado nunca realmente de lo que le molestaba, tiene sentido que se sienta mejor después de hablar de ello. Ha sido capaz de sacar a la luz sus pensamientos, sentimientos y secretos más profundos, y de compartirlos con una persona comprensiva y cariñosa, y así se ha aliviado la presión. Pero de todos modos se queda con los mismos recuerdos e incluso puede seguir sintiendo lo mismo ante la mayoría de ellos. Si antes calificó un recuerdo con un nueve negativo en términos de cuánto le molestaba, tal vez ahora solo sea un tres negativo. Eso es simplemente una forma de desensibilización.

La desensibilización no es curativa; es como tener una herida más pequeña, pero la herida sigue ahí y a menudo sigue infectada, lo que significa que probablemente empeorará de nuevo más tarde. Además, en el campo de la psicología, ahora sabemos que el simple hecho de hablar sin parar de tus problemas a menudo los empeora, no los mejora, incluso si te insensibilizas a ellos en algún grado.

Con el tiempo, la psicología se alejó de esta práctica de hablar hasta el punto del agotamiento porque los psicólogos se dieron cuenta de que a largo plazo no solía solucionar el problema y que era un tratamiento muy costoso y lento. Las personas se sentían mejor, pero a menudo solo de forma temporal y parcial.

Hoy en día, la psicología utiliza tres herramientas principales: fármacos, mecanismos de afrontamiento y enfoques más prácticos como la terapia cognitivo-conductual y el *coaching* de vida. Hablar sobre el cambio de pensamientos, emociones y creencias se ha vuelto muy popular, y el *coaching* de vida ha despegado como un cohete, porque es un poco más práctico y positivo que limitarte a sentarte a hablar de tu madre.

Ahora, creo que hay un tipo de asesoramiento que es muy efectivo, y que es educativo o está basado en habilidades.

Por ejemplo, en los primeros años de nuestro matrimonio, ir en el coche juntos causaba muchas discusiones entre Hope y yo, porque ella es una conductora extremadamente cautelosa (diría que excesivamente cautelosa), y yo no lo soy en absoluto. Cuando yo conducía, que era casi siempre, iba demasiado rápido y corría bastante detrás del coche que tenía delante; cada vez que pasaba eso, ella empezaba a empujar el suelo con los pies como si tuviera un pedal de freno invisible ahí abajo, mientras apretaba las manos contra el salpicadero e incluso gritaba: «¡Alex!».

No lo entendía porque nunca había tenido un accidente en mi vida. Y todavía no lo he tenido. Pero entonces aprendí un hecho muy simple. Los hombres y las mujeres tienen diferentes percepciones de la profundidad. En comparación con los hombres, las mujeres ven las cosas como si se encontraran más cerca y se acercaran más deprisa.

Tras aprender ese detalle, conducir con Hope nunca volvió a ser un problema. Comprendí por qué reaccionaba como lo hacía. Este tipo de asesoramiento, en el que recibes educación sobre la forma en que funcionan las cosas e instrucciones prácticas, puede funcionar muy bien.

Diría que fácilmente más del noventa por ciento de lo que llamamos «éxito» en psicología, medicina y ahora *coaching* de vida no es realmente una resolución del problema. Es un alivio significativo de la presión, lo suficientemente significativo como para que uno diga: «Me siento mucho mejor». Así es como comenzaron la terapia y el asesoramiento, y este sigue siendo el espíritu subyacente a estas disciplinas hoy en día.

La gran mayoría de lo que la gente llama curación consiste simplemente en sobrellevar el problema y disponer de instrucciones. En el caso de ese tres por ciento de personas que mencioné antes y que tendrán éxito pase lo que pase, lo único que necesitan son instrucciones. El resto de nosotros necesitamos ayuda extra para entender las instrucciones o para implementarlas. Por eso nos limitamos a hacer frente al problema, que es una estrategia que o bien llega un punto en que deja de funcionar o bien requiere de una enorme cantidad de energía diaria durante el resto de tu vida.

¿Por qué hacer frente al problema requiere de tanta energía? Porque hablar y razonar sobre tus problemas es principalmente una tarea consciente. En el mejor de los casos, solo estás lidiando con los síntomas. La *fuente* del problema prácticamente está siempre en el inconsciente o subconsciente (el doctor Lipton afirma que más del noventa por ciento de las veces) y lo que la protege de la curación es que está etiquetada como un asunto de vida o muerte. Añade a esto el hecho de que tu inconsciente es más de un millón de veces más poderoso que tu mente consciente, y ya te puedes hacer una idea. Tu mente consciente dice: «No es gran cosa, cámbiala», y tu mente inconsciente dice: «Gracias por la propuesta, pero *es imposible*».

El resultado es que la mayoría de la gente tiende a conformarse con una vida «que no está mal». Prefieren tener doscientos setenta y ocho problemas que han logrado «mejorar bastante» a una curación completa y a largo plazo y pocos problemas significativos o ninguno.

Tendemos a aceptar esto por lo que dije en la primera parte: nos comparamos con los demás. Digamos que estás tomando tres medicamentos y no estás seguro de cómo te sientes al respecto. Hablas con un amigo sobre ello y descubres que, de hecho, él toma cuatro medicamentos. Luego hablas con otra amiga que te dice que no encuentra ningún medicamento para resolver su problema y que tiene dificultades para levantarse de la cama cada mañana.

Te dices a ti mismo: «Vaya, me siento mucho mejor con los tres medicamentos que estoy tomando. Al menos puedo salir de la cama por la mañana. ¡Estoy bien!».

¡No, no lo estás! Deja de compararte con otras personas. Estás hecho para vivir a lo grande, no solo para sobrellevar tu día a día.

Cité a Freud en el capítulo uno: «El idealismo es la causa de todo el sufrimiento humano». Recuerda que el idealismo es la suma de la *comparación* y la *expectativa*.

Solemos pensar que el idealismo causa sufrimiento cuando esperamos *más* de lo que tenemos. Pero puede causar el mismo nivel de sufrimiento si esperas *menos* de lo que *podrías* tener.

Dejemos de confundir sobrellevar una situación con curarnos. No nos desensibilicemos ante nuestros problemas. Sanemos la fuente. Entremos en nuestros recuerdos y cambiémoslos para crear el tipo de ambiente interno positivo para el que fuimos destinados.

INVESTIGACIÓN DE LA INGENIERÍA DE LA MEMORIA

Nuestros recuerdos impactan en nuestra energía y se codifican pasando a nuestros cuerpos físicos. Esto llegué a entenderlo completamente cuando escuché lo que contaban los receptores de trasplantes de órganos. Muchos receptores de trasplantes de órganos han declarado que experimentan los antojos de comida y las características de la personalidad del donante. Un receptor me habló de una nueva pasión por la música clásica, otro informó de vívidos recuerdos del asesinato de su donante que llevó a una condena e incluso hubo uno que experimentó un cambio en la orientación sexual. La mayoría de los estudios formulan la hipótesis de que algo en el tejido lleva la información de los recuerdos del donante al receptor, aunque las pruebas siguen siendo anecdóticas.[1] Además, según las pruebas anecdóticas, las experiencias cercanas a la muerte crean recuerdos muy poderosos que parecen convertirse en nuevos principios de naturaleza positiva para la persona. Esta poderosa experiencia positiva parece «resetear» cualquier recuerdo de miedo y programación interna negativa eliminándolos de una manera que parece permanente y sin esfuerzo por parte del individuo.[2]

Como mi *epifanía* transformadora después de que Hope me echara de casa.

Para mí, ambos fenómenos son una indicación más del poder de nuestros recuerdos y del potencial que tenemos para modificarlos.

Por supuesto, la pregunta es cómo. No queremos tener que esperar a vivir una experiencia cercana a la muerte o un trasplante de órganos. La psicología siempre ha sabido que el verdadero origen de nuestros problemas se encuentra en nuestros recuerdos. Simplemente no podía hallar una manera de arreglarlos de modo sistemática y que funcionara a largo plazo.

La buena noticia es que *es* realmente posible cambiarlos, y la ciencia también está empezando a demostrarlo. En las últimas décadas, los investigadores han vuelto al tema de los recuerdos como la fuente de todo lo que experimentamos, algo que los psicólogos intuitivamente sabían desde el principio. En la primera parte del libro mencioné varios de estos estudios. Investigadores de la Universidad Southwestern dijeron que una vez que descubriéramos cómo cambiar nuestros recuerdos celulares, habría una diferencia como la existente entre la vida y la muerte.[3] Recientemente, algunos investigadores han descubierto cómo cambiar estas imágenes internas de manera que modifiquen de forma mensurable la fisiología y el comportamiento.

LA INGENIERÍA DE LA MEMORIA EN RATONES

En 2013, neurocientíficos del Instituto Tecnológico de Masachusetts (MIT, por sus siglas en Inglés) descubrieron que podían realizar cambios permanentes en los ratones con dos características únicas: sus neuronas brillarían en rojo cuando estuvieran altamente activas, y podrían activarse por medio de la luz. Esto significaba que los investigadores no solo podían ver exactamente qué neuronas estaban activándose en el hipocampo (el área del cerebro que crea nuevos recuerdos), sino que también podían activar esos recuerdos a voluntad haciendo brillar la luz en esas neuronas.

Así es como montaron el experimento. Primero, los investigadores permitieron a los ratones explorar una nueva área para que pudieran crear un recuerdo de ella. Luego los sacaron de esa área, hicieron brillar la luz sobre esas neuronas específicas para activar de nuevo el recuerdo y administraron *shocks* eléctricos para convertirlo en un recuerdo de miedo.

Cuando los ratones fueron reintroducidos en el área original, exhibieron repetidamente signos de miedo que no tenían antes. La conclusión fue que al alterar sus recuerdos de esta manera, se produjeron cambios permanentes en su comportamiento.[4] El título del artículo de *Scientific American* que daba a conocer esta investigación era: «Ha llegado la era de la ingeniaría de la memoria».

EL TRATAMIENTO DE REALIDAD VIRTUAL EN LOS SERES HUMANOS

La ingeniería de la memoria puede funcionar para los ratones genéticamente modificados en un laboratorio, pero ¿qué pasa con los seres humanos? Varios estudios han demostrado que la realidad virtual puede tener resultados similares con los humanos, sin necesidad de ingeniería genética, laboratorio o descargas eléctricas.

En un estudio, enfermos de párkinson se ejercitaron en una cinta de correr mientras usaban gafas de realidad virtual con las que podían ver sus pies en movimiento caminando por un sendero. El juego les permitía caminar normalmente y evitar los obstáculos. Los investigadores descubrieron que el entrenamiento de realidad virtual aumentaba la neuroplasticidad de los participantes y mejoraba la función cerebral.[5]

Otro estudio demostró que la realidad virtual puede ayudar a los parapléjicos a volver a caminar. En un principio, los investigadores descubrieron que cuando se pidió a los ocho participantes del estudio que se imaginaran a sí mismos caminando, sus cerebros no mostraron ninguna señal. Según el investigador principal, el doctor Miguel Nicolelis, de la Universidad Duke: «Es casi como si el cerebro hubiera borrado el concepto de moverse caminando».[6] En otras palabras, después de su accidente, ya no tenían ningún recuerdo ni ninguna imagen interna de cómo caminar.

Los investigadores emplearon la realidad virtual, en la que los participantes utilizaron la actividad cerebral para mover un avatar en una simulación, para esencialmente darles un nuevo recuerdo de su caminar. Los participantes utilizaron este nuevo recuerdo para activar un exoesqueleto computarizado, y con el tiempo, después de «caminar» con el exoesqueleto durante una hora al día, los ocho participantes recuperaron algún tipo de sensación o movimiento. Una mujer había estado paralizada durante trece años, y después del tratamiento, con su cuerpo apoyado en un arnés, logró mover las piernas por sí misma.[7]

El tratamiento de realidad virtual también ha ayudado a reducir el dolor fantasma en personas con lesiones en la médula espinal.[8] Se han encontrado resultados similares al utilizar tratamientos de realidad virtual en pacientes con derrames cerebrales,[9] depresión[10] y dolor.[11]

Estos y otros estudios han demostrado que las imágenes (es decir, nuestros recuerdos) no solo forman parte de la causa de todos los problemas de nuestras vidas, sino que también pueden alterarse para crear cambios aparentemente milagrosos y permanentes en el futuro.

Ahora, los escépticos van a decir: «Espera, ¿qué estás diciendo? ¿Cambiar tus recuerdos? ¡Es mejor que no lo hagas! Eso es autoengañarte».

La verdad es que, de acuerdo con lo que hemos visto en la primera parte, *ahora* es cuando te estás engañando a ti mismo. De lo que se trata es de salir de la mentira que estás viviendo a consecuencia del fallo de la memoria. Ese fallo fue lo que te hizo vivir una mentira. Queremos reparar ese archivo dañado, o eliminar ese virus que ha entrado en tu disco duro humano, para que tus recuerdos sean verdaderos y generen amor, alegría, paz, máximo potencial, propósito y significado en tu vida.

CÓMO DESCUBRÍ LA INGENIERÍA DE LA MEMORIA

Fuera del laboratorio de investigación, la medicina y la psicología convencionales, llevamos mucho tiempo trabajando en la reparación de los recuerdos. De hecho, la práctica ha existido durante siglos o incluso milenios, principalmente en contextos espirituales o religiosos. Yo mismo lo he hecho de varias maneras no religiosas: los códigos de curación son una forma de sanar los recuerdos, por ejemplo, como la meditación del corazón de mi libro *El principio*.

Si conoces estas prácticas, te preguntarás: «¿Es la ingeniería de la memoria diferente de los recuerdos curativos? Y si es así, ¿en qué se diferencia?».

La respuesta rápida es que se basa en el mismo principio de la medicina energética en el que se basan esas otras técnicas: aplicamos una frecuencia positiva a la frecuencia negativa del recuerdo basado en el miedo, principalmente imaginando recuerdos positivos para contrarrestar los negativos, con algunas diferencias muy importantes que la hacen mucho más efectiva.

Para explicar esas diferencias, necesito retroceder y explicar cómo comenzó mi búsqueda para ayudar a mis semejantes a sanar.

Comenzó en los primeros años de mi matrimonio, cuando Hope sufrió depresión durante unos seis años. Había probado medicamentos y algunos tratamientos alternativos, y nada funcionaba. Su vida seguía siendo un infierno.

En esa época, empecé a creer lo que expliqué en el capítulo primero: que lo que Salomón llamó el corazón hace tres mil años es principalmente lo que la psicología denomina la mente inconsciente, además de algunas otras cosas relacionadas como nuestro hemisferio cerebral derecho y nuestra conciencia. Es más complicado, pero hay muchas coincidencias. Esto me pareció sorprendente porque la Biblia y otros manuscritos espirituales hablan del corazón y dicen que es lo más importante en la vida. Ahí es donde están todos nuestros problemas y soluciones.

Estaba convencido de que el verdadero problema y la solución de Hope se encontraban en su corazón, y en ese momento empecé a dedicarme a tratar de entender los problemas del corazón. ¿Cuáles son? Las mentiras o falsedades que hay en nuestros recuerdos. Los recuerdos, como sabemos, son imágenes, y las imágenes son el lenguaje del corazón.

Anteriormente mencioné que, debido a la involución de la memoria, la mayoría de nuestros recuerdos contienen tantos errores que los investigadores afirman que tienen más que ver con fantasías que con hechos.[12] También mencioné que para nuestro propósito podemos clasificar cada recuerdo como basado en el amor o basado en el miedo en una escala de diez negativo a diez positivo, y tu forma de vivir es el resultado de la calificación general de todos tus recuerdos.

En la mayoría de la gente, la proporción general de su memoria es más negativa que positiva, principalmente debido a todos los errores de sus recuerdos. Cada error, o mentira, podría decirse, aumenta el estrés. El hecho de que tu estrés aumente en reacción a una mentira es la premisa básica subyacente en una prueba con un detector de mentiras. Es nuestra naturaleza.

Para tus recuerdos eso significa que cada error alejará más esa proporción hacia el extremo negativo del espectro. Esta proporción negativa también puede venir de las palabras que piensas, sientes y empleas –como «este calor me está matando»–, tus recuerdos ancestrales negativos y los demás aspectos que contribuyen a la involución de la memoria que vimos en el capítulo tres.

Es por eso por lo que tanta gente termina con una proporción general de memoria de aproximadamente cinco negativo y por lo que se despierta cada mañana sintiendo que lo máximo a lo que puede aspirar es a sobrevivir un día más.

Si quieres sacarle el jugo a la vida, y solucionar de verdad todos los problemas que sabes que tienes, has de hacer algo para que ese ratio negativo inconsciente llegue, al menos, al área neutra, si no a la positiva. Tienes que hacerlo. No hay otra manera. A eso es a lo que me refiero al hablar de solucionar tus problemas en su origen.

Mientras Hope pasaba por su depresión, leí todos los libros que pude encontrar, y cuando apareció Internet, busqué todos los recursos posibles en la red. Había todo tipo de sugerencias para sanar los recuerdos, pero las probamos, y ninguna de ellas le funcionó.

Años más tarde salió el estudio de la Universidad Southwestern sobre la memoria celular, junto con los muchos casos de receptores de trasplantes de órganos que he citado anteriormente, que demostraban que los recuerdos no están todos localizados en nuestro cerebro. Así que si tienes un recuerdo que te hace pensar y sentir cosas negativas, enfermar y vivir una vida que no quieres vivir, ¿hay alguna manera de cambiarlo?

Yo mismo intenté todo lo que pude, y el mejor programa que desarrollé para ese propósito fue una técnica que llamé hipnosis inversa. Utiliza imágenes guiadas para llevar a la gente a través de cada año de su vida, y he visto resultados realmente maravillosos. El problema es que funciona mejor si alguien te guía a través de la técnica y requiere mucho tiempo, e incluso así no siempre funciona de la manera que quieres.

Durante mi programa de doctorado en Psicología, algunos amigos y yo estábamos fascinados con la idea de curar o cambiar los recuerdos, y probamos varios métodos y técnicas. Uno de los medios absurdos que intentamos fue literalmente gritarle a la persona para inducir lo opuesto a lo que le estaba causando problemas, es decir, crear un trauma positivo para compensar un trauma negativo. Como probablemente hayas adivinado, esta técnica no tuvo el efecto deseado. Puede que lo haya intentado con otras cien técnicas después de esa, con resultados a veces mejores pero aun así decepcionantes.

Seguía faltándome algo. En realidad, me faltaban tres cosas. Hemos visto cada uno de estos tres aspectos antes, pero ahora te voy a explicar la razón por la que son tan importantes para la curación de los recuerdos a largo plazo.

Háblale a tu corazón como a un colaborador de tu sanación

He mencionado antes que nuestro corazón responde a cada imagen activada en nuestra mente como si fuera real y estuviera ocurriendo ahora mismo, y que la activación de un recuerdo negativo aumenta nuestro estrés tanto como el hecho original.

También terminé entendiendo que como las mentiras aumentan también nuestro estrés, si estamos tratando de reimaginar (o recordar) un recuerdo negativo de una manera que sabemos que no es verdad, esto elevará nuestro estrés y liberará aún más adrenalina, haciendo que ese recuerdo negativo sea más poderoso de lo que era incluso antes de la reactivación.

Por eso las afirmaciones positivas no suelen funcionar a largo plazo. Si te dices a ti mismo: «Estoy recibiendo un millón de euros ahora mismo», tu corazón sabe que mientes, y tu estrés aumenta cada vez más, creando más de esos efectos negativos que tratas de eliminar. En otras palabras, si imagino un recuerdo positivo para compensar el recuerdo negativo, y el positivo no es cierto, ¡es posible que empeore las cosas en lugar de mejorarlas! He tratado de arreglar una mentira con otra mentira, algo así como la vieja expresión «echar leña al fuego».

Aquí tenemos mi primer descubrimiento. *Debes establecer una relación con tu corazón e incluirlo como colaborador de tu sanación.* Recuerda, tu inconsciente es más de un millón de veces más poderoso que tu fuerza de voluntad, así que si ambas partes de ti no trabajan en armonía, siempre perderás. Conversa habitualmente con tu corazón. Háblale como si lo hicieras con un querido amigo o pariente. Lo que debemos hacer es unir fuerzas con nuestro corazón y decirle la verdad con amor. Podemos decirle algo como: «Muchas gracias por ayudarme a hacer lo que me conviene. Siento que te haya costado tanto tratar conmigo. ¿Podemos cooperar ahora?

¿Podemos trabajar juntos para cambiar mi programación negativa y errónea por una positiva y saludable?».

En el próximo capítulo, verás que los primeros cuatro (de seis) pasos de esta técnica te dan la oportunidad de unir tus fuerzas y explicarle a tu corazón que sabes que estas imágenes positivas que estás creando no son verdaderas; solo son parte de una programación, para neutralizar las imágenes negativas y los errores y crear una proporción general más positiva. Los dos últimos pasos crean los nuevos recuerdos perfectos, verdaderos, que se convertirán en tu nueva programación predeterminada para ese asunto durante el resto de tu vida.

No tienes que conocer ni cambiar todos y cada uno de tus recuerdos negativos. Solo necesitas crear suficiente energía positiva en la mente para neutralizar la energía negativa y terminar con una proporción neutra o positiva en general, o relacionada con ese tema en particular. Así es como funciona la medicina energética: tratas una frecuencia negativa con una frecuencia positiva, y de esta manera la neutralizas o la cambias a una nueva frecuencia positiva.

Cuando tu corazón sabe que no le estás mintiendo y que solo te esfuerzas en mejorarlo, se involucra completamente en el cambio de tus recuerdos y trabaja contigo en lugar de contra ti.

Desconecta los mecanismos de seguridad de tu corazón

En la primera parte, vimos como la principal función de tu corazón es mantenerte físicamente vivo durante los primeros seis a doce años de tu vida y aprendimos que dispone de ciertos mecanismos de seguridad que, cada vez que experimentas algo remotamente parecido a un recuerdo basado en el miedo, envían el equipo de respuesta al miedo. Mantenerte vivo a cualquier precio seguirá siendo su prioridad número uno en la edad adulta hasta que descubras en qué consiste la vida, elijas la ley de lo interno y te comprometas a cambiar para vivir de esa manera. Hasta entonces, seguirás teniendo activados ciertos mecanismos de seguridad. Por ejemplo, si no puedes encontrar un lugar para aparcar cerca de la tienda y empiezas a pensar que te vas a morir si no lo encuentras pronto, inevitablemente esos mecanismos mandarán una señal de alarma y enviarán el equipo de respuesta al miedo. Y antes de que te des cuenta, habrás pasado de un día bastante bueno a pensar: «¿Qué me ha pasado?».

Nuestros mecanismos están muy arraigados. Como precaución de seguridad, el corazón no se salta nunca por ningún motivo esa misión principal de autoprotección. *Solo hay una excepción*. Puedes sobreponerte a los mecanismos de seguridad de tu corazón si eliges vivir según la ley de lo interno: vivir en el amor lo mejor que puedas en el momento presente de ahora en adelante, sin importar tus circunstancias o cualquier resultado final. Este es el significado y el propósito de la vida, en mi opinión. Es algo que puede funcionar y lo hará, cuando te comprometas plenamente a permitir que funcione: tienes que decirlo en serio y comprometerte con ello. No puedes engañar a tu corazón.

Ese fue mi segundo descubrimiento: *para curar verdaderamente tus problemas de raíz, debes desprenderte de los mecanismos de seguridad de tu corazón eligiendo la ley de lo interno*. De lo contrario, la curación del recuerdo no dura.

Recuerda que tu inconsciente sabe cuándo estás mintiendo. Sabe por qué haces algo cuando, conscientemente, no lo sabes, y también cuando haces algo sin poner todo tu corazón en ello. Puedes decirlo mil veces, pero si no estás realmente comprometido, tu corazón lo sabrá, y seguirá enviando el equipo de respuesta al miedo siempre que tus circunstancias desencadenen tus falsos recuerdos de miedo creados por la involución de los significados de tu memoria.

Pero en el momento en que te comprometas de verdad con el amor sin importar lo que pase durante el resto de tu vida, tu corazón inmediatamente exclamará: «¡Atención! ¡Acabamos de entenderlo! Despréndete de las medidas de seguridad. Vamos a alzar el vuelo».

¿Por qué? El mandato del corazón es mantenerte vivo *hasta que descubras en qué consiste la vida y lo elijas*. Si aún no lo has elegido, el corazón permanecerá bajo medidas de seguridad. Tal vez lo elijas mañana, pero hasta entonces, has de permanecer vivo.

Lo único más importante que la muerte es el amor. Como dije en la primera parte, en el caso de que esto ocurra, el corazón te privará de los recuerdos de miedo y empezará a darles prioridad a los recuerdos positivos de amor. A menudo los recuerdos de miedo pueden incluso dejar de hacerte sentir miedo, ya que la nueva y enorme afluencia de amor los transformará.

El miedo es por definición la ausencia de amor, y no puede existir en presencia del amor puro y verdadero, que es lo contrario de fingir amor para obtener la aceptación social y «buscar mi beneficio».

Activar la adaptación psicológica

En el capítulo uno hablé de la adaptación psicológica, el mecanismo que nos permite adaptarnos a casi cualquier situación, ya sean éxitos extraordinarios u horribles tragedias. La adaptación psicológica es la razón por la que, después de unos seis meses, los ganadores de la lotería y los parapléjicos informan del mismo nivel promedio de felicidad y satisfacción con sus vidas, comparado con seis meses antes, cuando era todo lo diferente que se pueda imaginar.

La adaptación psicológica está en gran parte relacionada con la corteza prefrontal. Está incorporada en cada uno de nosotros, pero aquí viene el problema: he llegado a la conclusión de que cuando la proporción negativo-positivo se vuelve excesivamente negativa (calculo que esto sucede a alrededor de cinco negativo o menos), como mencioné al final de la primera parte, la adaptación psicológica no surte efecto. Lo intenta, pero no es capaz de superar la negatividad extrema proveniente de nuestros recuerdos basados en el miedo. Por eso Hope sufrió depresión durante doce años, en lugar de solo seis meses. Y lo mismo puedo decir de mi reflujo ácido que duró dos o tres años. En algún momento, el obstáculo negativo se vuelve demasiado difícil de superar, y el proceso natural de adaptación psicológica no puede funcionar sin ayuda extra.

Si de alguna manera pudieras reducir esa proporción de siete negativo a tres negativo, la adaptación psicológica se activaría, y en unos seis meses te sentirías una persona diferente: «Mira, estoy bien ahora. Bien de verdad. ¡Disfrutemos de la vida!». Con un siete negativo, puede que nunca llegues a vivir al máximo de tu potencial, por muchas cosas que intentes.

Por supuesto, para empezar, sin la involución de la memoria, la gran mayoría de nosotros nunca habría llegado a siete negativo. Experimentaríamos dificultades e incluso tragedias, pero la adaptación psicológica siempre se activaría al final y volveríamos a estar bien otra vez. Sin embargo, a lo largo de miles de años, y hasta llegar al punto en el que estamos ahora en que casi cualquier cosa puede activar el equipo de respuesta al miedo, muchos nos hemos vuelto negativos en exceso ¡y funcionamos mal constantemente! Y nada –quizá ni siquiera los códigos de curación ni ninguna otra modalidad que debería curar el problema en su origen– funciona lo suficientemente bien como para compensar los billones de recuerdos interpretados como cuestiones de vida o muerte a lo largo de tu historia familiar. Puede que te mejores, pero nunca alcanzarás tu máximo potencial.

Ese fue mi tercer descubrimiento. *Aunque es cierto que tenemos la opción de elegir el amor todos los días, es casi imposible que lo elijamos si el medioambiente de nuestro corazón es excesivamente negativo.* Tenemos mucho miedo. Eso es lo que vi en mis clientes: para poder elegir la ley de lo interno debían tener un ambiente lo suficientemente positivo en su corazón.

La técnica de la ingeniería de la memoria aborda directamente los tres asuntos que no había tenido en cuenta a lo largo de los años. La he probado con grupos e individuos de todo el mundo, y nunca he visto nada que funcione de una manera tan fiable y tan rápida para cambiar los recuerdos negativos. Primero ayuda a que tu frecuencia cardíaca general se vuelva más positiva para que la adaptación psicológica pueda hacer efecto, y luego cura tanto la memoria en sí como todos los recuerdos relacionados, para crear un nuevo programa predeterminado para ese asunto, con las herramientas adecuadas para el trabajo.

Y puedes aplicar la ingeniería de la memoria aunque todavía no seas capaz de comprometerte por completo con la ley de lo interno. Cuando tu frecuencia cardíaca se vuelva más positiva, podrás elegir la ley de lo interno, y permitir así tu completa curación.

EL PANEL DE CONTROL DE TU CORAZÓN: TU CREADOR DE IMÁGENES

¿Cuáles son las herramientas adecuadas para el trabajo? Recuerda que estas imágenes no están hechas de hueso, sangre o tejido. Están hechas de patrones de energía, y eso significa que necesitas una herramienta energética para arreglarlas. La ingeniería de la memoria puede sonar como una expresión salida de *Star Trek*, pero en realidad es solo una herramienta basada en la energía que crea, repara, edita y revisa esas imágenes. Es la herramienta adecuada para el trabajo.

No hace falta cirugía, fármacos o ni siquiera un médico experto que lo haga por ti. Y eso es así porque ya traemos de nacimiento todo lo necesario para cambiar nuestros recuerdos: la imaginación, o lo que yo llamo nuestro *creador de imágenes*.

Me resulta fascinante que la ciencia médica no pueda encontrar exactamente dónde se almacenan los recuerdos. Han diseccionado todas las partes del cerebro, y los recuerdos siguen ahí. Los individuos que fueron declarados muertos y luego vuelven a la vida no solo son capaces de recordar sus experiencias mientras están «muertos», sino que normalmente recuerdan estas experiencias con mucha más claridad y detalle que los recuerdos creados mientras estaban vivos.

Vemos los recuerdos en la pantalla de nuestro creador de imágenes. La ciencia no puede encontrar esa pantalla en ninguna parte. Creo que lo que explica estas dos rarezas es que, en realidad, tus recuerdos inconscientes y la pantalla en la que los ves están más en el reino espiritual de tu ser interno. Y de nuevo, no tenemos herramientas para medir eso. ¿Por qué los críticos no dicen que tus recuerdos o tu creador de imágenes no existen, como suelen hacer con cualquier realidad para la que no haya pruebas empíricas? Porque su existencia es tan obvia que les haría parecer ridículos.

Personalmente, creo que el creador de imágenes está conectado a los siguientes mecanismos físicos:

El hemisferio derecho del cerebro. El lenguaje de tu hemisferio derecho son las imágenes, y su visión del mundo es espacial más que lineal. Es la fuente del pensamiento fresco y original.

El bulbo raquídeo. El bulbo raquídeo es tu «cerebro sensorial», que accede a los recuerdos inconscientes y generacionales, y a su información vital relevante, a 460.272 kilómetros por segundo.

El hipocampo. Su función consiste en la edición, el almacenamiento y la recuperación de recuerdos.

La amígdala. La amígdala es el asiento de las emociones y sentimientos, y la sabiduría que generan.

La formación reticular. Esta parte del cerebro activa la conducta basada en la información aportada por todos los elementos mencionados anteriormente.

La idea central es que tu creador de imágenes genera imágenes, sabiduría, sentido común, resolución de problemas a base de ideas originales, máximo rendimiento, acción apropiada y un enorme poder. Por otro lado, para todos los propósitos prácticos, las palabras solo están conectadas a palabras.

Tu creador de imágenes no es un invento, ni nada falso, sino el panel de control de tu vida. Es tu acceso directo a tus recuerdos.

La ingeniería de la memoria te permite tomar las riendas de tu corazón y reparar tus imágenes –y por lo tanto, solucionar todos los problemas de tu vida– de raíz. Probablemente nunca supiste que podías revisar y controlar las imágenes que dirigen tus pensamientos, emociones y comportamiento. Mi misión es decirte que puedes. De hecho, si quieres aprovechar al máximo el regalo de la vida que has recibido, debes hacerlo.

Es tu elección: ¿usarás tu creador de imágenes para crear fantasías irreales y dejar que tu vida vaya en piloto automático, buscando placer y evitando el dolor durante toda tu existencia? ¿O tomarás las riendas y las usarás para crear una nueva realidad positiva para ti y quienes te rodean?

No te preocupes; no hace falta que seas una persona «visual» para dominar el arte de la ingeniería de la memoria. En cuanto a mí, tengo lo que solo puedo describir como habilidades artísticas negativas. Siempre que mi familia y amigos se reúnen para jugar, el juego que más temo es el Pictionary. Cada vez que hago un dibujo, todos se ríen, en ambos grupos. (No ayuda que mi esposa, Hope, sea pintora). A veces el juego se detiene para que alguien pueda decir lo que todos están pensando: «¿Qué diablos es eso?». Cuando les digo lo que es, no se lo creen. «¡Estás de broma! ¿No puedes hacer algo mejor que ese monigote?». Suele dar lugar a las mayores carcajadas de la noche y se menciona con frecuencia en ocasiones posteriores.

Las imágenes de las que hablo no son del tipo de las que se crean con las manos y los materiales adecuados. La verdad es que todos somos visuales; simplemente no vivimos como si lo fuéramos. Nuestra visión del mundo, nuestros planes, nuestras esperanzas, sueños y miedos están estructurados en torno a las imágenes que tenemos en nuestra mente de cómo es el mundo y cómo queremos que sea. Cuando hay fricción, vamos por ahí tratando de arreglar las cosas de otras maneras, pensando que el problema es el dinero, o la salud, o que alguien no está haciendo lo que queremos que haga: buscamos soluciones exteriores a los problemas que, en realidad, están arraigados en el interior. El problema es cómo percibes tu vida a través de la lente de tus imágenes internas. Tu creador de imágenes se encarga de cómo las ves y las cambias.

¿Cómo funcionan estas imágenes? Normalmente pensamos que las imágenes están impresas en papel: inmóviles, permanentes y muertas. Pero nuestras imágenes de memoria se parecen más a las de una película y están vivas. Se extienden y se multiplican. Esto significa que no podemos ignorar o encerrar nuestros recuerdos negativos ni apaciguarlos con sustitutos del amor o mecanismos de escape o adicciones. «Sobrellevar el día a día» no solo no funciona a largo plazo, sino que además empeora las cosas. Podríamos distraernos de manera temporal, pero inconscientemente esos recuerdos negativos siguen presentes, continúan propagándose e infectando los recuerdos circundantes. Con el tiempo, desencadenarán inconscientemente nuestra respuesta de miedo una y otra vez —no sabremos por qué— y nuestra vida comenzará a funcionar misteriosamente mal en todos los aspectos. Te voy a poner un ejemplo. Digamos que una vez te atrajo sentimentalmente alguien, y tienes un recuerdo de esa persona portándose mal contigo. ¿Cómo funciona este recuerdo en tu creador de imágenes?

Ese recuerdo tiene dos partes, y un resultado crítico de ambas: la primera parte es el hecho en sí mismo, lo que esa persona te hizo o te dijo. La segunda parte es el contexto de ese hecho, que también es parte del recuerdo. Si estabas sobre una alfombra, tienes la alfombra en el recuerdo. Si esa persona llevaba una camisa verde u olía a cierto perfume, tienes una camisa verde o un olor en el recuerdo, junto a todo lo demás que fue parte de ese hecho.

Lo que también es parte de este contexto son los demás recuerdos de tu vida que de alguna manera están relacionados con ese recuerdo. Tal vez tus padres te advirtieron previamente que no te involucraras con esa persona. Tal vez tu padre llevaba una camisa verde cuando te gritaba de pequeño o una tía severa usaba el mismo perfume. Todo esto es parte del contexto.

Digamos que este recuerdo te hace evitar todas las relaciones románticas de hoy en día, y viniste a verme por eso. Te preguntaría: «¿Qué dijo o hizo realmente esa persona?». Lo piensas y respondes: «Bueno, me dijo: "Ahora mismo no me interesas como pareja"».

Espera un momento. ¿Esa persona *fue* mala contigo? Si fuera a verla y le preguntara por ti, tal vez me diría: «Oh, me encantaba. Pero ¿sabes? Acababa de tener una mala ruptura con alguien y sabía que en ese momento era mejor no estar con nadie».

Muchas veces, lo que de verdad nos incomoda de un recuerdo no surge del hecho en sí, sino del contexto. Ese contexto podría ser algo que les sucedió a tus padres, ¡o incluso a un antepasado tuyo hace diez generaciones! Eso fue lo que hizo que tu corazón interpretara un hecho como traumático, y esto a su vez propagó su negatividad como un virus, cuando alguien con un contexto completamente diferente no lo interpretaría así en absoluto.

La interpretación es la consecuencia, y tiene una importancia fundamental. Cada una de tus creencias es una interpretación de todos los recuerdos relacionados con ese tema. Es como una afirmación que viene a decir «si sucede A, entonces pasará X». Y podemos tener creencias contradictorias sobre el mismo asunto. Por regla general, nos dejamos guiar por la que tiene más fuerza en el momento; y ten presente que tendemos a dar prioridad a nuestros recuerdos negativos y que, por lo tanto, estos suelen ser los más fuertes.

Lo importante es si el recuerdo es traumático *para ti*. Tanto el hecho como el contexto son reales. Para cambiar realmente el recuerdo, tienes que curar ambos.

Si sanas únicamente el hecho en sí (como suele hacer la práctica de sanar los recuerdos) y no el contexto, los efectos negativos suelen volver. Si sanas el contexto sin sanar el hecho, sucede otro tanto.

La ingeniería de la memoria sana tanto el hecho como el contexto. Hemos de cambiar el recuerdo específico, y necesitamos cambiar los recuerdos contextuales: todos los recuerdos que lo rodean o que tienen conexión con él.

Esto podría parecer complicado, pero tu creador de imágenes lo hace mil veces al día. El problema es que hemos dejado que funcione en piloto automático. Dejar que tu creador de imágenes funcione tal y como viene programado durante toda tu vida es como comprar un teléfono móvil y no configurarlo nunca. Al poco tiempo empiezas a preguntarte: «¿Por qué no puedo enviar un whatsapp a nadie? ¿Por qué no puedo revisar mi correo electrónico?». Así que vas a tu hijo adolescente y le dices:

—¿Por qué mi móvil no funciona como el tuyo?

Te pregunta:

—¿Lo has configurado?

—La verdad es que no —contestas.

—Papá, aquí dice que tienes ciento cincuenta actualizaciones. ¿Has actualizado algo?

—No... No sabía que tenía que hacer eso.

Tenemos el panel de control de nuestros pensamientos, sentimientos, creencias, comportamientos, salud y felicidad en el bolsillo, pero todo lo que hacemos es llevarlo de un lado a otro y mantenerlo cargado. Nunca lo configuramos para que funcione. No lo usamos para cambiar nuestros pensamientos, nuestros sentimientos, nuestras creencias, nuestra fisiología. Ni siquiera sabemos si *es capaz* de hacer eso.

Es como si yo le dijera a mi hijo: «Oh, ¿quieres decir que puedo apretar este botón y recibir un correo electrónico? ¿Quieres decir que puedo hablar con la gente por teléfono? ¡Guau, no sabía que sirve para todo eso!». Mi hijo me miraría como si yo fuera un retrasado mental, pensando: «¿Cómo es posible que lleves encima toda esa tecnología avanzada y no la utilices?».

No creo que seas estúpido, pero espero que a estas alturas empieces a ver lo avanzada que es la tecnología con la que contamos y que muchos ni siquiera hemos empezado a usar. En realidad, nuestro equipo de creación y edición de imágenes es muy superior al de cualquier ordenador o teléfono móvil. Tenemos que dominarlo, configurarlo y usarlo para llevar a cabo todas esas acciones positivas para las que fue diseñado, en lugar de dejarlo con todos sus fallos predeterminados de funcionamiento.

La ingeniería de la memoria es una forma de tomar el control del panel de control. En el próximo capítulo, aprenderás exactamente cómo hacerlo. Pero primero, practiquemos un poco.

PRACTICA CON TU CREADOR DE IMÁGENES

Puedes practicar el uso de tu creador de imágenes de innumerables formas; ¡puedes imaginarte literalmente todo lo que quieras!

Prueba este ejemplo: cierra los ojos e imagínate que estás comiendo un caramelo. Ahora imagina que, al masticarlo, el caramelo libera una gran cantidad de zumo de naranja en tu boca. Repite unas cuantas veces esa imagen y fíjate en lo que ves, sientes, hueles, saboreas, escuchas y experimentas. Acabas de usar tu creador de imágenes y tu editor de imágenes para crear una nueva experiencia, y luego para cambiarla.

Prueba el siguiente ejemplo: ya que has leído hasta aquí, ¿puedes pensar en al menos un recuerdo que te esté causando problemas hoy en día? Imagínatelo como un objeto, imagina que lo ves en una pantalla, puedes imaginarlo como quieras, pero siempre como algo que es tangible fuera de tu propia mente. Por ejemplo, digamos que lo estás pasando mal porque te preocupas mucho. ¿Qué representación visual harías de eso? Si fueras a hacer un videoclip o una imagen que representara tu preocupación, ¿cómo sería?

Es posible que seas el único en el mundo que conozca este problema y sepa cómo te afecta. Quizá veas una imagen de ti mismo con una expresión de preocupación: tienes las cejas fruncidas y estás apretando los dientes. Imagínate lo que se te ocurra.

Y ahora, ¿qué tendría que pasar en esa imagen para cambiar la preocupación por la paz? Modifica la imagen para que dejes de preocuparte y estés en paz. Hazlo ahora mismo. ¿Qué modificación hiciste en esa imagen? ¿Cómo cambió eso lo que sentías?

¡Así de simple es el principio básico subyacente de esta técnica! Solo tienes que seguir haciéndolo desde todos los ángulos diferentes hasta que de verdad sientas paz en la vida real, no solo en tu imaginación.

Como nuestro corazón trata cada recuerdo como una realidad del tiempo presente, cualquier mala experiencia que ocurrió cuando éramos niños no solo pasó hace veinte años, sino que está ocurriendo ahora mismo en nuestro corazón. Lo bueno es que, literalmente, podemos viajar al pasado para corregir ese recuerdo de hace veinte años, ya que está sucediendo ahora mismo. Recuerda esto la próxima vez que estés fantaseando o soñando despierto, y en lugar de seguir haciéndolo, fantasea o sueña despierto intencionalmente con algo positivo.

La conclusión es que nuestros recuerdos están vivos y son poderosos. Son orgánicos, reales, y no basta con desear que desaparezcan para que se vayan. No podemos escondernos de ellos. Si queremos vivir la vida al máximo y no conformarnos con sobrevivir de forma mediocre, debemos aprender a entender las imágenes de nuestros recuerdos y cambiar las que nos engañan. Y lo que cambia una imagen interna no es la cirugía, ni los fármacos, sino solamente otra imagen. En los próximos dos capítulos, aprenderás a hacerlo usando la técnica de la ingeniería de la memoria.

Capítulo 9

La técnica de la ingeniería de la memoria: viajar al pasado para cambiar tu presente y tu futuro

La técnica de la ingeniería de la memoria es una forma de medicina energética que cura tanto el hecho en sí como el contexto de tus recuerdos creando imágenes positivas y veraces para neutralizar las imágenes negativas, lo que a su vez crea cambios positivos y permanentes en todos los pensamientos, sentimientos, creencias, fisiología y comportamientos relacionados con ese recuerdo. Entonces puedes cambiar fácilmente las interpretaciones conscientes de tus circunstancias cotidianas.

Además de la mayoría de las prácticas de curación basadas en la memoria o las imágenes, la ingeniería de la memoria incluye tres avances específicos:

1. Ser sincero con tu corazón y conseguir que colabore plenamente en tu curación.
2. Sanar el entorno general de tu corazón para que pueda surtir efecto la adaptación psicológica.

3. Soltar los mecanismos de seguridad de tu corazón eligiendo la ley de lo interno.

El objetivo de la técnica de la ingeniería de la memoria es cambiar la frecuencia negativa general de tu corazón y pasarla a neutra o positiva, aplicándola a tus problemas de uno en uno.

¿Estás listo para empezar a cambiar tus propios recuerdos y crearte una vida más positiva? Si es así, ¡manos a la obra!

LA FICHA DE TRABAJO DE LA TÉCNICA DE LA INGENIERÍA DE LA MEMORIA

Antes que nada, te invito a ir a www.mymemorycode.com e imprimir la ficha de trabajo (en inglés). Esta ficha tiene dos partes: en la parte delantera hay un gráfico con un espacio en blanco para rellenar y en la trasera está el encabezamiento «Mi historia», donde puedes extenderte más en escribir la historia de tu experiencia. Puedes emplear uno de estos enfoques o ambos.

No tienes que usar esta ficha de trabajo si no quieres. Hope rellenaba una cada vez que usaba la técnica y se preocupaba por si lo hacía todo bien. Yo nunca utilizo ninguna. Haz lo que más te ayude. Te recomendaría intentar utilizarla al menos una vez para que puedas decidir. A algunos les ha servido la primera vez, para ver realmente cómo les afectaba este tema en muchas áreas de sus vidas, y luego ya no sintieron la necesidad de volver a rellenar una ficha.

Para usar la ficha de trabajo, comienza por poner la fecha para poder seguir tu progreso. Escribe tu nombre si lo deseas, especialmente si tú y tu pareja estáis trabajando juntos en algún asunto y no queréis que las fichas se mezclen. Anota el asunto en el que estás trabajando. Por último, anota qué versión de la ficha de trabajo es, lo que también te permite seguir tu progreso. ¿Es la primera vez que trabajas en esto o la décima?

Una vez que hayas rellenado la parte superior, puedes pasar al círculo.

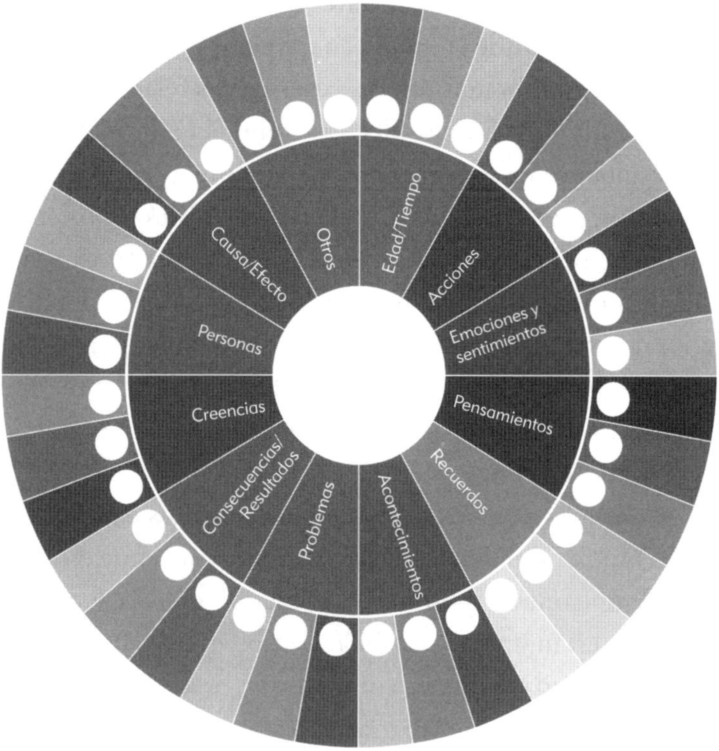

Asunto

Nuestro objetivo con la ingeniería de la memoria es crear nuevos recuerdos que empiecen a cambiar nuestra frecuencia cardíaca general de negativa a positiva, y luego el recuerdo predeterminado de *miedo/falso* a *amor/verdad*. Lo hacemos aplicándola a nuestros asuntos de uno en uno. En este caso, voy a empezar con uno que solía molestarme mucho: el reflujo ácido. Podría tener otros problemas, como mi matrimonio o mi trabajo, que puedo tratar por separado en otra ficha de trabajo. Es mejor empezar con lo que más te molesta.

Aquí escribí «reflujo ácido» en medio del círculo.

Experiencias relacionadas con este asunto

El círculo se divide entonces en porciones, como los trozos de una tarta, que nombran todas las experiencias relacionadas, entre ellas los recuerdos (tanto los hechos como el contexto) y los síntomas resultantes de esos recuerdos (pensamientos, emociones y sentimientos, creencias y acciones). Rellena los espacios en blanco alrededor del círculo que sean relevantes para tu experiencia y califica cada elemento en una escala de cero a diez, donde cero significa que no te molesta en absoluto y diez que es un problema abrumadoramente negativo en tu vida. Esto te permitirá obtener una calificación general para el problema y hacer un seguimiento de tu progreso en el tiempo.

Por ejemplo, ¿qué emociones y sentimientos experimentaba con mi reflujo ácido? Tenía miedo a contraer cáncer de esófago, así que en «Emociones y sentimientos» escribí «miedo al cáncer», y lo califiqué con un nueve. También escribí «rabia», porque estaba afectando a mi vida diaria, y le di un seis.

¿Qué personas estaban relacionadas con este tema? Puse «Hope», porque nos afectaba a ella y a mí, con un siete.

¿Qué acciones estaban relacionadas con este tema? El reflujo ácido afectaba a lo que comía y bebía, así que puse «dieta», con un cinco. Estaba tomando medicación para ello, así que también puse «medicación», con un tres.

Para los pensamientos, que están muy cerca de las emociones, escribí «¿voy a tener cáncer?», con un siete.

Recuerda que no tienes que rellenar todos estos espacios, solo los que sean importantes para ti. Ten presente también que no estás obligado a usar una escala numérica para calificar tu problema. Si tienes dificultades para encontrar un número, solo anota si te molesta o no.

PRIMERA PROGRAMACIÓN DE RECUERDO: PASADO GENERAL

Con la técnica de la ingeniería de la memoria, vamos a crear algunos recuerdos positivos nuevos y muy poderosos, aunque no haya sucedido nada poderoso y positivo. ¿Cómo lo hacemos? Más importante aún, ¿cómo lo hacemos sin que el inconsciente lo rechace o lo etiquete como una mentira, empeorando así el problema?

Para que la ingeniería de la memoria funcione, tenemos que hacerlo en cooperación con nuestro corazón. Nuestro consciente e inconsciente están diseñados para trabajar juntos en armonía. ¿Cómo vamos a hacer eso? Como lo harías con cualquier relación, vamos a comunicarnos amable y amorosamente hasta que tengamos una relación de confianza. Vas a empezar a hablar con tu corazón, tu inconsciente, tu subconsciente, tu conciencia, tu Yo Superior..., como quieras llamarlo. Si cada uno de estos términos significa cosas diferentes para ti, inclúyelos todos. También te recomendaría pedirle a Dios o a tu poder superior que interceda directamente por ti de una manera milagrosa.

Recuerda que lo que el corazón quiere en última instancia es que descubramos el propósito de nuestra vida y nos decidamos a comprometernos al cien por cien con la ley interna y con vivir así. Ese es el objetivo de nuestra existencia. Mi corazón (y el tuyo) quiere que lleguemos ahí; está dispuesto a ayudarnos si trabajamos codo a codo con él, y sabe que lo estamos intentando.

Digamos que mi frecuencia cardíaca general es un siete negativo, y empiezo a hablar con mi corazón, tratando de hacer que esto funcione. Le digo: «Corazón, me voy a comprometer completamente con el amor». El corazón dice: «No. No lo dices en serio. No estás diciendo la verdad. No vamos a cooperar». Pero ¿qué pasa si estoy en un siete negativo y digo: «Corazón, no puedo comprometerme completamente todavía. Me encantaría, y voy a empezar a intentarlo ahora mismo, pero sé que aún no estoy preparado para hacerlo». El corazón dice: «¡Prestad atención todos! Algo está cambiando. Está diciendo la verdad. Muy bien, vamos a ayudarlo». No importa de qué verdad se trate. Tal vez la verdad sea: «Corazón, no puedo imaginarme poder comprometerme plenamente con el amor. No creo que pueda lograrlo nunca. Pero me gustaría hacerlo. ¿Me ayudarás a intentar ir en esa dirección?». ¿Cuál es la reacción del corazón?: «¡Atención! Está diciendo la verdad. No cree que pueda, pero vamos a ayudarlo a conseguirlo».

¿Entiendes la idea? No importa lo negativo que te sientas siempre que seas capaz de ser sincero al respecto. El cambio comienza a tomar fuerza cuando reconoces la distancia entre donde estás y donde quieres estar, te comunicas con amor y pides ayuda.

La razón por la que esto es tan importante es porque vamos a crear algunos recuerdos, a propósito, que no son exactos en cuanto a los hechos. Sí, lo has leído correctamente. Si los inventamos e imaginamos que son verdad, eso significa que serán identificados como mentiras, y no funcionará. El corazón no se lo creerá. «No, eso es una mentira. Aumenta el estrés. Dispara la alarma. ¡Fuera mentiras!».

Esto es lo que lo cambia todo: *que estamos diciendo la verdad*. No lo presentamos al corazón como si fuera verdad. De hecho, voy a pedirle que nunca etiquete este recuerdo como verdadero, sino que lo acepte solo con fines de programación positiva (para ayudar a compensar esa programación actual negativa errónea que he heredado y a la que he contribuido).

Tengo millones de recuerdos de los que ni siquiera soy consciente, que se remontan a cientos de años. Según las últimas investigaciones, casi todos los recuerdos que tengo contienen errores o mentiras. Eso es lo que causa muchos de mis problemas. Los que vamos a crear no son mentiras, ya que no los presentamos como verdaderos. Una mentira se define como «un intento de engañar». Lo que hacemos es lo contrario. Estamos reconociendo que esto no pasó de verdad, y no lo presentamos como tal. Estamos pidiéndole al corazón que use estas imágenes solo para un propósito: como energía positiva para inclinar la proporción general de energía negativa ligeramente más hacia el lado positivo. Cada uno de estos recuerdos que crearemos será básicamente como un programa de *software* antivirus que ejecutamos en el ordenador. No va a modificar en absoluto lo que se supone que debe hacer tu ordenador. Su propósito es solo detener el mal funcionamiento para que el ordenador pueda funcionar de la manera en que está concebido para trabajar.

Cuando lo presentas así, en cooperación con el corazón, este no activa la alarma. No lo etiqueta como la verdad, pero cambia la energía inclinándola un poco más hacia lo positivo.

En la técnica de la ingeniería de la memoria, vamos a crear cuatro nuevos recuerdos que no son verdaderos, solo para propósitos de programación, y dos que sí son verdaderos. Vamos a pedir que los dos nuevos recuerdos verdaderos se conviertan en los nuevos recuerdos predeterminados acerca de ese asunto, para siempre. Sabemos, por las experiencias negativas que estamos teniendo, que el recuerdo predeterminado actual está lleno de mentiras. Durante años, intenté que esta técnica funcionara solo con los dos nuevos recuerdos verdaderos. Funcionó en algunos, pero en la mayoría de la gente el ambiente del corazón era demasiado negativo para poder conseguir la reprogramación solo con eso. Se necesitaba más fuerza, más energía positiva, para llegar a ese umbral en el que la adaptación psicológica pudiera hacer efecto. También intenté que funcionara pidiéndoles que imaginaran que sucedía lo positivo en vez de lo negativo. Eso empeoraba la situación, porque se interpretaba como una mentira.

Para eso son los cuatro primeros recuerdos de programación. Te permiten desarrollar una relación sincera y de confianza con tu corazón y cambiar tu frecuencia cardíaca general para llegar al umbral necesario para que la adaptación psicológica surta efecto y puedas realmente curarte.

Voy a usar mi reflujo ácido para hacer una demostración. Lo he calificado con un nueve. He identificado las emociones, sentimientos, pensamientos y todo lo demás que me parecía relevante. Comienzo con una oración pidiendo a Dios que el problema (en mi caso, el reflujo ácido) sea curado milagrosamente y que los recuerdos subyacentes se creen, editen y modifiquen de la manera más apropiada.

Ahora estoy listo para hablar con mi corazón. Me pongo cómodo, respiro lenta y profundamente desde el estómago y cierro los ojos. A continuación, digo algo así:

> Querido corazón, muchas gracias por amarme y cuidar de mí. Gracias por protegerme cuando no soy lo suficientemente fuerte para hacerlo solo.
>
> Gracias por tener siempre presente lo que es mejor para mi salud.
>
> Siento haber complicado tanto tu labor a lo largo de los años.
>
> ¿Me permites unir mis fuerzas a las tuyas? ¿Podemos trabajar juntos en armonía?
>
> Me encantaría comprometerme con la ley de lo interno y vivir una vida de amor. También sé que si dijera que ya estoy comprometido con ella, mentiría. Puede que tarde mucho tiempo, pero quiero empezar a dar pequeños pasos en esa dirección. Sé que no soy lo suficientemente fuerte para hacerlo porque lo intenté muchas veces y fracasé. ¿Me ayudarás? ¿Me ayudarás a transformar mi energía negativa en positiva? ¿A anular los millares de mentiras que hay en mi corazón, las que conozco y las que no? Tú las conoces todas. Ayúdame a cambiar mi energía con respecto al reflujo ácido y lo relacionado con él. Por favor, activa todos los mecanismos internos de sanación y al sanador inteligente que habita en mi interior para sanar los problemas físicos, espirituales y mentales relacionados con el reflujo ácido. Te pido, Dios, que intervengas y sanes milagrosamente todo esto. Que tomes mi miedo al cáncer por el reflujo, la forma en que afectó a mi relación con Hope, mi trabajo, mi paz y mi alegría, y mi ira por tener que lidiar con ello, y me ayudes a transformarlo en algo positivo.

> Quiero crear un recuerdo nuevo, solo para reprogramarme. No lo califiques como verdad, porque tú y yo sabemos que no lo es. Concédele todo el poder necesario para que pueda neutralizar las mentiras y la energía negativa relacionadas con este problema. Por favor, acepta esto como una programación positiva para ayudarme a superar mi programación negativa, pero nunca lo califiques de verdad. No eleves mi estrés, porque estoy siendo sincero y diciéndote toda la verdad acerca de este asunto. Y solo lo quiero con el fin de programarme.

No son palabras mágicas. Es solo lo que sale de mi corazón y mi experiencia al realizar este proceso con los demás. Dilo como salga de tu corazón para transmitir la misma intención que acabo de expresar.

Ahora, voy a relajarme y empezar a imaginar, que es otra forma de decir «crear un nuevo recuerdo». Crearé un nuevo recuerdo positivo en el que lo que pasó con mi reflujo ácido no será ya lo que de verdad pasó y lo que de verdad pasó fue positivo, no negativo.

Déjate guiar por lo que te venga a la mente y al corazón. En mi caso, estoy imaginando que, para empezar, jamás tuve reflujo ácido. No temo al cáncer, no siento molestias al comer, ni rabia, ni ansiedad, y no tengo problemas en mi relación con Hope. Nunca ha sucedido nada de esto. Paso todo el tiempo viviendo el momento, haciendo un trabajo que disfruto, divirtiéndome, pasando tiempo con mi familia y relajándome.

Voy a sumergirme en ese recuerdo –probarlo, tocarlo, olerlo– hasta que lo sienta. Si no puedes visualizarlo, no te preocupes; solo descríbelo detalladamente con palabras. Cuanto más lo sientas, más poderoso será el recuerdo y mayor será el cambio positivo que experimentará ese asunto y la energía general de tu corazón.

Ahora mismo, mientras me sumerjo en ese recuerdo, siento alegría y felicidad. ¡Me río! *¡No tengo reflujo ácido! Nunca lo he tenido.* Eso es lo que estaba esperando. Entonces le digo a mi corazón:

«Gracias por ayudarme. Por favor, haz que ese recuerdo sea cada vez más poderoso para compensar durante el resto de mi vida la energía negativa de todo lo relacionado con este asunto y otros por el estilo».

SEGUNDA PROGRAMACIÓN DE RECUERDO: PASADO MILAGROSO

Ahora, voy a crear un segundo recuerdo nuevo. Este también estará en el pasado, pero no solo será positivo, sino que además será un acontecimiento milagroso, extraordinario y único relacionado con este asunto.

Primero, le digo a mi corazón: «Por favor, nunca etiquetes este recuerdo como verdadero, porque tampoco lo es. Acéptalo y etiquétalo solo como una programación. Haz que sea extraordinariamente poderoso para compensar durante el resto de mi vida las mentiras y la energía negativa de mi corazón».

En mi segundo recuerdo, ya no se trata solo de que nunca tuve reflujo ácido, sino que voy a ver a mi médico para un chequeo, y me dice: «Alex, eres el hombre más saludable para tu edad que he visto en mi vida. Tu examen físico, tu análisis de sangre, tu tomografía computarizada, ¡todo! ¡Buenas noches, nunca he visto resultados como estos!». Llama a la enfermera y le dice: «¡Míralo bien!». Va a otro médico y le dice: «No te vas a creer el paciente que tengo. Tiene veintiocho años, pero mira, es como si su edad biológica y su salud fueran de doce. Lo más probable es que llegue a los cien años». Sigo imaginando esta escena hasta que la siento. Este sentimiento debería ser algo como: «¡Guau! ¡Es como si hubiera ganado la lotería! ¡Me imagino que ya no tendré que volver a preocuparme de mi salud, quizá nunca más!».

TERCERA PROGRAMACIÓN DE RECUERDO: PRESENTE MILAGROSO

Para el tercer recuerdo, vamos a crear un recuerdo de cómo sería la vida hoy si ese acontecimiento milagroso pasado hubiera ocurrido realmente.

Podría empezar diciéndole a mi corazón: «Bien, gracias por tu ayuda. Este próximo recuerdo es sobre el tiempo presente; por favor, acéptalo solo como programación. No lo etiquetes nunca como verdad porque no lo es, y lo sé. Por favor, haz que con el tiempo sea cada vez más poderoso para contrarrestar los recuerdos erróneos negativos relacionados con este asunto y mi corazón en general».

Lo que imagino en este recuerdo es a mí mismo aquí, ahora, en el momento presente, recordando cuando ocurrió ese hecho milagroso. ¿Cómo me siento ahora mismo en el presente cuando recuerdo ese milagro? Lo visualizo hasta que lo siento. Es un sentimiento de alegría y alivio: «¡Vaya! Fue increíble. Supongo que ya no tengo que preocuparme más por mi salud. ¡Es fantástico!». Puedo ir a comer a ese establecimiento que me encanta donde ponen costillas asadas con picante, sin tener que preocuparme por llevar mi medicina ni sentirme avergonzado por tener que tomarla delante de mis amigos. De hecho, ahora puedo comer lo que quiera. Mi miedo a tener cáncer de esófago, que antes me rondaba por la cabeza unas cincuenta veces al día, ha desaparecido. En su lugar hay amor, alegría, paz y el placer de trabajar y de disfrutar de cada momento.

«Gracias, corazón, por ayudarme a conseguirlo».

Así como el tratamiento de realidad virtual les dio a los parapléjicos una nueva imagen de cómo caminar, te ofrezco una nueva imagen positiva para solucionar este problema.

CUARTA PROGRAMACIÓN DE RECUERDO: FUTURO MILAGROSO

Para la programación de recuerdo final, vamos a imaginar cómo sería el futuro si sucedieran esos recuerdos milagrosos del pasado y del presente. Podría ser dentro de un año, dentro de veinte o al final de tu vida. Puedes elegir una de estas opciones, o podrías crear varios recuerdos en diferentes momentos del futuro.

Empiezo de nuevo diciéndole a mi corazón: «Por favor, acepta esto solo como programación. No lo califiques de verdad porque no lo es. Lo sé. No lo presento como la verdad. Por favor, magnifícalo y, con el tiempo, hazlo cada vez más poderoso».

En mi caso, mientras lo imagino ahora mismo, estoy imaginando el final de mi vida, recordando todos esos maravillosos años de salud radiante. La sensación que tengo es de profundo alivio y alegría, casi no hay palabras para expresarlo. «La verdad es que no he tenido esos problemas de salud que tienen todos mis conocidos, ¡qué bendición!».

Me lo imagino hasta que lo siento. ¡Cuanto más seas capaz de sentirlo, mejor!

«Gracias, corazón, por ayudarme a conseguirlo».

PRIMER RECUERDO PREDETERMINADO: NUEVO RECUERDO

Este próximo recuerdo será nuestro primer nuevo recuerdo predeterminado, donde el acontecimiento original ocurrió, pero cambiamos nuestra interpretación negativa y errónea por una positiva y veraz. Comienzo diciéndole a mi corazón: «Por favor, ayúdame a crear este próximo recuerdo. Hazlo maravilloso y perfecto, y acéptalo durante toda mi vida como la verdad sobre este asunto. Cada vez que me suceda algo que pueda ser relacionado con este recuerdo, actívalo poderosamente y para siempre como recuerdo predeterminado para este asunto. Activa también los primeros cuatro recuerdos que creé para compensar cualquier recuerdo negativo inconsciente, para que este recuerdo se pueda usar libremente durante el resto de mi vida como predeterminado en lo referente a este asunto. Y permíteme apoyarlo conscientemente enfocándome solo en esta verdad relacionada con él».

El primer recuerdo predeterminado que creo es lo que realmente ocurrió, así que en mi recuerdo, sigo teniendo reflujo ácido. Lo que cambia en este recuerdo comparado con mi recuerdo predeterminado negativo original es que este no contiene la mentira.

Recuerda, dije que el problema nunca fue el hecho en sí, sino la interpretación errónea que le dimos. Me creía una mentira sobre mi reflujo ácido. En absoluto tenía cáncer de esófago, pero me había convencido de que sí, y esa idea se apoderó de mí.

Recuerdo la mañana en que tuve mi cita de seguimiento con el médico en el hospital Vanderbilt de Nashville. Antes de irme, vi a Hope, la abracé y le dije: «Te quiero muchísimo», como si me estuviera despidiendo de ella y no fuera a regresar. Tenía un libro espiritual maravilloso que era muy especial para mí, y le dije: «Cariño, si me pasa algo [no quería asustarla demasiado], asegúrate de que Harry lea este libro cuando sea mayor». ¡Realmente creía que estaba a punto de morir! Aquello nunca había sido verdad, pero se convirtió en verdad para mí. El médico me dijo una hora después, mientras me miraba la garganta: «Oh, no, no tienes ningún problema serio». Pero hasta que dijo eso yo estaba convencido de que lo tenía.

El nuevo recuerdo verdadero predeterminado es la verdad, sin las mentiras de la interpretación negativa y errónea. Sí, tengo reflujo ácido, pero estoy tomando medidas para curarlo. No es nada serio de lo que tenga que preocuparme en el presente o en el futuro. Solo son lecciones de vida que debo aprender y que me harán una mejor persona.

Aquí hay otra forma de identificar la mentira en tus recuerdos. ¿Tienes alguna creencia del tipo «como A, por lo tanto X» sobre este recuerdo? «Como tengo reflujo ácido, voy a desarrollar un cáncer y a morirme». «Como el presupuesto está muy ajustado este mes, perderé la casa y no podré alimentar a mi familia». «Como me violaron, soy un pedazo de carne, estoy sucia, nadie me mirará nunca, jamás estoy a salvo». ¿Cuál es tu creencia?

El problema no es el «como A». Esa parte es cierta. Es verdad que tengo reflujo ácido, que el presupuesto podría ser muy ajustado, que hay violaciones. No obstante, la mentira está siempre en el «por lo tanto X».

Así que el nuevo recuerdo predeterminado es la verdad real que conocemos, pero con los pensamientos y sentimientos más positivos posibles sobre ese tema. En lugar de «tengo reflujo ácido, y voy a tener cáncer y morir», la interpretación se convierte en «tengo reflujo ácido; sin embargo, eso no significa nada negativo sobre el resto de mi vida. Puedo tener una vida estupenda. El reflujo ácido puede desaparecer. Puedo seguir siendo feliz, saludable y con éxito». Eso también es verdad. No digo que sea lo que va a pasar; eso solo Dios lo sabe. Lo que digo es que, por lo que sé, *puede* suceder. Rezo por ello, esa es mi esperanza y mi deseo. Aunque hoy tenga reflujo ácido todavía puedo tener éxito, ser feliz y vivir sano. En otras palabras, llenas de positividad y esperanza al «por lo tanto». Creo ese recuerdo con esa nueva y veraz interpretación y lo visualizo hasta que lo siento. Cuanto más lo siento, mejor. *Sí, tengo reflujo ácido, pero puedo seguir siendo feliz, saludable y con éxito, y puede desaparecer*.

Tras crear ese recuerdo, digo: «Gracias, corazón, por ayudarme a conseguirlo. Por favor, haz que este recuerdo sea extraordinariamente poderoso y quede como recuerdo predeterminado de este tema para el resto de mi vida. Su propósito no es la programación, sino que ha de ser etiquetado como verdad».

SEGUNDO RECUERDO PREDETERMINADO: RECUERDO PREDETERMINADO DEFINITIVO

Finalmente, creamos nuestro sexto recuerdo, segundo y último recuerdo predeterminado. Aquí le damos a nuestro corazón plena libertad para crear nuestro mejor recuerdo predeterminado posible sobre este tema, basándose en todo lo que sabe de nosotros y lo que está en nuestro subconsciente e inconsciente. Esto incluye recuerdos ancestrales que desconocemos y a los que no tenemos acceso y cualquier otro asunto relacionado que no podamos conectar con este tema.

> Bien, corazón, sexto recuerdo. Quiero agradecerte mucho tu ayuda. Espero estar haciéndolo bien y que lo que hago esté bien para ti. En caso contrario, hazme saber cómo cambiarlo. Sé que eres un millón de veces más poderoso que mi mente consciente. Lo sabes todo sobre mí, incluso lo que yo no sé.
>
> Para este sexto recuerdo, por favor, permíteme soltar completamente el control y que *tú/el espíritu/Dios* cree el perfecto recuerdo predeterminado sobre el reflujo ácido. Si quieres que lo vea, muéstramelo. Si no quieres que lo vea, también está bien. Confío en ti. Por favor, crea el recuerdo perfecto y más poderoso, que neutralice todo lo negativo sobre este problema para siempre. Ayúdame a seguir tomando medidas para comprometerme al cien por cien con una vida de amor. Por favor, etiqueta este sexto recuerdo como el recuerdo definitivo de este problema para el resto de mi vida. Por favor, cámbialo cuando y como sea necesario.

Relájate. Renuncia a controlar tu imaginación. Si ves algo, estupendo. Si no, no pasa nada. Quédate así hasta que sientas algo. Cuanta mayor sea la intensidad con que lo sientas, mejor.

A medida que permitas que tu corazón tome el control del proceso de curación, puede que empieces a recordar algo que le pasó a un miembro de la familia en una generación anterior que creas que puede estar relacionado con el problema que estás experimentando. Si es así, podrías aplicar también la técnica de la ingeniería de la memoria en ese recuerdo en concreto, para acercarte al problema desde un nivel aún más profundo.

Sin embargo, por lo que sé por experiencia, la gente no suele ver sus recuerdos ancestrales en su mente como una película (aunque se ha dado el caso) y es más frecuente que vean una imagen o una metáfora que evoca la misma emoción que les produjo el hecho original.

Al corazón le encanta usar metáforas. Por ejemplo, cuando permites que tu corazón cree su propio recuerdo predeterminado digamos que ves un charco de lodo muy sucio y pegajoso. O tal vez tienes la sensación que tendrías si vieras un sucio charco de lodo.

No pienses: «¡Vaya tontería! ¿Por qué diablos estoy pensando en un charco de lodo? Me lo estoy inventando. Esto no sirve para nada».

En lugar de eso, ¡da las gracias! Pídele a tu corazón: «Sea lo que sea que este charco de lodo represente, por favor sánalo al nivel más profundo».

Los grandes maestros espirituales solían enseñar con parábolas en lugar de utilizar conceptos complejos. El corazón hace lo mismo. En vez de ver una película sobre cómo uno de sus antepasados perdió a su madre cuando tenía cinco años, o se sintió completamente bloqueado en su carrera, o se sintió avergonzado cuando mandaron a su padre a la cárcel, puede que vea una casa vacía y destartalada, una gran roca o un charco de barro.

Si un terapeuta trabajara con un niño de cuatro años cuyo familiar cercano acababa de morir, no le hablaría del concepto de muerte; el niño no lo entendería. En su lugar, el terapeuta podría usar una metáfora sobre cómo se siente el niño o hacer que este haga un dibujo.

En este caso, somos el niño de cuatro años, y nuestro corazón es el que trata de ayudarnos. Puede darte una metáfora que es perfectamente adecuada para curar tu problema. No necesitas conocer el acontecimiento original, ni siquiera saber lo que significa la metáfora. Puedes dejar que tu corazón haga lo que sabe hacer a nivel inconsciente. Una vez que has creado los seis recuerdos, califica cuánto te molesta tu problema de nuevo en una escala de cero a diez, o si prefieres no usar una escala numérica, solo observa si te molesta o no.

Digamos que mi problema de reflujo ácido pasó de un nueve a un cinco. Eso es estupendo, pero también sé que no es suficiente. Está bien. Puedes repetir este proceso tantas veces como necesites hasta que el problema deje de molestarte. Por eso la ficha de trabajo tiene un lugar para apuntar el número de la versión. Puede que tenga que crear treinta recuerdos diferentes sobre mi reflujo ácido para que el asunto pase a ser neutro. Pero cada paso es importante, y poco a poco empezarás a sentir el cambio. Habla de la misma forma a tu corazón cada vez, e imagínatelo hasta que lo sientas.

Si repites el proceso, el verdadero recuerdo predeterminado no tiene que cambiar, a menos que veas en algún momento que hay otro ángulo positivo en el que no habías pensado antes.

También puede cambiar si ocurre algo negativo, y te explico cómo. Digamos que vuelvo al médico al cabo de seis meses y me dice: «Alex, lamento decirte que tienes cáncer de esófago». Esa es una nueva información que cambia la verdad de mi situación. Pero en lugar de añadirle «voy a morir de cáncer de esófago» a mi recuerdo de programación, puedo añadir «cáncer de esófago» al recuerdo predeterminado y seguir teniendo un «por lo tanto» positivo. Por ejemplo: «Tengo cáncer de esófago, pero eso puede curarse perfectamente. Que yo sepa, todavía puedo tener una vida estupenda, exitosa, maravillosa y saludable». Incluir un mensaje positivo es vital para el proceso de curación. Se trata de la proporción de memoria positiva/negativa en tu corazón. Si la proporción es excesivamente negativa, la adaptación psicológica no se activará, y tu cuerpo y tu mente no podrán volver a su estado predeterminado positivo natural y sanar lo que hay que sanar.

El recuerdo predeterminado definitivo que crea tu corazón puede cambiar en cualquier momento. Siempre que crees un nuevo recuerdo con fines de programación, puedes decir: «Corazón, si quieres revisar tu recuerdo predeterminado definitivo teniendo en cuenta este cáncer de esófago, hazlo, por favor».

CÓMO USAR LA TÉCNICA DE LA INGENIERÍA DE LA MEMORIA

Ahora inténtalo tú. Si quieres ver un video de demostración de la técnica de la ingeniería de la memoria (en inglés), ve a www.mymemorycode.com.

1. Puedes usar el gráfico o no. Elige un problema y califícalo de cero a diez. Puede ser físico o no físico. Podría ser tu relación con alguien. Te recomendaría que eligieras lo que más te molesta.
2. Ponte cómodo, respira profundamente desde el estómago y cierra los ojos si eso te ayuda a concentrarte. Reza una oración acerca del problema y su solución: «Dios, te pido que hagas un milagro y sanes todo lo relacionado con el problema. Por favor, permite que mi sistema inmunitario, los sistemas inteligentes de curación y este proceso de ingeniería trabajen con toda su eficiencia y potencia».
3. Ahora dirígete a tu corazón. Si lo haces en casa, te recomiendo que le hables en voz alta, pero no tienes que hacerlo si te sientes incómodo. Puedes decir algo como: «Corazón, gracias por cuidarme, por amarme, por tener siempre presente mi mejor interés. Siento ser tan terco a veces. Lamento haber sido excesivamente miedoso en tantas ocasiones. Quiero vivir una vida más llena de amor, si puedo hacerlo. Por favor, ayúdame a conseguirlo. Por favor, ayúdame a crear estos recuerdos para que me sirvan de ayuda y no me hagan daño. Por favor, acepta este

primer recuerdo solo como programación. No es verdad, y no lo presento como si lo fuera. Úsalo solo para pasar mi frecuencia de salud de negativa a positiva».

Ahora, crea tu nuevo recuerdo imaginario del pasado, sustituyendo la experiencia negativa real por una positiva. Imagina eso. Pruébalo, tócalo, huélelo, y mantente inmerso en él. Continúa hasta que sientas un cambio en los pensamientos positivos, sentimientos, emociones y posiblemente incluso sensaciones físicas que podrías sentir si, de verdad, te estuviera sucediendo.

4. «Por favor, acepta este siguiente recuerdo solo para propósitos de programación. No es la verdad, y no lo presento como tal. Úsalo solo para cambiar la energía negativa a positiva». Ahora, imagina que lo negativo no es lo que pasó, sino que lo que pasó es el milagro, ese hecho fabuloso, increíble, extraordinariamente positivo. Imagínalo hasta que sientas el cambio.
5. «Por favor, acepta este siguiente recuerdo solo para propósitos de programación. No es la verdad, y no lo presento como tal. Úsalo solo para cambiar la energía negativa a positiva». Imagina que estás exactamente donde estás, en el momento presente, y estás recordando esa maravillosa y milagrosa realidad. ¿Cómo te hace sentir eso en este momento presente, mientras recuerdas lo que pasó? Imagínalo hasta que sientas el cambio.
6. «Por favor, acepta este siguiente recuerdo solo para propósitos de programación. Nunca lo creas como la verdad. No es la verdad, y no lo considero como tal. Úsalo solo para cambiar la energía negativa a positiva». Imagina que estás en algún momento del futuro, un año o diez años más tarde, o incluso al final de tu vida. A esa edad, estás recordando la maravillosa y milagrosa realidad relacionada con este asunto. ¿Cómo te sentirías en ese momento de tu vida

si eso fuera lo que realmente hubiera sucedido? Imagínalo hasta que sientas el cambio.

7. «Corazón, con este próximo recuerdo, por favor acepta y cree que es la verdad sobre este asunto. Conviértelo en mi recuerdo predeterminado para este asunto durante el resto de mi vida. Cada vez que suceda algo en mi vida relacionado con este tema, activa los primeros cuatro recuerdos creados para compensar mi programa negativo, y también activa este recuerdo como la verdad sobre este asunto». Imagina la verdad actual sobre el tema, pero sin el «por lo tanto» negativo, e imbuido de todas las buenas posibilidades que aún pueden darse en tu vida a pesar de ese problema. Una vez más, imagínalo hasta que sientas el cambio.
8. «Corazón, por favor, ayúdame a renunciar al control. Crea el recuerdo predeterminado más perfecto y poderoso para este asunto. Que sea el recuerdo definitivo para él, independientemente de que yo lo vea y sepa de qué se trata o no. Gracias».
9. Califica tu problema de nuevo, de cero a diez. Nota cualquier cambio. Abre los ojos.

Realiza esa secuencia, y haz cada paso hasta que lo sientas. Quizá haya recuerdos que sientas en un minuto, mientras que otros te lleven cinco. Está bien. Tómate el tiempo que necesites.

Puede parecer que esta técnica tiene muchos pasos. Sin embargo, hoy puedo hacerlos en unos dos minutos. Cuanto más lo practiques, más se afianzará la relación de confianza con tu corazón, y más rápido podrá producirse la curación. Al principio, era como si mi corazón me sujetara y me dijera: «¿Qué diablos estás haciendo?». Pero con el tiempo, comenzó a entender y a cooperar, de modo que lo que al principio me tomaba tanto tiempo ahora lo hago en solo un par de minutos. Lo mismo pasó con mis clientes, y creo que lo mismo pasará contigo.

LA TÉCNICA DE FLUJO AUTOMÁTICO

Después de practicar la técnica de la ingeniería de la memoria durante un tiempo, quizá descubras que no necesitas seguir los pasos anteriores tan al pie de la letra. Si es así, tal vez quieras probar una versión del flujo de consciencia* llamada «técnica de la ingeniería de la memoria de flujo automático», donde en lugar de controlar el proceso, sencillamente lo supervisas. Eso significa que tendrás que ser capaz de confiar en tu corazón lo suficiente como para soltar el control y seguir la corriente. Incluso para quienes han practicado esta técnica durante un tiempo y son capaces de dejar ir el control internamente, solo lo recomendaría si son muy visuales. Todos somos visuales en nuestro inconsciente, pero no todos podemos acceder fácilmente a esas imágenes a través de nuestra mente consciente.

Como soy una persona muy visual, la versión del flujo automático me funciona bien. La intención es pedirle a nuestro corazón que cree los seis recuerdos, que los deje ir y que observe lo que sucede. En lugar de decirle a mi corazón exactamente qué tiene que hacer y cuándo, me limito a supervisarlo. Permito que mi mente, corazón, espíritu y –espero– Dios, creen y editen los seis recuerdos como quieran; pero también tomo notas y me aseguro de que se creen todos los recuerdos.

Por ejemplo, después de pedirle a mi corazón que cree los seis recuerdos, puedo ver el nuevo recuerdo positivo del pasado y el primer recuerdo predeterminado con bastante rapidez. Entonces el proceso puede detenerse. En ese momento, le diría a mi corazón: «No he visto el recuerdo milagroso del pasado. ¿Puedes mostrármelo?». Y permito que el proceso continúe, pidiendo que, si es necesario, se me muestre cualquier recuerdo que no haya visto, hasta que se creen los seis (con la posible excepción del recuerdo

* N. del T.: Término psicológico referido a la corriente de pensamientos en la mente consciente.

milagroso predeterminado, ya que no siempre vemos directamente ese recuerdo).

Ahora suelo utilizar la versión del flujo de consciencia a diario. Este es el proceso que sigo:

1. Identifica y califica tu problema como te he indicado antes.
2. Ponte cómodo y reza por tu curación como has hecho anteriormente. Es decir, pidiéndole a Dios o a tu poder superior que intervenga de forma milagrosa y sane el problema por completo, y que permita que tu sistema inmunitario, los sistemas de curación inteligentes y este proceso de ingeniería de la memoria funcionen con toda su eficiencia y poder.
3. Pídele a tu corazón que cree los seis recuerdos a su manera y en su propio orden: «Corazón, crea un recuerdo positivo, un recuerdo milagroso, un recuerdo milagroso presente y un recuerdo milagroso futuro. Por favor, no aceptes estos recuerdos como la verdad, sino solo para propósitos de programación positiva. Y crea mi nuevo recuerdo predeterminado, sin la creencia negativa de «por lo tanto», así como mi nuevo recuerdo milagroso predeterminado. Por favor, cada vez que encuentres algo similar en mi vida trata estos dos recuerdos como la verdad sobre este tema».
4. Entonces, me siento y observo. Si el proceso se detiene, le pido al corazón que me muestre el recuerdo que falta, hasta que se creen los seis recuerdos. Si pido un recuerdo milagroso predeterminado y no lo veo, sencillamente confío en que ha sido creado y lo dejo estar.
5. Cuando los seis recuerdos estén completos, vuelvo a calificar el problema, como lo describí anteriormente. Si me sigue molestando, puedo repetir el proceso en ese momento, o puedo esperar a repetirlo más tarde, hasta que deje de molestarme.

Si pruebas esta versión y te cuesta, no hay problema, simplemente vuelve a la versión anterior.

PREGUNTAS FRECUENTES

¿Con qué frecuencia debo usar la técnica de la ingeniería de la memoria, y durante cuánto tiempo?

Yo empezaría inmediatamente a hacer este proceso a diario con el problema que me pareciera más acuciante.

Si eres un perfeccionista, te aconsejo que *lo simplifiques al máximo*, como en el ejemplo anterior del reflujo ácido. Aunque quieras usar la ficha de trabajo, puede que te resulte más útil prescindir de ella y ver qué pasa. Confía en tu corazón.

Además, unas veces el cambio es instantáneo, y otras requiere de un proceso. Puedes crear la nueva serie de seis recuerdos y calificar el problema con un tres cuando hayas terminado. Eso es estupendo, pero al día siguiente deberías volver a revisarlos, para ver si todavía están fuertes e intactos. Si no es así, repite el proceso y ponlos de nuevo en marcha.

Crear los recuerdos puede ser en sí mismo un proceso. Algunas personas los crean en cinco segundos o menos cada vez, y no hay ningún problema. Esto suele suceder con sujetos que son buenos para visualizar, que ven las cosas con bastante facilidad o que tienen mucha imaginación. En realidad, todo el mundo tiene una gran imaginación; es solo que en algunos, el corazón ha apagado su imaginación porque sigue imaginando acontecimientos tan negativos que al sujeto le resulta difícil sobrellevarlo. A veces, para protegerte, el corazón elimina tu capacidad de visualizar, pero lo normal es que esta se restablezca cuando te cures.

Tal vez uno de cada treinta necesite varias sesiones únicamente para crear estas imágenes. Es extremadamente raro, pero sucede. Si es tu caso, no te preocupes. Solo completa las sesiones múltiples, y luego revisa tus recuerdos diariamente durante tres o cuatro días para asegurarte de que se mantienen fuertes e intactos. Si han cambiado, solo tienes que visualizarlos otra vez.

Si has trabajado sobre ese asunto durante algún tiempo, pero sigues notando pensamientos, creencias, sentimientos y conductas negativos, es posible que también tengas que trabajar en otros recuerdos relacionados con él. Tienes billones de recuerdos. Por ejemplo, si te preocupa tu trabajo, esa preocupación puede provenir de ciento cincuenta mil recuerdos diferentes, no solo de los dos que has estado rediseñando. Otros recuerdos pueden provenir de tu experiencia personal, tus padres, tus amigos, otra gente que conoces o lo que te enseñaron en la escuela, y que se reactiva cada vez que vuelves a pensar en ello o sucede algo en tu vida que tu mente interpreta como relacionado con ese recuerdo. Además, cada vez que se reactiva puedes crear un nuevo recuerdo negativo o alterar los que tienes. Por eso nuestros recuerdos son más como fantasías que como grabaciones de vídeo.

Tal vez reprogrames ese único recuerdo, que cura diez mil recuerdos relacionados, y te sientas mucho mejor durante ocho horas, un día o más. Pero entonces empiezas a preocuparte por tu trabajo de nuevo. Esto no sucede porque el proceso no haya funcionado. Si has empezado a preocuparte otra vez es porque aún tienes ciento cuarenta mil recuerdos que no se han curado todavía.

Lo bueno es que no tienes que tratar ciento cincuenta mil recuerdos individualmente, porque todos están en la misma carpeta de archivos. No olvides que nuestros recuerdos están unidos por nuestra interpretación. Todos están conectados entre sí. Cuando rediseñas un recuerdo con una cierta interpretación –como el recuerdo de haber tenido problemas de niño por no terminar tu trabajo a tiempo, lo que interpretaste como «cuando no termino mi trabajo a tiempo, soy una mala persona»–, ese único proceso puede rediseñar todos los recuerdos con esa interpretación. Te recomendaría trabajar en los recuerdos más antiguos y dolorosos que encuentres, y probablemente curarás un gran número de ellos de una sola vez.

Diría que en, al menos, el cincuenta por ciento de las personas que pasen por este proceso una vez desaparecerán todos los síntomas no físicos. Normalmente, con el tiempo, esto se producirá también en los síntomas físicos.

En pocas palabras: ten paciencia. El proceso les lleva más tiempo a algunos que a otros, y no pasa absolutamente nada por ello.

Estoy experimentando ansiedad general, pero no puedo identificar un problema específico. ¿Puedo seguir usando la técnica de la ingeniería de la memoria?

Si tuviera ansiedad general, pero no pudiera señalar un recuerdo o asunto específico, utilizaría la ficha para escribir lo que estoy pensando, sintiendo y creyendo en este momento. En la parte de atrás, puedes escribir todo lo relacionado con esto: ¿cuánto tiempo lleva sucediendo? ¿Es muy intenso? ¿Es peor unas veces que otras? Si es así, ¿qué sucede en esos momentos? ¿Es peor por la mañana o por la noche? Luego forma una imagen en tu mente basada en lo que acabas de escribir, y empieza a trabajar en esa imagen. Realiza el proceso en ella, y luego, si es necesario, puedes identificar tu recuerdo más antiguo o doloroso que comparta la mayor sensación negativa con lo que estás viviendo ahora mismo y trabajar en ello. Pero lo más frecuente es que no tengas que hacerlo. Cuando tratas con un problema desconocido basado en tus síntomas, se forma una imagen que se conecta con los recuerdos adecuados en tu inconsciente y funciona igual.

¿Qué pasa si no estoy seguro de que las imágenes que estoy viendo vienen de mi corazón? ¿Y si estoy creando conscientemente estas imágenes?

Puedes decir conscientemente: «Mi intención durante los próximos minutos es soltar el control lo mejor que pueda y dejar que mi corazón me proporcione la imagen». Incluso puedes decir: «Corazón, no se me da bien soltar el control, así que trataré de hacerlo, pero no sé si lo haré muy bien o no. Eres un millón de veces más poderoso que yo. Incluso si no logro soltar el control, tómalo y crea la imagen que tú quieras, aunque crea que la hice yo conscientemente».

¿Además de la técnica de la ingeniería de la memoria, hay algo más que pueda hacer para ayudar a cambiar los pensamientos, sentimientos, creencias y otros asuntos relativos a los recuerdos?

Además de la técnica en sí, sigue recordándote que tus circunstancias no son la razón por la que tienes estas experiencias negativas. Tratar de conseguir más dinero, o un mejor trabajo, o incluso recuperarte de un problema de salud no necesariamente va a hacer que te acerques más a una proporción cardíaca positiva, porque tus circunstancias no son la causa de tus experiencias negativas. El problema es interno, no externo. Eso significa que tu enfoque debe ser interno.

Otra práctica sencilla con la que he visto resultados increíbles es esta: cada vez que tengas un pensamiento o sentimiento negativo, no dejes que quede en un pensamiento o sentimiento. En lugar de eso, conviértelo en una oración. Cada vez que notes un pensamiento o sentimiento negativo, solo tienes que decir: «Por favor, convierte este pensamiento/sentimiento negativo en uno positivo». Aunque tengas que hacerlo cien veces al día. Convertirlo en una oración en vez de dejarlo solo como un pensamiento cambia la energía de negativa a positiva. ¡Es increíble!

Durante unas tres semanas, probablemente sentirás que esta práctica te vuelve loco, porque tienes que hacerla muy a menudo. Pero llegará un momento en que el corazón cambiará. Es casi como si dijera: «Está bien, lo entiendo. Vas a convertir cualquier pensamiento o sentimiento negativo en una oración; entonces dejaré de enviártelos». De repente, los pensamientos y sentimientos negativos desaparecen. Muchos de mis clientes han probado esta pequeña práctica y han dicho: «No me lo podía creer. He tenido estos pensamientos y sentimientos negativos toda mi vida. De repente, se detuvieron». Esa es una manera poderosa de apoyarte a ti mismo para cambiar tus pensamientos y sentimientos a medida que se curan tus recuerdos.

Si ves que la técnica de la ingeniería de la memoria o la versión del flujo de consciencia no está dando los resultados que deseas, tienes dos opciones más: añadir un refuerzo de medicina energética a cualquiera de las versiones de la técnica (que puede llegar a duplicar su efectividad) y añadir el proceso de códigos de curación II, que trata los mismos asuntos desde un ángulo diferente mientras amplía los efectos de ambos. Te mostraré cómo hacer ambas cosas en el próximo capítulo.

Capítulo 10

Los códigos de curación II: herramientas energéticas para abrir la puerta

Aunque la técnica de la ingeniería de la memoria es una forma de medicina energética en sí misma, también puede mejorarse con herramientas adicionales de medicina energética.

Algunas personas tienen más facilidad que otras para acceder a sus recuerdos originales a través de su creador de imágenes. Si te encuentras en la puerta de tus recuerdos, y sientes que hay una cerradura, este capítulo te mostrará cómo utilizar otro conjunto de herramientas que pueden ayudarte a abrirla. Una vez que entres, podrás acceder a tus recuerdos y rediseñarlos mucho más fácilmente.

Los códigos de curación II son herramientas energéticas adicionales que pueden ayudar a acelerar los efectos posteriores del cambio de la memoria interna, para que tus pensamientos, emociones, sentimientos, creencias, comportamientos y fisiología puedan cambiar más rápidamente. Casi toda mi fama se la debo a estos códigos.

Fueron descubiertos hace dieciocho años. Para usar las herramientas de este capítulo no es necesario que sepas qué son los códigos de curación, pero en caso de que tengas curiosidad, son una forma de medicina energética que usa la postura de las manos para enviar energía a centros clave del cuerpo, principalmente para curar la fuente de los problemas de salud.

Me dicen los expertos en el campo que los códigos de curación son la segunda modalidad más importante de psicología energética en el mundo. Tenemos clientes en cincuenta estados y ciento setenta y dos países. También he sido informado de que nuestra empresa es el mayor grupo de este tipo en el mundo, y prácticamente ha crecido a base del boca a boca. He aparecido como invitado en la mayoría de las cadenas de noticias por cable, Oprah.com, PBS, etc.

He descubierto que mis clientes de Alemania, Suiza y Austria valoran mucho el talante intelectual, lógico y preciso, y el sistema de códigos de curación sigue creciendo en esos países como un incendio forestal, más que en cualquier otro lugar. ¿Por qué? Porque te permite pasar por encima de la mente consciente. Si tienes una inteligencia de tipo intelectual o te inclinas por ser controlador, añadir este tipo de herramienta de energía podría ser el impulso que necesitas. Esta fue la experiencia de mi esposa. Es increíblemente inteligente, y su mente seguía saboteando sus esfuerzos por curar su depresión. Los códigos de curación fueron lo único que le funcionó. Pero no te preocupes si no te consideras intelectual o controlador; en cualquier caso serán eficaces. Los códigos de curación II son parecidos a los primeros códigos de curación; sin embargo, tienen un propósito completamente diferente. Mientras que la técnica de la ingeniería de la memoria ayuda a sanar *no físicamente* tus recuerdos usando tu creador de imágenes, los códigos de curación II ayudan a sanar *físicamente* tus recuerdos inconscientes, subconscientes y conscientes, los tres a la vez, de forma complementaria. Según los resultados de las pruebas que he llevado a cabo, los códigos de curación II son un cincuenta por ciento más poderosos que los códigos originales, y más sencillos.

POSICIONES DE LA MANO EN LOS CÓDIGOS DE CURACIÓN II

El sistema de códigos de curación II se centra en tres áreas de curación:

1. **El bulbo raquídeo.** El área del bulbo raquídeo se halla en el centro de la base del cráneo, justo donde el cráneo se encuentra con el tejido blando del cuello. Esta posición estimula el bulbo raquídeo, o la mente subconsciente e inconsciente.
2. **La corteza prefrontal.** Esta es el área de la frente, aproximadamente dos centímetros y medio por encima de donde las cejas se encontrarían si crecieran juntas. Esta posición estimula el córtex prefrontal y todo lo que está conectado a él, especialmente la mente consciente.
3. **El ombligo.** Esta área está directamente bajo el ombligo. Esta posición estimula el sistema gastrointestinal, donde se encuentra la mayor parte de tu sistema inmunitario, incluido el microbioma, que tiene una importancia crítica.

Para activar estas áreas de curación, solo tienes que colocar la palma de la mano sobre el bulbo raquídeo, sobre la frente (corteza prefrontal) o por debajo del ombligo. Mientras sostienes la mano en esta posición, te recomiendo que respires lenta y profundamente desde el estómago, no desde el pecho (la respiración torácica es una respiración de estrés). Relájate y deja que tu mente y tu cuerpo se suelten, o rememora un recuerdo feliz y lleno de amor. Si te sientes cómodo haciéndolo, concéntrate en el problema y fíjate en cómo va cambiando. Cuando estás en alguna de estas posiciones, lo mejor suele ser guiarte por lo que te parezca bien hacer.

Mucha gente me pregunta cuánto tiempo debe mantener la posición, o qué resultados se pueden esperar. Como el código de curación II trabaja en el origen de los problemas en lugar de en los síntomas, puede que no notes ningún cambio inmediatamente. La gente experimenta diversos resultados tangibles e intangibles. Algunos sienten euforia, otros calma, y hay quienes sienten que se ha producido un cambio, pero aún no son capaces de identificar de qué se trata. Algunos sienten esperanza, otros experimentan la disminución de un pensamiento o sentimiento negativo, y otros sienten una liberación del dolor o la tensión física. Muy pocos (aproximadamente el diez por ciento de la población) pueden sentirse peor durante un tiempo, antes de sentirse mejor, lo que se conoce como «crisis de curación» o reacción de Herxheimer. Cualquier cosa que experimentes es la adecuada para ti, pero podría diferir de la experiencia de cualquier otra persona. Por esa razón, te ofrezco algunas sugerencias de tiempo, pero siempre ten presente que puedes mantener las posiciones durante más o menos tiempo recomendado a continuación.

LOS CÓDIGOS PRIMARIOS DE VIDA

Por sí mismos, los códigos de curación II son un conjunto de cinco códigos primarios de vida que tratan cinco aspectos diferentes de esta. Cuando los sigues en este orden, puedes trabajar en cualquier asunto que elijas y abordarlo desde todos los ángulos.

1. El primer código primario de vida aborda los pensamientos, sentimientos y creencias negativos. Queremos transformar todo eso y hacerlo pasar de la oscuridad a la luz, del miedo al amor, de la falsedad a la verdad, de los problemas de salud a la salud.
2. El segundo código primario de vida trata de la enfermedad, la dolencia y la disfunción, no de los síntomas, sino de la fuente.

3. El tercer código primario de vida tiene como objetivo transformar las acciones y conductas basadas en el miedo, así como las acciones, las adicciones y los hábitos basados en el dolor, en acciones y conductas positivas basadas en el amor.
4. El cuarto código primario de vida aborda el dolor no físico (mental, emocional o espiritual).
5. El quinto código primario de vida es para cualquier tipo de dolor físico.

Para usar los cinco códigos primarios de vida, piensa en el problema que más te perturbe en este momento, por ejemplo la ira hacia tu compañero de trabajo. Luego puedes revisar los cinco códigos primarios de vida en orden, abordando cualquier asunto relacionado con este problema, ya sea conocido o desconocido.

Primer código primario de vida: pensamientos, sentimientos y creencias negativos

- Identifica el pensamiento, sentimiento o creencia negativos relacionados con tu problema principal. Con la ira, tu sentimiento negativo puede ser: «Tengo ganas de hacerle daño a alguien».
- Califica la intensidad de cero a diez.
- Encuentra un recuerdo anterior con el mismo pensamiento y sentimiento negativos. Por ejemplo: «A los cinco años, tuve un berrinche».
- Califica la intensidad de ese recuerdo de cero a diez.
- Reza o pide conocer cualquier recuerdo negativo conocido o desconocido y cualquier problema físico relacionado con este pensamiento, sentimiento o creencia negativos (tener ganas de hacerle daño a alguien, la rabieta y el problema de la ira).
- Haz la secuencia del primer código primario de vida: *coloca la mano izquierda en el bulbo raquídeo y la mano derecha en la*

corteza prefrontal. Manteniendo las manos en estas posiciones, respira lenta y profundamente desde el estómago.

- Después de quince a sesenta segundos, alterna las manos: *la mano izquierda en la corteza prefrontal; la mano derecha en el bulbo raquídeo*.
- Mientras haces el código, puedes pensar en cualquier cosa que no te incomode. Puedes pensar en el problema en sí, el asunto de la curación, o visualizar como la luz divina cambia la mentira por la verdad. O bien puedes sencillamente relajarte.
- Coloca las manos en su posición con suavidad y ligereza; no necesitas presionar con fuerza.
- Duración: el tiempo que desees; puedes cambiar de manos cada quince a sesenta segundos.

Segundo código primario de vida: enfermedad, dolencia y disfunción

Para el mismo tema principal (por ejemplo, la ira), identifica cualquier enfermedad, dolencia o disfunción que creas que está relacionada con este asunto. Por ejemplo: «Creo que mi úlcera podría estar relacionada con este problema de ira».

- Identifica el pensamiento, sentimiento o creencia negativos relacionados con esta enfermedad o trastorno. Por ejemplo: «Esta úlcera es físicamente dolorosa, y trae consigo una sensación de desesperanza, ya que tener úlceras es una afección que se da en la familia».
- Encuentra un recuerdo anterior con el mismo pensamiento y sentimiento negativos. Por ejemplo: «También me sentí desesperado cuando me quedé atrás en la escuela y sentí que no podía seguir el ritmo de la clase».
- Reza o pide ser consciente de cualquier otro recuerdo negativo conocido o desconocido y de cualquier problema físico

relacionado con esta enfermedad o trastorno (la úlcera, la desesperanza y el problema de la ira).

- Haz la secuencia del segundo código primario de vida: *mano izquierda en el bulbo raquídeo (mano derecha relajada en el regazo)*. Mientras mantienes las manos en esta posición, respira lenta y profundamente desde el estómago.
- Mientras haces el código, puedes concentrarte en lo que te resulte más cómodo. Puedes pensar en el problema en sí, enfocarte en el tema de la curación o visualizar una luz divina cambiando la mentira por verdad. O bien puedes sencillamente relajarte.
- Una sola posición.
- Duración: aproximadamente un minuto.

Tercer código primario de vida: acciones o conductas negativas

Para el mismo tema principal (por ejemplo, la ira), identifica una acción o conducta negativa que creas que está relacionada con ese asunto. Por ejemplo: «Estoy bebiendo en exceso para poder olvidarme de mi ira».

- Identifica el pensamiento, sentimiento o creencia negativos relacionados con esta acción o comportamiento negativo. Por ejemplo: «Siento vergüenza o culpa por beber tanto».
- Encuentra un recuerdo anterior con el mismo pensamiento y sentimiento negativos. Por ejemplo: «Me sentí mal o culpable cuando me pillaron robando golosinas en la tienda».
- Reza o pide ser consciente de cualquier otro recuerdo negativo conocido o desconocido y de cualquier problema físico relacionado con esta acción o conducta negativa (beber demasiado, vergüenza o culpa, el problema de la ira).
- Haz la secuencia del tercer código primario de vida: *mano derecha en el córtex prefrontal (mano izquierda relajada en el regazo)*.

Con las manos en esta posición, respira lenta y profundamente desde el estómago.
- Mientras haces el código, puedes concentrarte en lo que te resulte más cómodo. Puedes pensar en el problema en sí, enfocarte en el tema de la curación o visualizar una luz divina cambiando la mentira por verdad. O bien puedes sencillamente relajarte.
- Una sola posición.
- Duración: aproximadamente un minuto.

Cuarto código primario de vida: dolor no físico (dolor mental, emocional o espiritual)

En el caso de ese mismo problema primario (por ejemplo, la ira), identifica un dolor no físico relacionado con ese problema. Por ejemplo: «Siento remordimiento».

- Identifica el pensamiento, sentimiento o creencia negativos relacionados con este dolor no físico. Por ejemplo: «Siento que no soy lo suficientemente bueno».
- Encuentra un recuerdo anterior con el mismo pensamiento y sentimiento negativos. Por ejemplo: «Cuando mi novio/novia rompió conmigo sentí que yo no era lo suficientemente bueno».
- Reza o pide ser consciente de cualquier otro recuerdo negativo conocido o desconocido y de cualquier problema físico relacionado con este dolor no físico (remordimiento, no sentirse lo suficientemente valioso y el problema de la ira).
- Haz la secuencia del cuarto código primario de vida: *mano izquierda en el córtex prefrontal (mano derecha relajada en el regazo).* Nota: Colocar la mano debajo del ombligo funciona bien sobre la ropa; no tiene que ser sobre la piel desnuda. Con las manos en esta posición, respira lenta y profundamente desde el estómago.

- Mientras haces el código, puedes concentrarte en lo que te resulte más agradable. Puedes pensar en el problema en sí, en el tema de la curación, o visualizar una luz divina cambiando la mentira por verdad. O bien puedes sencillamente relajarte.
- Una sola posición.
- Duración: aproximadamente un minuto.

Quinto código primario de vida: dolor físico

En el caso de ese mismo problema primario (por ejemplo, la ira), identifica un dolor físico relacionado con ese problema. Por ejemplo: «Tengo resaca».

- Identifica el pensamiento, sentimiento o creencia negativos relacionados con este dolor físico. Por ejemplo: «Por la resaca, me siento fatal durante todo el día».
- Encuentra un recuerdo anterior con el mismo pensamiento y sentimiento negativos. Por ejemplo: «Cuando mi madre enfermó y no pude ayudarla, me sentí un inepto».
- Reza o pide ser consciente de cualquier otro recuerdo negativo conocido o desconocido y de cualquier problema físico relacionado con este dolor físico (la resaca, la sensación de ineptitud y el problema de la ira).
- Haz la secuencia del quinto código primario de vida: *mano izquierda en el córtex prefrontal (la mano derecha relajada en el regazo).* Nota: Con las manos en esta posición, respira lenta y profundamente desde el estómago.
- Si no puedes alcanzar el área del dolor con la mano izquierda, continúa en la cuarta posición: mano izquierda en el ombligo, mientras enfocas la atención positiva en el área del dolor.
- Si pasaste la mano al lugar del dolor, vuelve a colocar la mano izquierda en el ombligo y mantenla así durante un tiempo.

- Alterna la mano izquierda entre la posición del ombligo y el área de dolor (si puedes), idealmente hasta que el dolor desaparezca o al menos disminuya.
- Duración: aproximadamente un minuto (o más, si alternaste las posiciones cuarta y quinta).

USAR EL CÓDIGO DE CURACIÓN II CON LA TÉCNICA DE LA INGENIERÍA DE LA MEMORIA

Si quieres darle un superimpulso a la técnica, puedes sencillamente añadir la posición de la mano izquierda en el bulbo raquídeo y la derecha en el córtex prefrontal durante treinta segundos, y luego la mano izquierda en el córtex prefrontal y la derecha en el bulbo raquídeo durante otros treinta segundos, alternando mientras creas cada uno de los seis recuerdos. Añadir el refuerzo de medicina energética convierte la técnica de la ingeniería de la memoria en una modalidad de curación mente-cuerpo-espíritu: activas el cuerpo con las posiciones de refuerzo, activas la mente consciente mientras creas los recuerdos y activas el espíritu mientras tratas los temas espirituales en tus recuerdos inconscientes, como el perdón, el amor en lugar del miedo, el rechazo, la autoestima y la identidad. Abordar las tres áreas aumenta al máximo tus probabilidades de una curación completa a largo plazo.

Puedes añadir estas posiciones de refuerzo a la versión original o a la versión de corriente de pensamiento. No te preocupes por contar los segundos; tan solo sigue invirtiendo esas posiciones siempre que te resulte cómodo mientras llevas a cabo la técnica de la ingeniería de la memoria que aprendiste en el capítulo anterior.

Aquí tienes un proceso paso a paso que puedes seguir si estás usando la versión original de la técnica de ingeniería de la memoria:

1. Nombra tu problema: ¿qué es lo que te molesta?
2. ¿Cuál es tu mayor sentimiento negativo relacionado con ese tema? Califícalo de cero a diez.

3. Entiende que no puedes tener un sentimiento negativo sin que lo cause un recuerdo o una imagen. Este proceso curará ese sentimiento, y el problema, en su origen.
4. ¿Qué recuerdo o imagen te viene a la mente cuando piensas en esta emoción negativa?

Si te resulta útil, rellena la ficha de trabajo para clasificar e incluir todas las partes del recuerdo, como pensamientos, sentimientos, creencias, circunstancias, relaciones, etc., que están conectadas a ella. Si eres uno de los pocos que no pueden visualizar, solo expresa detalladamente lo que sientes, y trabaja con la imagen que surja de ahí. No es necesario usar la ficha de trabajo.

Así es como creas los seis nuevos recuerdos en conjunción con el código de curación II. Crearás cuatro para la programación y dos para aumentar la precisión. Antes de cada recuerdo, comienza por rezar a Dios (si eso no te supone ningún problema) para que realice una intervención milagrosa, y por hablarle a tu corazón como a un colaborador para tu sanación.

5. Programación de recuerdo uno: para la imagen o recuerdo que identificaste, imagina una versión positiva de los acontecimientos, donde este hecho negativo nunca ocurrió, y en su lugar sucedió algo que te hizo sentir muy feliz y seguro. Imagínalo en detalle y vive en el recuerdo hasta que experimentes los sentimientos y pensamientos positivos como si estuvieran pasando ahora mismo.
6. Mientras sigues mirando la nueva imagen positiva del pasado, reza/pide que la imagen se intensifique y añade la secuencia del código de curación II: mano izquierda en el bulbo raquídeo y mano derecha en el córtex prefrontal durante unos treinta segundos, y luego invierte las posiciones mientras te resulte cómodo, hasta que sientas realmente los efectos del recuerdo.

7. Programación de recuerdo dos: crea una versión milagrosa de este mismo recuerdo positivo del pasado, en la que incluyas todos los detalles que puedas.
8. Mientras sigues mirando la nueva imagen milagrosa del pasado, usa la secuencia del código de curación II y reza/pide que la imagen se haga más fuerte, hasta sentir los efectos positivos.
9. Programación de recuerdo tres: crea un nuevo recuerdo positivo del presente, basado en el nuevo recuerdo milagroso del pasado que creaste.
10. Si ese recuerdo pasado milagroso hubiera ocurrido, ¿cómo sería tu presente? Recrea la imagen con todos los detalles posibles para que puedas sentirla ahora mismo. Mientras sigues mirando tu nueva imagen milagrosa del presente, usa la secuencia del código de curación II y reza/pide que la imagen se intensifique, hasta que sientas los efectos positivos.
11. Programación de recuerdo cuatro: crea un nuevo recuerdo del futuro, basado en el nuevo recuerdo milagroso del pasado y el recuerdo del presente que creaste. Si esos recuerdos pasados y presentes ocurrieran, ¿cómo sería tu futuro más positivo?
12. Sin dejar de mirar tu nueva imagen positiva del futuro, usa la secuencia del código de curación II y reza/pide que la imagen se intensifique, hasta que sientas los efectos positivos.
13. Recuerdo predeterminado uno: crea un nuevo recuerdo positivo del pasado en el que no cambies lo que pasó, sino que cambies tu interpretación de lo que pasó de negativa a positiva.
14. Mientras sigues mirando tu nueva imagen positiva del pasado, usa la secuencia del código de curación II y reza/pide que la imagen se intensifique, hasta que sientas los efectos positivos.

15. Recuerdo predeterminado dos: suelta el control, y pide a tu corazón que cree el recuerdo perfecto y más poderoso para este tema. Pide que sea el recuerdo definitivo para este tema, independientemente de que lo veas o que sepas lo que es o no.
16. Si puedes ver tu recuerdo definitivo, usa la secuencia del código de curación II y reza/pide que la imagen se haga más fuerte, hasta que sientas los efectos positivos. Si no, no hay problema.
17. Cuando los seis recuerdos estén completos, califica el problema general de nuevo de cero a diez. Si el problema aún te molesta, puedes repetir el proceso de inmediato, o repetirlo más tarde, hasta que el problema deje de molestarte.

Capítulo 11

La ingeniería de la memoria en acción

He visto que la técnica de la ingeniería de la memoria funciona para casi todos los problemas de salud, finanzas, relaciones, ansiedad, abuso, adicción, lo que sea. Aquí hay algunos ejemplos.

CÁNCER: EL CASO DE ERIC

Uno de mis clientes, Eric, tenía cáncer de hígado, lo que para muchos es prácticamente una sentencia de muerte. De hecho, su caso me tocaba especialmente la fibra sensible porque mi madre murió de la misma enfermedad en 1988. Eric recibió todo tipo de consejos, y al final decidió no seguir la ruta convencional de la medicina. De todas formas, por lo que sabía, no creía que fuera a salvarse. Lo único que quería era sentirse bien por su familia durante lo que iba a ser, mes arriba o mes abajo, el último año de su vida.

Cuando empezó a trabajar conmigo sucedió algo extraordinario. En ese momento, él no era consciente de ello, pero descubrimos un recuerdo de ira de cuando era muy pequeño, quizá de al poco tiempo de su nacimiento. Esa ira parecía provenir de un sentimiento de rechazo, pero no tenía la menor idea de por qué.

«Por supuesto, me han pasado algunas cosas –me dijo–, pero nada que yo llamaría ni remotamente un trauma». Cuando conocí mejor su historia, supe que Eric tenía cinco hermanos. Al crecer, se sentía como el paria de la familia. Creía que, en realidad, su padre nunca lo había querido. No pasaba tanto tiempo con él como con sus otros hermanos, y nada de lo que Eric hacía era nunca lo suficientemente bueno para él.

Con el tiempo, recordó más detalles sobre sus primeros recuerdos de ira: llevaba pañales, se sentía terriblemente desolado, y la razón tenía algo que ver con su padre. A partir de ese momento, se dedicó a cambiar su vida para conseguir como fuera el amor y el respeto de su padre. A los ocho años, decidió que lo mejor que podía hacer era ser médico.

Pues bien, eso es lo que hizo, y cuando aún no había cumplido los treinta ya tenía una consulta próspera con muchísimos pacientes en California. Y fue entonces cuando pensó: «Ahora es el momento en que puedo ir a casa, y mi padre por fin me respetará».

Sin embargo, cuando fue a visitar a su familia, no vio ningún cambio en su relación. Su padre todavía parecía seguir actuando como si lo detestara. De nada había servido todo el tiempo que había empleado en estudiar la carrera de Medicina y trabajar. Estaba devastado.

Aun así, siguió intentándolo: obtenía todo tipo de logros y premios, su reseña aparecía en publicaciones, les compraba a sus padres cualquier cosa que desearan por cara que fuera, pero no sirvió de nada. Tras unos diez años, se rindió. Se volvió adicto a las drogas, al alcohol y a la pornografía para sobrellevar el dolor y se convirtió en una persona absolutamente desgraciada.

Luego, cuando Eric tenía cuarenta años, su padre murió. Lo experimentó como un gran trauma, una mezcla de intensa rabia y absoluta desesperación. Ahora ya no podría ganarse jamás su respeto. Le había fallado a su voto de vida.

Al cabo de un año, le diagnosticaron un cáncer de hígado.

Cuando trabajamos juntos, nunca tratamos el cáncer. Solo nos ocupamos de sus recuerdos: empezando por el más reciente, cuando murió su padre, hasta cuando estaba en pañales. Trabajamos en cada uno de esos recuerdos negativos hasta que dejaron de perturbarlo. También trabajamos en su interpretación de lo que el cáncer significaba para él.

Eric empezó a sentirse mucho mejor. Desapareció su miedo e hizo las paces con la muerte. Y entonces comenzó a mejorar constantemente, hasta que un año y medio después fue declarado libre de cáncer. Nunca había tenido ningún tratamiento médico para ello, pero había usado el extraordinario poder de su mente para activar las habilidades curativas de su cuerpo.

Creo, como Eric, que fue gracias a la ingeniería de la memoria. Pero la verdadera sorpresa llegó más tarde, cuando Eric descubrió otra fuente de ira. Resulta que tenía un hermano gemelo. Tratando de averiguar de dónde venía el recuerdo de la ira y el rechazo, hizo muchas preguntas a sus padres. Finalmente le confesaron que no esperaban dos hijos y que no tenían recursos para criar a ambos. Fue a él a quien mantuvieron, y a su hermano lo dieron en adopción.

Si investigas un poco verás que los gemelos están increíblemente conectados. Incluso si no saben conscientemente que tienen un gemelo, una parte de ellos lo sabe. Así que, además de los problemas de ira y rechazo con su padre, tuvo la sensación de rechazo por estar separado de su hermano, lo que también le provocaba un sentimiento de ira. Todo esto era inconsciente, pero con el tiempo se filtró en el consciente.

Cuando sanó ambos problemas, su sistema inmunitario comenzó a trabajar con mucha mayor efectividad porque el estrés había desaparecido. Superó el cáncer de hígado, que supuestamente no se podía curar, sobre todo sin tratamiento, y muy probablemente ni siquiera con él, como fue el caso de mi madre.

Lo que comenzó como un cáncer de hígado se convirtió en la época más maravillosa de su vida. Además de sanar pudo encontrarse con su hermano después de todos esos años.

CARRERA: EL CASO DE JESSICA

Los principales problemas de Jessica tenían que ver con el éxito, el fracaso y las finanzas. Tenía treinta y tantos años y estaba segura de que el hecho de ser mujer estaba frenando su carrera. Iba de empresa en empresa y de trabajo en trabajo. En cada uno de ellos, se sentía profundamente discriminada, aunque admitió que no podía señalar nada específico.

Decía: «¡Solo sé que no me dejan ascender por mi sexo, porque soy mucho mejor que todos los demás!». Empecé a trabajar con ella aplicando la ingeniería de la memoria. No suelo preguntar a los clientes lo que ven cuando los acompaño en el proceso, y ella no me contó lo que pensaba o sentía. Pero al final, me dijo que ya no sentía que nada estuviera frenando su carrera. El tema ya no le preocupaba. Lo que sentía ahora era: «Bueno, he tenido algunas malas rachas, y tal vez me estén discriminando. Pero aunque así sea, no hay nada que pueda hacer al respecto, de manera que voy a dejarlo pasar y a esforzarme todo lo que pueda. Que pase lo que tenga que pasar».

Su mentalidad había cambiado completamente. Le pregunté:

—¿Todavía crees que te han discriminado?

—Pues sí —respondió—. Pero ya no estoy enfadada por eso, y he decidido centrarme en las cosas sobre las que tengo control. No voy a arruinar mi vida, mi matrimonio y mis hijos, aunque sea verdad.

Jessica salió con esta nueva actitud e inmediatamente obtuvo no un aumento, sino dos, en un período de cuatro meses, algo que nunca había sucedido en esa empresa.

Después, habló por primera vez con su madre sobre el tema de la discriminación. Para su sorpresa, esta le dijo que en su caso, durante años había vendido más que todos en su empresa. Mes tras mes era la mejor vendedora. Pero por alguna razón, solo ascendían los hombres. Les preguntó por qué un par de veces, y ellos se inventaron alguna excusa.

—¿Sabes? —le dijo su madre—. Eso fue cuando estaba embarazada de ti.

Estaba muy disgustada en ese momento, pensando: «Voy a traer un niño al mundo. Voy a tener muchos más gastos, y tendría que contar con medios para asegurar que no nos falte de nada, pero ¡haga lo que haga me siguen pagando el sueldo más bajo!».

—Durante el tiempo en que estuve embarazada de ti —le dijo—, estaba muy enfadada porque me discriminaban económicamente por ser mujer. —Incluso se disculpó, diciendo—: Obviamente, eso te afectó de alguna manera, y lo siento mucho. Poco después, dejé de trabajar por completo porque a tu padre le iba muy bien, y de todos modos yo quería ser ama de casa. La verdad es que aquello no volvió a preocuparme jamás.

Aunque no siempre necesitamos saber por qué estamos experimentando un problema para solucionarlo, en el caso de Jessica la ayudó enormemente. Muchos tenemos una necesidad inherente de saber por qué nos pasa algo, y si no lo logramos, terminamos inventando una razón, que a menudo es errónea y por lo tanto aumentará nuestro estrés. Ahora Jessica sabía por qué se sentía así y estaba en paz.

Si hay gente en tu vida que estaba cerca de tu familia antes de que nacieras, o que haya observado cómo fueron tus primeros años, podría ser valioso que hablaras con esas personas. Como Jessica, o muchos de los otros sobre los que he escrito en el libro, puede que descubras que tu historia familiar contiene respuestas a las preguntas que te haces sobre tu vida. Incluso si no tienes acceso a información familiar directa, investigar la historia de tu familia a través de los registros del censo, los registros de inmigración y otros recursos, puedes descubrir sorprendentes fuentes de recuerdos que te ayuden a entenderte mejor a ti mismo y a tu periplo.

He comprobado que incluso si descubres algo que al principio te crea estrés, como enterarte de que puede que no hayas sido querido de niño, la verdad siempre te hace libre, si la afrontas con amor, independientemente de las acciones pasadas o presentes de los demás.

RELACIONES: EL CASO DE ELIZABETH

Tuve otra clienta, Elizabeth, que tenía relaciones con individuos problemáticos, o con lo que ella llamaba «chicos malos». Se había divorciado dos veces y tenía otra relación con... ¿adivinas con quién? Un chico malo. Me preguntó:

—¿Por qué sigo repitiendo este patrón? ¿Cómo es que siempre me atraen esta clase de hombres que me dicen que van a cambiar por mí? Me lo creo, no cambian, ¡y luego vuelta a empezar!

Lo que descubrió guardaba relación con sus primeros diez años de vida, cuando era menonita.*

Elizabeth no tenía nada negativo que decir sobre los menonitas, excepto que recordaba que le enseñaron que debía tener cuidado «porque hay gente de diferentes creencias que viven de cualquier manera». Lo que esto daba a entender era que quienes profesaban otra fe eran malas personas.

Y aquí viene el problema. Los fines de semana, iban a la ciudad en su carruaje, vestidos con ropas muy conservadoras, y se pasaba el día escuchando: «No puedes hacer esto, no puedes hacer aquello y no puedes hacer lo otro». Veía a los otros niños del pueblo divirtiéndose mucho, comiendo dulces y helados, y vistiendo ropa bonita con todo tipo de colores llamativos.

Cuando iba a la ciudad, esa gente era amable con ella. No parecía mala. Empezó a pensar: «No veo que haya nada malo en esto. Y, si lo hay, puede que lo que me haga falta sea ser mala; por lo menos lo que entiende mi familia por mala».

* N. del T.: Los menonitas son una rama pacifista y trinitaria del movimiento cristiano anabaptista, originado en el siglo XVI, como expresión radical de la Reforma.

Así que empezó a querer tener relaciones con lo que definió como «hombres malos». En realidad, no eran malos; solo vivían de forma diferente al estilo tan conservador en que ella creció.

Cuando tenía diez años, su familia abandonó esa comunidad y empezó a vivir en el mundo exterior. Para entonces, ya estaba convencida de que quería mantener relaciones con hombres poco convencionales, llamativos y «malos». Terminó siendo un fracaso para ella, porque empezó a tener parejas que la maltrataban.

Cuando trabajamos en ese tema con la ingeniería de la memoria, ese deseo desapareció. Ahora solo quería un hombre amable, bueno, gentil, compasivo y honesto, y esa fue la siguiente relación que tuvo.

TRISTEZA: EL CASO DE SUSAN

Una de mis clientas, Susan, tenía problemas para conectarse emocionalmente con la gente más cercana a ella. Me contó que, desde que era niña, siempre se había sentido disociada no solo de quienes la rodeaban, sino incluso de ella misma. Tenía la profunda convicción de que estaba sola en la vida y de que solo podía contar con ella, pero era incapaz de precisar de dónde venía esa creencia. Parecía ser algo de nacimiento. Creció en un hogar en el que su padre trabajaba fuera y su madre se quedaba en casa con ella y su hermana. Su madre estaba muy pendiente de ella mientras crecía, y, por lo que recordaba, a su alrededor siempre había muchos amigos y familiares. No recordaba haber sufrido abusos o pérdidas significativas, al menos no más que cualquier otra persona que conociera. Sin embargo, daba la impresión de que no conectaba con su familia ni se sentía emocionalmente apegada a ella.

Más tarde, esa creencia de estar sola se manifestó en su vida. Tenía facilidad para hacer amigos, pero sus amistades no duraban. Se casó con un hombre que la amaba incondicionalmente, pero tenía problemas para recibir ese amor. Eligió un trabajo en el que trabajaba muchas horas sola delante de un ordenador todo el día, con poco tiempo o energía sobrante para su marido, hijos, casa, relaciones o cualquier otra cosa. Creó una vida en la que estaba realmente sola.

No quería vivir así. Se sentía terriblemente culpable por descuidar todo lo que más valoraba, pero no sabía cómo cambiarlo.

Trabajamos en el tema de sentirse sola con la técnica de la ingeniería de la memoria. Cuando llegamos al sexto paso, donde permitimos que el corazón creara un nuevo recuerdo predeterminado, me dijo que veía una imagen de sí misma atrapada en un oscuro sótano lleno de esqueletos.

Comenzamos de nuevo con la técnica de la ingeniería de la memoria, usando esa imagen. Cuando le pregunté qué veía cuando se imaginaba ese sótano lleno de esqueletos como una imagen positiva, dijo que veía los esqueletos, uno por uno, transformarse en familiares difuntos, que la reconocían y la saludaban. Yo sabía por su historia familiar que varios micmbros dc su familia murieron jóvenes y de forma trágica. Por parte de su padre, tanto sus bisabuelos como su abuelo habían muerto en la veintena, y por parte de su madre, las tres últimas generaciones perdieron cada una un niño pequeño. Pero ella nunca le dio importancia porque no había conocido personalmente a ninguno de estos miembros de la familia.

No se había dado cuenta de que su sentimiento de disociación y su creencia de que estaba sola provenían del dolor no expresado de múltiples generaciones, hasta que su corazón le mostró esa imagen. Cuando lo hizo, supo instantáneamente que era realmente la fuente de su problema.

Cuando creó el recuerdo milagroso, se vio a sí misma en una gran mesa muy animada, rodeada de todos los miembros de la familia que habían muerto jóvenes, ahora ya adultos, sanos, riendo y con sus propios cónyuges e hijos. Dijo que nunca se había sentido tan feliz y conectada.

Lo maravilloso de este recuerdo milagroso era que ella creía que también era parcialmente cierto. Creía que todos los miembros de su familia seguían vivos espiritualmente de alguna manera y que podía conectar con ellos en su mente en cualquier momento. Creía que los volvería a ver cuando falleciera.

El resultado es que ya no se siente sola. Ahora, los recuerdos de sus familiares fallecidos, en lugar de ser fuentes de miedo y abandono, son consciente e inconscientemente una fuente de amor y apoyo. Ha disminuido sus responsabilidades laborales para poder estar más con su familia, y se siente mucho más conectada a su vida y a su comunidad.

ANSIEDAD: EL CASO DE JOHN

John era el típico chico popular, fuerte, grandote, jovial, amigable, con quien es fácil pasar el rato.

Pero además era alguien que se preocupaba continuamente. Aunque tenía un puesto estupendo, de repente empezó a sentir un dolor en los brazos, los antebrazos y las manos, que llegó a afectar a su trabajo. Le diagnosticaron el síndrome del túnel carpiano. Fue empeorando cada vez más, hasta que finalmente un día vino a verme con los dos brazos enyesados. Los médicos trataban de inmovilizarlos para que así sanaran. Empezamos a abordar el problema a través de la ingeniería de la memoria, centrándonos en la preocupación en lugar de en sus síntomas médicos.

Tenía un trabajo muy especializado, y creía que si lo perdía, no sería capaz de encontrar otro. Afortunadamente, su trabajo estaba especializado en la única cosa en la que era realmente bueno, en la única empresa que se dedicaba a ello. Eso hacía que sus miedos fueran aún peores. Decía: «Mis hijos van a la escuela aquí. Son felices. Mi esposa creció en este sitio; no quiere mudarse. Toda nuestra vida está aquí. Si pierdo este trabajo, en primer lugar, no podré conseguir otro como este si no mejora el túnel carpiano, e incluso si mejora, no podría ganar un salario parecido al actual sin que nos mudemos a algún lugar lejano».

Eso agrandaba realmente su preocupación y su resistencia y hacía que fuera aún más difícil superarlo.

Un día, todo encajó para él. Estaba sentado con los ojos cerrados mientras yo lo guiaba a través de una meditación. Abrió los ojos, casi como si estuviera sobresaltado, y exclamó:

–¡Ha cambiado!

–¿Qué? –pregunté.

–Que ha cambiado. Sencillamente, ha cambiado –no paraba de decir eso–. ¡Ha cambiado! ¡No puedo creer que haya cambiado!

–¿Qué es lo que ha cambiado, John? –insistí.

Finalmente me dijo:

–Se ha ido la preocupación.

Nos habíamos centrado en cambiar y corregir sus recuerdos durante semanas, y él lo había estado haciendo en casa por su cuenta entre una reunión y otra. Por alguna razón, después de quién sabe cuántas horas de crear y corregir recuerdos, había llegado al recuerdo original y lo había cambiado, porque su preocupación desapareció. En un período muy corto de tiempo, su túnel carpiano sanó por completo. Por lo que sé, a partir de ahí le ha ido bien.

Para empezar, el problema nunca había sido el túnel carpiano, aunque por supuesto eso es lo que él creía. El problema eran los recuerdos que había en su interior, y nunca averiguamos cuáles eran los recuerdos originales, o al menos yo no lo hice. Fuimos capaces de arreglarlos esencialmente sacando un paquete de *software* y colocando otro sin saber exactamente qué recuerdos eran el problema. Ahora bien, nos llevó algo de tiempo y esfuerzo. Te aseguro que hubo un período de varias semanas en el que pensó que no estábamos haciendo ningún progreso. Y luego, de repente, el problema desapareció.

Nota: Estos son ejemplos muy específicos de pacientes reales de quienes conocíamos o averiguamos la historia relacionada con el problema y sus recuerdos subyacentes. He tenido otros tantos pacientes que no sabían su propia historia ni de dónde venía el problema. Y a veces por más que investigue uno no llega a ninguna respuesta relevante. ¡No hay problema! Solo tienes que empezar a aplicar la técnica de estructuración de la memoria a los sentimientos y pensamientos negativos «flotantes» o «circunstanciales», hasta que, en primer lugar, los sentimientos y pensamientos subyacentes cambien y, en segundo, los síntomas físicos también cambien o desaparezcan.

Quiero añadir algo más sobre el problema de John. Muchos creen que están viviendo una vida con sentido y propósito cuando en realidad lo único que están haciendo es dejarse la piel a tiras, porque lo hacen por las personas que aman. No se dan cuenta de lo importante que es disfrutar y de cómo esto forma parte de una vida llena de sentido y propósito.

No solo eso, también están enseñando a sus seres queridos que disfrutar de una vida plena de significado y propósito no es importante. Que lo verdaderamente importante es cumplir con tu deber y llevarlo a cabo por el bien de tus seres queridos. Estoy de acuerdo en que eso es mejor que convertirse en un asesino en serie. Pero, aun así, al final de tu vida, mirarás atrás y dirás: «Podría haber sido peor, desde luego; pero, ¿sabes una cosa?, siempre tuve la sensación de que me estaba perdiendo algo».

Así es como se sentía John. Tenía un buen trabajo. Era un buen tipo. Su vida no era horrible. Realmente creía que lo estaba haciendo lo mejor que podía para ser responsable y que vivía una vida con sentido y propósito porque estaba haciendo lo mejor para su familia.

Entonces surgió esa lesión. ¿Y si hubiera decidido adaptarse y lidiar con ello, tal vez con la cirugía, en lugar de enfrentarse a la raíz del problema? Nunca se habría liberado de la preocupación que lo abrumaba.

Después de nuestro trabajo juntos, John no revisó radicalmente su vida. No renunció a su trabajo, ni dejó a su familia, tampoco abrió una tienda de surf en algún paraíso tropical. Lo que sí hizo fue cambiar su perspectiva sobre su trabajo y su papel dentro de ese trabajo. Fue capaz de librarse del miedo de servir solo para una cosa y de que toda su vida estuviera marcada por un empleo que ni siquiera significaba mucho para él. Cambió su perspectiva de manera que le permitió trabajar tan bien como lo había hecho hasta entonces, pero sin presionarse tanto. Solo cambió la forma en que veía sus recuerdos internos y por lo tanto sus circunstancias actuales.

Recuerda lo que el doctor Jimmy Netterville escribió en su servilleta. Hay tanto que no sabemos... y estamos acostumbrados a condenar las cosas nuevas que años más tarde se convierten en la corriente principal y son aceptadas. Si funciona claramente para la mayoría de la gente, y no hace daño, ¡pruébalo! Eso es lo único que te pido.

Epílogo

Programados para los milagros

En la consulta suelo preguntar a mis clientes: «¿Alguna vez has sentido que eres especial, que se supone que debes vivir una vida extraordinaria?». Cerca de ocho de cada diez personas dicen que sí. «Sí. Cuando era niño, sí...». Creo que en parte esa es la razón por la que jugamos a ser superhéroes cuando somos pequeños.

¿Por qué no jugamos a ser superhéroes cuando tenemos cuarenta y cinco años (bueno, al menos la mayoría de nosotros)? Claro, una razón es sencillamente la madurez. Pero creo que hay otra razón más importante, y es que la mayoría hemos perdido la esperanza. Nos hemos acostumbrado tanto al camino del miedo que la desesperanza y el modo de supervivencia se han vuelto algo normal. ¡También creo que el sentimiento de ser especial y la creencia en una vida extraordinaria sigue ahí! Por eso las recientes películas de Marvel y DC han tenido tanto éxito: activan esa creencia de que «todo es posible» que hemos tenido desde la infancia.

Con mucha frecuencia, cuando alguien da un giro a su vida, quienes lo conocen bien dicen: «¿Qué te ha pasado? Parece como si hubieras vuelto a ser niño». ¿Por qué dicen «niño»? Porque ha recuperado algo de esa sensación especial. Está tratando, incluso a los cuarenta y cinco años, de volver atrás y seguir esa llamada a ser extraordinarios que lleva veinticinco años rechazando.

Cuando venimos a este mundo, nuestras mentes, nuestros cuerpos y nuestras almas están programados para sobrevivir. Sin embargo, creo que también tenemos un archivo encriptado oculto dentro de nosotros que puede permitirnos ser extraordinarios. Cuando lleguemos a la edad en la que somos capaces de distinguir entre el bien y el mal, ese archivo encriptado se abrirá, siempre que no estemos en una situación de constante amenaza para la vida.

Seguimos estando hechos para sobrevivir, pero también tenemos algo que nos impulsa a ser extraordinarios. Ser extraordinario, permitir que ese archivo encriptado dirija tu programación, requiere algo que la mayoría de la gente diría que es anormal. Otros lo llamarían milagroso. Es lo siguiente: *tienes* que desprenderte de la compulsión por sobrevivir. Debes elegir una vida de amor en lugar de una vida de supervivencia.

La supervivencia se basa en el miedo. Cuando nacemos, nuestro cerebro se encuentra en un estado dominado por las ondas cerebrales delta-*theta*, es la única vez que esto sucede en nuestra vida. Está mucho más orientado hacia el miedo y permanece así hasta que se abre ese archivo encriptado. Hasta entonces, así son las cosas: no hay nada que podamos hacer al respecto excepto sobrevivir, aprender y crecer.

Pero una vez que ese segundo archivo se abre, salimos del estado delta-*theta*, y entonces somos libres para elegir cada día durante el resto de nuestras vidas. No tenemos por qué aceptar la llamada a ser extraordinarios. Somos libres de rechazarla. Aunque si lo hacemos, probablemente seguiremos sintiendo esa llamada de vez en cuando durante el resto de nuestra vida. Si continuamos rechazándola, más tarde en la vida sentiremos que nos perdimos algo.

Cuando elegimos el amor con todo nuestro corazón y dejamos de buscar el placer y evitar el dolor también con todo nuestro corazón (y nuestro corazón sabe si realmente lo hemos hecho o no), ese archivo se convierte en nuestro nuevo *software*, y experimentamos lo que nunca antes fue posible. En cierto modo, empezamos a vivir como superhéroes.

El amor abre la puerta a lo milagroso. Nos lleva a vivir en gracia.

¿Qué quiero decir con vivir en gracia? La gracia es más que el amor interno por ti mismo. La gracia es amor interno y externo. Significa estar en la relación correcta no solo contigo mismo, sino con todos los demás a tu alrededor, entre ellos la Fuente del universo, o Dios.

De hecho, creo que para experimentar plenamente las posibilidades de la gracia, tienes que mantener la relación apropiada con Dios o tu poder superior. El propósito de este libro no es exponer mis creencias sobre este tema, pero creo que esa relación apropiada es lo que te lleva al pleno poder de lo sobrenatural.

El sistema de la gracia es exactamente lo opuesto al sistema de la ley. El sistema de la ley tiene muchos nombres diferentes: la ley de causa y efecto, la tercera ley del movimiento de Newton (a cada acción le corresponde una reacción igual y opuesta), la ley de atracción, el karma, «cosechas lo que siembras»... Pero en realidad todas son la misma ley: lo que obtienes depende de lo que hagas.

Esas leyes son absolutamente reales, lo mismo que los resultados que producen. Pero estos resultados son limitados. Hay un sistema aún más elevado que es completamente diferente de cualquiera de esas leyes y de cualquier otra ley de la que hayas oído hablar. Se llama gracia. Por medio de la gracia experimentas tu más alto potencial, porque la gracia te conecta con lo sobrenatural. No sigue las reglas de la física clásica ni de cualquier ley conocida que gobierne el universo. Transforma milagrosamente tus «tengo que» en «quiero» y produce los mejores resultados para ti y para todos los demás a largo plazo.

Por experiencia, sé que la mayoría de la gente tiene una idea equivocada sobre la gracia. Creen que es sinónimo de perdón, o de obtener algo gratuitamente. No es ninguna de las dos cosas.

Significa que, en primer lugar, no hay nunca nada que perdonar. Y no es gratuita, la paga la parte ofendida, no el ofensor.

Como ejemplo de estas ideas me gustaría compartir algunas historias.

UN CASO DE GRACIA

Ese día Paul cumplía dieciséis años y se despertó más emocionado que en cualquier Navidad que pudiera recordar. Sus padres habían consentido que faltara a las primeras horas de clase para que pudiera ir a hacer el examen de conducir esa mañana, en cuanto abriera la Dirección General de Tráfico.

Y, como era de esperar, llegó antes de que abrieran las puertas, y en cuanto lo hicieron, entró en el centro de pruebas de conducción. Los empleados sonreían al ver lo entusiasmado que estaba, aunque lo conocían de haberlo visto muchas veces. Paul ya había arreglado toda la documentación necesaria.

Firmó, y luego firmó su padre, atestiguando que Paul era realmente quien su certificado de nacimiento aseguraba que era. Luego lo llevaron a un ordenador para realizar el examen escrito. Terminó en una media hora y le dijeron que había aprobado, solo falló en una pregunta, lo que no sorprendió a su padre ya que Paul llevaba seis semanas estudiando. Le encantó que su hijo reaccionara a la obtención de su licencia casi exactamente como lo hacía cuando era un niño.

Lo siguiente fue el examen práctico. Podía ver algo de sudor en la frente de Paul cuando entraron en el Oldsmobile Cutlass Supreme de seis años de su padre, con el que Paul también había estado practicando, no durante seis semanas, sino probablemente durante seis meses. No tuvo un solo fallo. Cuando volvieron, la examinadora le dijo que lo había hecho estupendamente. El chico sonrió de oreja a oreja. Volvieron a entrar, y tras unos quince minutos, le entregaron su primer permiso de conducir. Sus padres le habían comprado un Chevrolet de diez años para conducir. Paul estaba absolutamente encantado y se sentía más libre de lo que se había sentido en su vida.

Unos tres meses después, su padre trajo una gran sorpresa a casa: un flamante y reluciente Corvette rojo.

Paul no podía creerlo. Inmediatamente supo que el coche no era para él, pero aun así no podía creerlo. Nunca habían tenido uno como ese. Normalmente compraban coches de segunda mano para ahorrar algo de dinero.

Cuando su padre salió del coche, Paul fue corriendo hacia él, y la madre salió también de la casa para darle un abrazo. Le contaron que su padre había soñado siempre con tener un Corvette rojo, desde que tenía memoria. Nunca había podido permitirse uno, y la verdad es que tampoco ahora podía, pero llevaba unos diez años ahorrando dinero para conseguir ese coche y cumplir su sueño de toda la vida. Paul se subió y vio lo que se sentía al sentarse en el asiento del conductor. Era lo más maravilloso que había visto nunca. Fue uno de esos momentos para la familia que jamás olvidarían.

Unos tres meses después de eso, Paul se armó de valor para invitar a salir a la chica que le gustaba desde hacía cinco años. Para su deleite y asombro, ella le dijo que sí. Muy contento, Paul le pidió prestado el Corvette a su padre. No creía que le fuera a decir que sí, pero pensaba que tenía que intentarlo. Estaba convencido de que aquella chica era la adecuada para él, así que pensó que merecía la pena probar, para causarle una buena primera impresión.

Podía imaginarse cómo sería la noche si de algún modo conseguía un sí, así que fue a su padre y le dijo:

–Papá, por fin he conseguido una cita con April.

Su padre lo abrazó. Su madre se enteró, y entró y lo abrazó también. Lo celebraron como un gran acontecimiento, aplaudiendo y gritando.

Paul pensó: «Si alguna vez voy a hacerlo, ahora es el momento».

–Papá, ¿sería posible que me prestaras tu Corvette para mi primera cita con April?

El padre miró a la madre; la madre miró al padre. Se consultaron el uno al otro sin hablar. Hubo un par de asentimientos, y su padre dijo:

–Está bien, hijo.

Paul no podía creerlo. Sabía que esa iba a ser la mejor noche de su vida y estaba más emocionado de lo que había estado nunca.

La noche llegó, y su padre solo le dijo:

–Ten cuidado.

Su hijo era un excelente conductor, por eso no le echó ningún sermón. Se limitó a pedirle que tuviera cuidado y que disfrutara. Su madre dijo:

–Ahora, conduce despacio. Sabes que este cacharro va mucho más rápido que tu viejo coche.

Paul dijo:

–Lo sé, mamá. Tendré cuidado.

Y se fue.

La noche fue espléndida, maravillosa, y todos los adjetivos que Paul pudiera imaginar. Cenaron y fueron al cine, donde él se atrevió a tomarle la mano. La mano de Paul empezó a sudar profusamente, pero no le importaba, y, al parecer, a ella tampoco. La llevó a casa e incluso le dio un beso en la mejilla al final de la noche. Ella le dijo que le gustaría salir otra vez con él. No podía haber ido mejor. De camino a casa, Paul iba escuchando música y cantando a todo pulmón, aunque no era uno de sus mayores dones. No tenía una sola preocupación. Llegó a una curva –incluso décadas después, no tenía ni idea de cómo sucedió– y pisó el acelerador en lugar del freno. El coche iba a una velocidad tremenda y perdió el control. Antes de que se diera cuenta, la curva se acabó, y el coche se estrelló contra un poste telefónico.

Lo primero que vio fue que estaba casi completamente ileso. Le sangraba un poco el brazo izquierdo, pero aparte de eso, parecía no haber sufrido heridas por el accidente. La puerta no abría, así que tuvo que arrastrarse por la ventana. Mirando el coche, rompió a llorar. Estaba destrozado.

Llegó la policía. Fueron muy amables con él. Se daban cuenta de que no estaba bebido ni drogado. Había sido un accidente inocente. Llamaron a la grúa para que viniera a buscar el coche, probablemente lo llevarían a algún desguace. Entonces metieron a Paul en el coche de policía para llevarlo a casa. Cuando llegaron, el policía le dijo: «Paul, lo siento, pero esta parte la tienes que hacer tú solo. Mantén la cabeza en alto, hijo».

Paul seguía tratando de contener las lágrimas. No dejaba de pensar en la mirada de su padre cuando condujo el Corvette a casa, y luego escuchó una y otra vez en su cabeza que había estado ahorrando durante diez años para ello.

Paul salió del coche, se acercó a la puerta principal y entró. Sus padres le preguntaron: «¿Cómo fue?». Habían estado toda la noche esperándolo, hablando, sonriendo, riéndose de lo emocionado que estaba su hijo. Su padre estaba muy contento de que Paul tuviera su primera cita en su coche. Pero en cuanto lo miraron a la cara, supieron que algo había salido mal.

Primero fue su madre la que habló:

—Cariño, ¿qué pasa? —Y se acercó rápidamente a él.

Luego su padre también le preguntó:

—Hijo, ¿estás bien? ¿Qué ha pasado?

Entonces Paul se lo contó todo:

—Me estrellé con el Corvette, y ha quedado destrozado.

—¿April está bien? —preguntó su padre.

Y Paul dijo:

—Sí, ya la había dejado en su casa antes del accidente.

—Bueno, entonces, ¿estás bien?

—Sí, tengo este pequeño corte aquí, pero ni siquiera necesita puntos de sutura. No está mal. Estoy bien. Solo que... —y comenzó a decirle lo que había estado ensayando en la parte trasera del coche de la policía—. Papá, siento mucho lo de tu coche. Sé que has ahorrado durante diez años. Sé que soñaste con eso toda tu vida. Lo siento mucho. ¿Podrás perdonarme alguna vez? Espero que lo tengas asegurado y rezo para que así sea.

Su padre lo miró con lágrimas en los ojos y dijo:

–Hijo, no estaba asegurado. Lo tenía asegurado, pero luego tu madre y yo decidimos cambiar de compañía de seguros. Ayer mismo le dijimos a la vieja compañía de seguros: «Vamos a cancelarlo». Aún no había conseguido el nuevo seguro.

Pero las lágrimas en los ojos de su padre no parecían ser por el coche. Le dio a Paul un enorme abrazo, lo levantó y le dijo:

–Paul, no te preocupes por ese coche. Es solo una máquina. No te preocupes por eso ni un segundo. Tú eres lo más importante. Te quiero mucho, y me alegro de que estés bien. No vuelvas a pensar en el coche.

Su madre apenas dijo nada. Fue a buscar algo para curarle el corte que se había hecho. La familia habló un poco más y luego Paul fue a su habitación, todavía atormentado por el dolor. El coche no estaba asegurado. Su padre había ahorrado durante diez años para comprarlo. No había manera de que pudiera conseguir otro, y todo por su culpa.

Al día siguiente, Paul estaba en el patio cuando su padre llegó a casa conduciendo, no un Corvette nuevo, ni un Cutlass Supreme de seis años, sino un Yugo. En aquel momento, la gente hacía bromas sobre ese tipo de coches por su pequeño tamaño y la poca confianza que inspiraban. Un Yugo era muy poca cosa, incluso comparado con el viejo Cutlass.

Pero su padre parecía tan jovial como siempre.

–Hola, Paul. ¿Cómo va todo, hombre? Me alegro de verte. ¿Cómo te fue el día? ¿Qué tal te fue en la universidad?

Paul volvió a decir:

–Papá, siento mucho lo de tu coche.

–¿Qué te dije? No tienes que volver a decir nada. No me importa ese coche. Me importas tú.

Se abrazaron. Luego Paul volvió a tirar canastas en el patio trasero, y su padre entró en la casa.

Sus sentimientos mejoraron durante las siguientes semanas. Se dio cuenta de que su padre no estaba fingiendo. Parecía aceptar lo que había pasado y no lo culpaba en absoluto, aunque Paul no sabía cómo era posible que no lo hiciera. Intentó ponerse en esa situación y estaba seguro de que habría culpado a su hijo y probablemente le habría dado una buena regañina y algún tipo de castigo. No podía creer lo extraordinario que era su padre.

Entonces, unos días después, sucedió una cosa interesante. Paul estaba en el patio cuando llegó su padre, pero en lugar de entrar en la casa para besar a su madre, fue a ver a Paul y le dijo:

–Oye, Paul, tengo que pedirte un favor.

Paul le preguntó de qué se trataba, y su padre dijo:

–Bueno, tengo un importante socio de negocios que viene a la ciudad para reunirse conmigo mañana. Se supone que debo recogerlo en el aeropuerto, pero el coche está muy sucio. Todavía tengo un montón de estudio y trabajo esta noche para prepararme para esta reunión que mi empresa lleva planeando varios meses. ¿Podrías lavar el coche lo más pronto posible?

Paul se alegró muchísimo al oír aquello. Quería hacer algo para resarcir a su padre, para mostrarle que lo sentía y de alguna manera tratar de enmendarlo. Se puso rápidamente manos a la obra.

–Por supuesto, papá. Sin problema. De hecho, cuando quieras lavarlo, no tienes más que decírmelo y lo haré con mucho gusto. ¡Estaré encantado de hacerlo!

Su padre le guiñó un ojo, sonrió y dijo:

–Gracias, hijo. –Y entró en la casa.

Paul fue al garaje para sacar el cubo con los productos de limpieza y tirar de la manguera. Lavó el coche, y notó que estaba cantando de nuevo por primera vez desde la noche de su cita, y no estaba seguro de por qué, porque nunca antes le había alegrado lo más mínimo lavar coches.

LA GRACIA TRANSFORMA LOS «TENGO QUE» EN «QUIERO»

Esta es una historia real. Para mí, es un buen ejemplo de una vida de gracia. Paul esperaba la ley. Esperaba un castigo. Esperaba: «Sabes que debes hacer esto y no aquello. Sabes que no debías destrozar el coche. Como lo has hecho, estás castigado el próximo mes, o necesitas hacer tareas extras, o conseguir un trabajo de media jornada para ayudar a pagar un coche nuevo».

¿Cómo crees que influyó en Paul el hecho de que su padre reaccionara como lo hizo, sin ningún juicio o consecuencia, aunque «se lo mereciera»?

Paul me diría, años más tarde, que este hecho fue el punto crucial de su vida. No es que su vida hubiera sido mala hasta entonces, pero en aquel momento fue cuando de verdad se sintió total y completamente amado, apreciado, seguro y valioso, sin importar lo que hiciera. Nada de eso dependía de sus actos. Solo dependía de que Paul fuera Paul, incluso con todos sus errores. Seamos conscientes o no de ello, eso es lo que todos queremos.

Creo que cualquier padre se habría asegurado primero de que él y April estuvieran bien. Pero después de eso, aunque no arremetiese contra él, probablemente habría quedado devastado por su pérdida. Al fin y al cabo, había ahorrado durante diez años. Era el sueño de su vida. Probablemente esa fue la única vez que pudo permitírselo, y que yo supiera nada indicaba que hubiera empezado a ahorrar de nuevo. Creo que después de que el Corvette quedara destrozado, abandonó la idea.

La diferencia entre lo que hubiera sido la reacción normal en estos casos y la reacción que tuvieron sus padres marcó un punto de inflexión en la vida de Paul para bien. El accidente podía haber sido un trauma enorme. Podían haberle echado la culpa; su padre podría haberse enfurecido, o su madre podría haber dicho: «¿Sabes cuánto tiempo estuvo ahorrando tu padre para comprarse este coche? ¿Sabes que era el sueño de su vida? ¿Sabes que no estaba asegurado, que confiábamos en que conducirías bien y que tenías que haber tenido cuidado?».

Pero en vez de eso, tanto el padre como la madre se centraron por completo en Paul, y no solo en que estuviera bien físicamente, sino también emocional y espiritualmente. Reaccionaron de una manera que anteponía su relación a todo lo demás.

Ahora bien, a la mayoría de la gente le costaría mucho trabajo hacer algo así. Se sentirían tan abatidos que se dejarían llevar por el estrés y pensarían en sí mismos y en su pérdida. Y la verdad es que es comprensible, ¿no? Cuando vivimos bajo la ley, no podemos evitar pensar en cómo nos va a afectar todo, porque lo más importante es nuestra supervivencia. Pero cuando vivimos bajo la gracia, somos capaces de sufrir una decepción sin hundirnos. Sean cuales sean nuestros sentimientos, podemos sentirlos mientras hacemos un balance de cómo están los demás. Somos capaces de darle prioridad a lo crucial y tener una reacción que sirva al mayor bien y de la que podamos sentirnos orgullosos.

La cuestión es que el padre de Paul nunca se enfadó con él; escuchó lo que había sucedido y le dio prioridad a lo más importante, que en este caso era que Paul y April estuvieran a salvo y que su hijo no saliera traumatizado de la experiencia. La consecuencia de sentir esta gracia fue que en Paul se creó un poderoso recuerdo en el que él era capaz de elegir la gracia. Me contó que antes se habría quejado si le hubieran pedido que lavara el coche de alguien. Después de aquello, ¡de verdad estaba entusiasmado por poder lavar el coche de su padre! Su «tengo que» se había convertido en «quiero»; fue algo que sencillamente sucedió, de una manera instantánea y milagrosa.

El accidente se convirtió en un poderoso recuerdo del que Paul echaría mano una y otra vez en la vida, creando un modelo para su comportamiento en todo tipo de situaciones en las que una respuesta basada en la gracia beneficiaría a todos los involucrados. Paul decía que aquello lo cambió para siempre. En otras palabras, el

Paul que vivía de acuerdo con la gracia era una persona totalmente distinta del Paul que había vivido en un mundo regido por el miedo, el placer y el dolor; y no solo para los demás, sino, lo más importante, para sí mismo. Continuó aplicando la gracia de su padre a sí mismo y a los demás durante el resto de su vida. Muchos atribuyeron a la gracia de Paul cambios positivos en sus propias vidas. Esta historia la contaron en su funeral, y nos descubrió su secreto a todos los que sospechábamos que tenía uno.

Creo que el padre de Paul entendió la gracia y vivió en ella, aunque él no lo llamara así, y muchas otras personas también lo hicieron. Hay mucha gente, a lo largo de toda la historia, que ha hecho este descubrimiento, aunque no lo puedan explicar con palabras.

Por ejemplo, me viene ahora a la memoria la lectura del diario que escribió mi abuela a principios del siglo XX. Creo que ella también descubrió esta forma de vida.

Ella y mi abuelo eran una familia alemana que vivió en Estados Unidos durante la Segunda Guerra Mundial. Pasaron por dos acontecimientos traumáticos: el primero, ser objeto de burla y escarnio por parte de sus amigos y vecinos debido a su ascendencia alemana, a pesar de que mi abuelo luchó por Estados Unidos y llegó a recibir una medalla en la guerra.

En segundo lugar, dirigían una plantación en el sur del país que fundó mi abuelo y de la que ambos eran dueños. Durante la Gran Depresión, el banco les exigió que devolvieran un préstamo de quinientos dólares. No disponían de esa suma, así que perdieron lo que les había costado tantos años de sudor y sacrificio. Tuvieron que mudarse a una casa más pequeña de otra ciudad.

Por lo que me han contado quienes llegaron a conocerlos personalmente, si había un verdadero ángel viviente del cielo, era esa mujer; todos decían exactamente lo mismo. No solo no devolvía las ofensas, sino que no mostraba nada más que amor. Acostumbraba a hacer pasteles y llevárselos a los vecinos que estaban enfermos, incluso a quienes se portaban mal con ella.

No hizo otra cosa que trabajar, día tras día; y era la primera en acudir cuando se necesitaba ayuda. A pesar de la crueldad, las burlas y las devastadoras circunstancias que sufrió en su vida, parecía que nada de eso le afectaba en lo más mínimo. En su diario hablaba de la alegría que sentía al ayudar a los demás, y de cómo amaba a Estados Unidos y al pueblo norteamericano. Mis dos hermanos me contaron que jamás conocieron a nadie igual. Que era increíblemente amable y cariñosa, y siempre estaba riéndose. Cuando estaba con alguien, se entregaba por completo, sin pensar para nada en sí misma. Yo era el más pequeño de la familia y no la recuerdo en absoluto; me dan un poco de envidia mis hermanos cuando hablan de ella.

Estoy seguro de que también algunos de los que leéis este libro podéis estar viviendo una vida de gracia; he tenido algunas de esas personas en mi consulta. Es solo que, por lo que he visto, el porcentaje de los que descubren esa vida por sí mismos es minúsculo, a pesar de que todos tenemos el potencial de vivir así, y podríamos ejercer esa clase de influencia en nuestros hijos, en nuestros cónyuges y, en última instancia, en el mundo.

Yo pasé por una experiencia parecida a la de Paul, aunque sucedió de manera diferente. Un ejemplo es que cuando vivía bajo la ley de lo externo, me repugnaba limpiar cuartos de baño. Me parecía asqueroso; lo despreciaba; hacía cualquier cosa para librarme, incluso mentir.

Sin embargo, hubo un momento en que mi esposa y yo estábamos atravesando una mala racha económica, y una forma de llegar a fin de mes era limpiar casas. Así que tuve que volver a limpiar baños. A veces estaban asquerosos, pero ahora cantaba, tarareaba, sonreía y hasta reía mientras limpiaba. Si te digo la verdad, sentía como si no hubiera ningún otro lugar en la Tierra en el que prefiriera estar más que allí, limpiando. ¿Por qué? Porque mi mujer estaba justo en la habitación de al lado. La próxima vez que me viera, me iba a sonreír con esa sonrisa que decía: «Te quiero con cada fibra de mi ser», cuando seis meses antes, no quería ni verme. No es que me gustara limpiar retretes. Es que lo hacía desde el amor. Gracias a eso, tenía la oportunidad de estar al lado de mi esposa, la quería más que a nada, y eso era lo más importante.

El amor hizo que dejara de importarme limpiar retretes. En eso consiste la gracia. Nos eleva por encima de la pobreza. Del dolor físico. Por encima de limpiar un retrete asqueroso y repugnante. Nos hace superar casi cualquier obstáculo que podamos imaginar.

En el caso de Hope, era el fútbol americano. Cada vez que entraba en la habitación y había un partido de fútbol, fruncía el entrecejo y exclamaba: «¡Cómo me *fastidia* eso! ¿Puedes quitarlo?».

Después de que se produjera mi cambio (que también tuvo un gran efecto en ella), me decía: «¿Cuándo va a ser el próximo partido? Me encantaría ir». ¿Por qué? No es que de repente le gustara ver el fútbol, sino que estaba viendo el fútbol enamorada... porque sabía que me encantaba, y quería estar conmigo. Lo que le importaba era nuestra relación.

Ahora te corresponde a ti tomar una decisión. ¿Quieres ser extraordinario a tu manera? ¿Quieres cambiar tus obligaciones por deseos? ¿Quieres que la mejor parte de ti se convierta en tu programación predeterminada, o quieres seguir viviendo en modo de supervivencia?

Has de decidir si quieres darle prioridad a vivir por lo espiritual o por lo natural. El miedo, o una vida regida por la ley, viene del mundo natural, de nuestro cerebro físico y sus mecanismos de lucha o huida. En cambio, el amor, o una vida de gracia, viene del mundo espiritual, y por lo tanto tiene el poder sobrenatural de producir resultados milagrosos que nunca conseguirías por medio de la fuerza de voluntad natural.

El amor en sí mismo ni siquiera tiene sentido desde una perspectiva estrictamente natural, de supervivencia del más fuerte. Lo que tiene sentido en el mundo natural es buscar el placer y evitar el dolor, no hacerse más vulnerable al dolor (que es lo que a menudo requiere el verdadero amor). Lo que tiene sentido en el mundo natural es definir el éxito como conseguir lo que quieres cuando lo quieres. Elegir el amor incluso cuando te causa dolor, y elegir renunciar a lo que realmente quieres y a lo que crees que te hará feliz, parece sospechoso en el mundo natural, pero no en el sobrenatural. La diferencia práctica entre vivir de acuerdo con lo natural y lo espiritual es como la diferencia entre montar a caballo y conducir un coche, o resolver problemas matemáticos con papel y lápiz en vez de usar una calculadora.

Ambos están programados dentro de ti. Pero elegir el amor es la única manera de que este extraordinario programa tome las riendas de tu vida.

La cuestión es que alcanzar los resultados que todos queremos en nuestra vida –amor, alegría, paz, salud, felicidad y éxito incluso más allá de nuestros propios deseos– sobrepasa nuestro poder físico y mental. Solo hay una manera de utilizar el poder sobrenatural para lograr ese tipo de resultados, y esa es la elección que tienes ante ti ahora mismo. Elegir la ley de lo interno. Elige el amor, lo espiritual, una vida de gracia. Sana los recuerdos basados en el miedo que son la verdadera fuente de tus problemas. ¿Prefieres emplear tu energía en tratar síntomas durante el resto de tu vida o en brindar un milagroso cambio positivo para ti, tus seres queridos y el resto del mundo?

Creo que ahora tienes el conocimiento y las herramientas para empezar a recorrer ese camino. Tienes la oportunidad de programarte para vivir una vida llena de milagros. La elección es tuya.

Agradecimientos

A Amanda, Harry, Michael, Steve, Leah, Emily, Jeff, Alana, Alli y Bernd: nunca podría haber hecho esto sin vosotros; incluso me habéis facilitado la labor. ¡Os amo y os lo agradezco con todo mi corazón!

Notas

Capítulo 1

1. Caroline Leaf, *¿Quién me desconectó el cerebro?* (Spanish House Edit Unlimited, 2013).
2. Caroline Leaf, *The Perfect You* (Baker Books, 2017), 52. Publicado en castellano por Whitaker House con el título *Tu yo perfecto*.
3. Rebecca Turner y Margaret Altemus, «Preliminary Research on Plasma Oxytocin in Normal Cycling Women: Investigating Emotion and Interpersonal Distress», *Psychiatry: Interpersonal and Biological Processes*, 62, 2 (julio de 1999): 97-113.
4. Bruce Lipton, «Are You Programmed at Birth?», www.healyourlife.com/are-you-programmed-at-birth.
5. Ned Herrmann, «What Is the Function of the Various Brainwaves?», *Scientific American*, www.scientificamerican.com/article/what-is-the-function-of-t-1997-12-22/ (4 de marzo de 2019).
6. Herrmann, «What Is the Function of the Various Brainwaves?».
7. Lipton, «Are You Programmed at Birth?», www.healyourlife.com/are-you-programmed-at-birth.
8. Herrmann, «What Is the Function of the Various Brainwaves?».
9. Lipton, «Are You Programmed at Birth?», www.healyourlife.com/are-you-programmed-at-birth.
10. Sue Goetinck Ambrose, «A Cell Forgets», *The Dallas Morning News*, 20 de octubre de 2004, www.legacy.sandiegouniontribune.com/uniontrib/20041020/news_z1c20 cell.html.
11. Bruce Lipton, *The Biology of Belief* (Hay House, 2008), 89. Publicado en castellano por La Esfera de los Libros con el título *La biología de la creencia*.
12. Sources: Cort A. Pedersen, University of North Carolina, Chapel Hill; Kerstin Uvnäs Moberg, *Oxitocina: la hormona de la calma, el amor y la sanación* (Ediciones Obelisco, 2009).
13. «Curse of the Lottery», *THS Investigates, E!* Entertainment Television, documental, 120 min., emitido el 24 de septiembre de 2006.
14. Brent Lambert, «75 Years in the Making: Harvard Just Released Its Epic Study on What Men Need to Live a Happy Life», *FEELguide*, 29 de abril de 2013, www.feelguide.com/2013/04/29/75-years-in-the-making-harvard-just-released-its-epic-study-on-what-men-require-to-live-a-happy-life/. Este artículo incluye una sinopsis del estudio, pero las conclusiones completas pueden encontrarse en el libro de George Vaillant, *Triumphs of Experience: The Men of the Harvard Grant Study* (Belknap Press, 2015).

15. Kim Painter, «To Live Longer, Fight Less, Study Shows», *USA Today*, 12 de mayo de 2014.
16. Ver UMass Boston, «Still Face Experiment: Dr. Edward Tronick», YouTube, 30 de noviembre de 2009, www.youtube.com/watch?v=apzXGEbZht0.
17. Matthew Jones, «11 Billion Reasons The Self Help Industry Doesn't Want You To Know The Truth About Happiness», Inc.com, www.inc.com/matthew-jones/11-billion-reasons-self-help-industry-doesnt-want-you-to-know-truth-about-happiness.html.
18. Harvard Health Publishing, «Understanding the Stress Response», www.health.harvard.edu/staying-healthy/understanding-the-stress-response.

Capítulo 2

1. Julia Shaw, *The Memory Illusion* (Random House UK, 2016), 67.
2. Jeneen Interlandi, «New Estimate Boosts the Human Brain's Memory Capacity 10-Fold», *Scientific American*, 5 de febrero de 2016, www.scientificamerican.com/article/new-estimate-boosts-the-human-brain-s-memory-capacity-10-fold/; Tia Ghose, «The Human Brain's Memory Could Store the Entire Internet», *LiveScience*, 18 de febrero de 2016, www.livescience.com/53751-brain-could-store-internet.html.
3. Steven Pinker, *Enlightenment Now: The Case for Reason, Science, Humanism, and Progress* (Viking, 2018), 48. Publicado en castellano por Paidós con el título *En defensa de la Ilustración: por la razón, la ciencia, el humanismo y el progreso*.
4. Lesley Evans Ogden, «How Extreme Fear Shapes What We Remember», *BBC Future*, 6 de febrero de 2015, www.bbc.com/future/story/20150205-how-extreme-fear-shapes-the-mind.
5. Jeff Stibel, «Pessimists: The World Is Better Than You Think. Your Brain Makes You Think Otherwise», *USA Today*, 23 de octubre de 2018, www.usatoday.com/story/money/usaandmain/2018/10/23/pessimists-your-brain-tricking-you-into-believing-things-bad/1732155002/.
6. Shaw, *The Memory Illusion*, 38-40.
7. Nathan H. Lents y Deryn Strange, «Trauma, PTSD, and Memory Disortion: Evolution May Be Partly to Blame», *Psychology Today*, 23 de mayo de 2016, www.psychologytoday.com/us/blog/beastly-behavior/201605/trauma-ptsd-and-memory-distortion.
8. Julia Shaw, «What Experts Wish You Knew about False Memories», MIND Guest Blog, *Scientific American*, 8 de agosto de 2016, www.blogs.scientificamerican.com/mind-guest-blog/what-experts-wish-you-knew-about-false-memories/?WT.mc_id=SA_MB_20160810. Ver también Leonard Mlodinow, *Subliminal: cómo tu inconsciente gobierna tu comportamiento* (Editorial Crítica, 2013), 45.
9. Julia Shaw, «What Experts Wish You Knew about False Memories», MIND Guest Blog, *Scientific American*, 8 de agosto de 2016, www.blogs.scientificamerican.com/mind-guest-blog/what-experts-wish-you-knew-about-false-memories/?WT.mc_id=SA_MB_20160810; Anne Trafton, «Neuroscientists Plant False Memories in the Brain», *MIT News*, 25 de julio de 2013, www.news.mit.edu/2013/neuroscientists-plant-false-memories-in-the-brain-0725.
10. Julia Shaw, *The Memory Illusion*, edición Kindle, posición 204.

11. Judith Shulevitz, «The Science of Suffering: Kids Are Inheriting Their Parents' Trauma; Can Science Stop It?», *New Republic*, 16 de noviembre de 2014, www.newrepublic.com/article/120144/trauma-genetic-scientists-say-parents-are-passing-ptsd-kids.
12. Rebecca Smith, «Children of Holocaust Survivors 'Learn' Fear from Mothers: Researcher», *The Telegraph*, 29 de julio de 2014, www.telegraph.co.uk/news/health/news/10995894/Children-of-Holocaust-survivors-learn-fear-from-mothers-researcher.html.
13. Richard Gray, «Phobias May Be Memories Passed Down in Genes from Ancestors», *The Telegraph,* 1 de diciembre de 2013, www.telegraph.co.uk/news/science/science-news/10486479/Phobias-may-be-memories-passed-down-in-genes-from-ancestors.html.
14. Esther Landhuis, «How Dad's Stresses Get Passed Along to Offspring», *Scientific American*, 8 de noviembre de 2018, www.scientificamerican.com/article/how-dads-stresses-get-passed-along-to-offspring/.
15. Eytan Halon, «Israeli Study: Nervous System Can Transmit Messages to Future Generations», *Jerusalem Post*, 7 de junio de 2019, https://www.jpost.com/Israel-News/Israeli-study-Nervous-system-can-transmit-messages-to-future-generations-591795.
16. Dan M. Kahan, Ellen Peters, Maggie Wittlin, Paul Slovic, Lisa Larrimore Ouellette, Donald Braman y Gregory Mandel, «The Polarizing Impact of Science Literacy and Numeracy on Perceived Climate Change Risks», *Nature Climate Change*, vol. 2 (2012), pp. 732-735, www.nature.com/articles/nclimate1547.
17. Brendan Nyhan y Jason Reifler, «When Corrections Fail: The Persistence of Political Misperceptions», *PoliticAl BehAVior*, vol. 32, n.º 2 (junio de 2010), pp. 303-330, texto completo disponible en www.dartmouth.edu/~nyhan/nyhan-reifler.pdf. Ver también Gordon Pennycook y David Rand, «Why Do People Fall for Fake News?», *The New York Times*, 19 de enero de 2019, www.nytimes.com/2019/01/19/opinion/sunday/fake-news.html. Los autores, que son psicólogos, citan los estudios de Kahan y Nyhan-Reifler como parte de un conjunto de pruebas que apoya la idea de que «nuestra capacidad de razonar está mermada por nuestras convicciones partidistas», aunque su opinión personal, basada en su propio estudio, es que simplemente somos perezosos a nivel intelectual. No obstante, yo diría que la razón subyacente tiene que ver con nuestros recuerdos: si no tenemos un recuerdo basado en el miedo relacionado con el tema, podemos acceder mejor a nuestras habilidades de razonamiento. Un aspecto muy importante que la mayoría de los estudios no examina es el nivel de estrés de sus participantes, que para mí es fundamental para determinar cómo responden en cualquier situación. Si no están estresados, tienen más acceso a sus habilidades de razonamiento, y viceversa.

Capítulo 3

1. Andrew Weil, *Health And Healing: The Philosophy of Integrative Medicine And Optimum Health* (Houghton Mifflin, 1983), 57.

Capítulo 4

1. Clint Gresham, «Super Bowl Champ: I've Won AND Lost the Big Game –Here's the Incredible Thing I Learned», *FoxNews.com*, 2 de febrero de 2019, www.

foxnews.com/opinion/super-bowl-champ-ive-won-and-lost-the-big-game-heres-the-incredible-thing-i-learned.

2. Daniel Gilbert, *Tropezar con la felicidad* (Editorial Ariel, 2017).

Capítulo 5

1. Helen E. Fisher, *La ciencia del amor: ¿por qué amamos y engañamos?* (Editorial Mapas Colectivos, 2017), 52-53; Mark B. Kastleman, *The Drug of the New Millennium: The Brain Science behind Internet Pornography Use* (Power Think Publishing, 2007). Para más información sobre torrentes de sustancias químicas cerebrales, ver Michael D. Lemonick, «The Chemistry of Desire», *Time*, 19 de enero de 2004, y R. A. Wise, «Dopamine, Learning, and Motivation», *Nature Reviews Neuroscience* 5 (2004), 483-494.
2. Stephen Cave, «There's No Such Thing as Free Will», *The Atlantic*, junio de 2016, www.theatlantic.com/magazine/archive/2016/06/theres-no-such-thing-as-free-will/480750/.
3. «Your Brain: A User's Guide (100 Things You Never Knew)», *National Geographic*, monográfico, 2012.
4. Gaia Vince, «Hacking the Nervous System», *Mosaic*, 26 de mayo de 2015, http://mosaicscience.com/story/hacking-nervous-system; Christopher Bergland, «How Does the Vagus Nerve Convey Gut Instincts to the Brain?», *Psychology Today online*, 23 de mayo de 2014, hwww.psychologytoday.com/blog/the-athletes-way/201405/how-does-the-vagus-nerve-convey-gut-instincts-the-brain.
5. Romanos, 7: 19, ESV.
6. Cave, «There's No Such Thing as Free Will».
7. Para ejemplo, ver Kelly McGonigal's, *Estrés: el lado bueno* (Editorial Océano, 2017).
8. Jenny L. Cook, «How Stress Hits Women's Brains Harder –and Why Men Don't Always Get It», *Prevention*, 29 de marzo de 2019, https://www.prevention.com/health/mental-health/a26678044/women-and-stress/.

Capítulo 7

1. Romanos, 8: 16, NIV.
2. Bruce Lipton, *La biología de la creencia* (La Esfera de los Libros, 2016).
3. Mi buen amigo William Tiller, antiguo director del Departamento de Física de la Universidad de Stanford, me dice que el informe número 15 de su página web ofrece evidencias científicas fiables de cómo funcionan los códigos de curación y otras modalidades de energía y de que son efectivos. Ver William A Tiller, «White Papper XV. Preventative Medicine/Self-Healing via One's Personal Biofield Pumping and Balancing», https://www. tillerinstitute.com/white_paper.html, consultado el 8 de octubre de 2018. Asimismo, la Associated Cosortium of Energy Practitioners (ACEP) ('consorcio asociado de practicantes de energía'), aprobada por la American Psychological Association ('asociación psicológica estadounidense') para otorgar créditos de educación continua, también ha compilado una lista de resúmenes de estudios de medicina energética, https://cdn.ymaws.com/ www.energypsych.org/resource/resmgr/EP_Studies_with_Abstracts_by.pdf.

Capítulo 8

1. Sandeep Joshi, «Memory Transference in Organ Transplant Patients», *Journal of New Approaches to Medicine and Health*, www.namahjournal.com/doc/Actual/Memory-transference-in-organ-transplant-recipients-vol-19-iss-1.html. Ver también Marcus Lowth, «10 Organ Recipients Who Took on Traits of Their Donors», *Listverse*, www.listverse.com/2016/05/14/10-organ-recipients-who-took-on-the-traits-of-their-donors/; Lizette Borreli, «Can Organ Transplant Change a Recipient's Personality? Cell Memory Theory Affirms 'Yes'», *Medical Daily*, www.medicaldaily.com/can-organ-transplant-change-recipients-personality-cell-memory-theory-affirms-yes-247498.
2. P. M. H. Atwater, «17 Near-Death Experiences That Changed Lives Positively», *International Association for Near-Death Studies*, Inc., www.iands.org/ndes/nde-stories/17-nde-accounts-from-beyond-the-light.html.
3. Ambrose, «A Cell Forgets».
4. Jason Castro, «The Era of Memory Engineering Has Arrived: How Neuroscientists Can Call Up and Change a Memory», *Scientific American*, 30 de julio de 2013, www.scientificamerican.com/article/era-memory-engineering-has-arrived/.
5. Gracias a Lee Euler, editor del programa *Awakening from Alzheimer's*, por compartir estos estudios de realidad virtual. Inbal Maidan, Keren Rosenberg-Katz, Yael Jacob, Nir Giladi, Jeffrey M. Hausdorff y Anat Mirelman, «Disparate Effects of Training on Brain Activation in Parkinson Disease», *Neurology* 89, n.º 17 (octubre de 2017), 1804-1810; doi:10.1212/WNL.0000000000004576. Resumen disponible en www.ncbi.nlm.nih.gov/pubmed/28954877.
6. Ananya Bhattacharya, «Paraplegics Are Learning to Walk Again with Virtual Reality», *Quartz*, 15 de agosto de 2016, qz.com/757516/paraplegics-are-learning-to-walk-again-with-virtual-reality/.
7. Bhattacharya, «Paraplegics Are Learning to Walk Again with Virtual Reality». *Ver también* el estudio original: Ana R. C. Donati, Solaiman Shokur, Edgard Morya, Debora S. F. Campos, Renan C. Moioli, Claudia M. Gitti, Patricia B. Augusto, Sandra Tripodi, Cristhiane G. Pires, Gislaine A. Pereira, Fabricio L. Brasil, Simone Gallo, Anthony A. Lin, Angelo K. Takigami, Maria A. Aratanha, Sanjay Joshi, Hannes Bleuler, Gordon Cheng, Alan Rudolph y Miguel A. L. Nicolelis, «Long-Term Training with a Brain-Machine Interface-Based Gait Protocol Induces Partial Neurological Recovery in Paraplegic Patients», *Scientific Reports*, 11 de agosto de 2016, www.nature.com/articles/ srep30383, doi: doi.org/10.1038/srep30383.
8. Polona Pozeg, Estelle Palluel, Roberta Ronchi, Marco Solcà, Abdul-Wahab Al-Khodairy, Xavier Jordan, Ammar Kassouha y Olaf Blanke, «Virtual Reality Improves Embodiment and Neuropathic Pain Caused by Spinal Cord Injury», *Neurology* 89, n.º 18 (octubre de 2017), 1894-1903; DOI:10.1212/WNL.0000000000004585. Resumen disponible en www.ncbi.nlm.nih.gov/pubmed/28986411.
9. I. Brunner, J. S. Skouen, H. Hofstad, J. Aßmus, F. Becker, A.M. Sanders, H. Pallesen, L. Qvist Kristensen, M. Michielsen, L. Thijs y G. Verheyden, «Virtual Reality Training for Upper Extremity in Subacute Stroke (VIRTUES): A Multicenter RCT», *Neurology* 89, n.º 24 (2017), 2413-2421; doi: 10.1212/

WNL.0000000000004744. Resumen disponible en www.ncbi.nlm.nih.gov/pubmed/29142090.

10. Caroline J. Falconer, Aitor Rovira, John A. King, Paul Gilbert, Angus Antley, Pasco Fearon, Neil Ralph, Mel Slater y Chris R. Brewin, «Embodying Self-Compassion within Virtual Reality and Its Effects on Patients with Depression», *BJPsych Open* 2, n.º 1 (2016): 74-80; doi:10.1192/bjpo.bp.115.002147. Resumen diponible en www.ncbi.nlm.nih.gov/pubmed/27703757.
11. Vartan C. Tashjian, Sasan Mosadeghi, Amber R. Howard, Mayra López, Taylor Dupuy, Mark Reid, Bibiana Martínez, Shahzad Ahmed, Francis Dailey, Karen Robbins, Bradley Rosen, Garth Fuller, Itai Danovitch, Waguih IsHak y Brennan Spiegel, «Virtual Reality for Management of Pain in Hospitalized Patients: Results of a Controlled Trial», *JMIR Mental Health* 4, n.º 1 (2017), e9; doi: 10.2196/mental.7387. Resumen disponible en www.mental.jmir.org/2017/1/e9/.
12. Leonard Mlodinow, *Subliminal: How Your Unconscious Mind Rules Your Behavior*, 45.. Publicado en castellano por Editorial Crítica con el título *Subliminal: cómo tu inconsciente gobierna tu comportamiento*.

Sobre el autor

El doctor Alexander Loyd es el autor de los *bestseller* internacionales *El principio* y *El código de curación*. Es colaborador habitual de programas divulgativos de NBC, ABC, CBS, Fox y PBS en su calidad de experto en la curación de las causas originales que subyacen en las enfermedades y dolencias. El doctor Loyd imparte conferencias a nivel internacional y ha desarrollado la mayor práctica de curación integral en todo el mundo con cientos de clientes en cincuenta estados y ciento setenta y dos países (por ahora). Vive en Tennessee con su esposa, Hope, y sus hijos, Harry y George.